现代汉语作格现象研究

曾立英 著

中央民族大学出版社

图书在版编目(CIP)数据

现代汉语作格现象研究/曾立英著. —北京:中央民族大学出版社,2009.12

ISBN 978-7-81108-774-1

Ⅰ.现… Ⅱ.曾… Ⅲ.汉语-语法-研究-现代 Ⅳ.H146

中国版本图书馆 CIP 数据核字(2009)第 182107 号

现代汉语作格现象研究

著　　者	曾立英
责任编辑	白立元
封面设计	傲　腾
出 版 者	中央民族大学出版社
	北京市海淀区中关村南大街 27 号　邮编:100081
	电话:68472815(发行部)　传真:68932751(发行部)
	68932218(总编室)　　　68932447(办公室)
发 行 者	全国各地新华书店
印 刷 者	北京骏驰印刷有限公司
开　　本	880×1230(毫米)　1/32　印张:12.125
字　　数	300 千字
版　　次	2009 年 12 月第 1 版　2010 年 4 月第 2 次印刷
书　　号	ISBN 978-7-81108-774-1
定　　价	28.00 元

版权所有　翻印必究

序

王洪君

曾立英是我的博士生。这部书的基础就是她的同名博士论文《现代汉语作格现象研究》。看到书稿即将付梓,真是很高兴。这其中的辛苦和欢乐,可说她知我也知。

曾立英博士入学时已经在三峡大学担任讲师多年,以前写的文章主要集中在修辞和广告语言方面。我看这些文章挺有灵气,从"移情"视角写出了新意。本想让她在这些研究的基础上继续深入,但她却有完全不同的想法。她认为北大汉语语言学的主要优势在于语言学的核心部分——语法和音系,自己既然成了北大的博士,就应该学习北大最有优势的学科。博士的几年中,她要补很多课,要看许多国内外的原著,但她乐在其中。通过艰苦的学习,她成功地扩展了自己的知识基础。

我多年讲授"韩礼德功能语言学"这门课,对韩礼德"功能语法导论"一书中阐述的作格一直有浓厚的兴趣。也正由于接触早、思考多,对这之中的"水深"很有体会。也许是我的兴趣影响了曾立英,她居然选择了作格问题作为自己的博士论文。

她尽力搜集之前相关的研究文献,发现各种不同的术语乱成一团。还记得,她千辛万苦地整理各家术语和看法,而我却提出不同的命名方案。经过反复的讨论,多次的修改,才终于找到驾驭各家看法的线索和命名体系。

　　我觉得，在目前国内研究作格的论著中，这本书可说是对作格理解最为深入、梳理最为清晰的。它从分歧的、彼此交叉的多家术语中抓出了实质的异同，进而确定了无形态语言如何判定作格动词和作格句式的、互为表里的意义和形式标准。这使得汉语作格动词的判定有了可操作的标准，对于现代汉语研究来说很有理论指导意义，对于语文词典、计算机用词典词条的义项划分也有应用价值。

　　在明晰的理论框架指导下，曾立英又对汉语常用动词进行了穷尽性的考察，从《现代汉语词典》的所有动词中筛选出100多个作格性动词，这样全面并坚持了一致性形式标准的考察也是非常难能可贵的。这一考察结果可直接为词典编纂、对外汉语教学所利用，也为判定汉语在作格问题上的语言类型提供了坚实的基础。

　　此外，她结合历时现象对某些重要作格句式的考察、从作格角度对话题推进方式的考察，也有一定开创性，虽然还不够全面、深入，但对今后进一步的研究提供了启发。

　　我非常感兴趣的还有该书的最后一章。我个人认为汉语偏向作格语言，"把"字句、动结式、不带被动标记的所谓"意念被动句"等，都是作格句式。但正如不少学者指出的，汉语同样有大量的"主动宾"句。曾立英通过阅读国外有关作格和类型学的文献发现，类型学的研究表明，语言对句子主语的选择反映出三种不同的视角：主格—宾格型、作格—通格型、兼有两者的"主语变动型"。通过不同语言的比较，我们对汉语的特点有了更加清楚的整体性认识。

博士毕业后曾立英在俞士汶先生的指导下研究汉语类词缀问题，进一步体会到汉语语法研究的严谨性和大规模语料的重要性。博士后出站后，她开始了从事对外汉语教学的新工作。几年来，结合新的工作，她一直未忘博士论文的修改和完善。这次看到的书稿，较几年前增加了5万字，更显成熟。

作格问题是涉及一种语言如何观察世界、表达世界的重要问题，值得从不同角度、不同深度不断发掘。愿此书的出版成为作者新的起点。

王洪君
2009年12月12日于北大承泽园

内容摘要

本书主要探讨现代汉语的作格现象,从作格动词到作格句式,到有关作格的语言类型研究,由点及面,构成一个整体。

全书除绪论和结论外,正文共分五章。

绪论部分主要回顾"作格"在国内外研究的状况,从五个角度综合说明前贤对于作格的理解,阐明本书的研究思路。

第一章主要是在给动词分大类的基础上确立作格动词这一细类,认为作格动词的分出与动词分类的另外两个维向有重要的关联。这两个维向分别是:(1)双论元动词还是单论元动词的分类;(2)动词的动态、静态等情状类型的分类。此外,同样重要的是,作格动词自身必须有自己的论元结构:一个必有论元——"中介",一个可选论元——(外部)"引发者"。具体说就是,从论元的配置上看,作格动词必须既能够出现在单论元句中,也能够出现在双论元句中;从句式的情状类型上看,作格动词所出现的单论元句表达"中介"这个参与者静态的情状类型,双论元句则表达"外部引发者致使某物达成某状态"的动态义。

第二章论证汉语作格动词的判定标准。根据前章所梳理出来的作格动词的基本特点,我们在作格动词能出现在 $NP_1 + V + NP_2$ 和 $NP_2 + V$ 交替的基础上,又增加了两个诊断式——"使 + N + V"和"$NP_2 +$ 自己 $+ V$ 了"的结构,作为判定汉语作格动词的相容的析取标准。符合这些条件的汉语动词,才是真正在句法语义中有作格性的动词。

第三章具体描写现代汉语的 160 个作格动词,并将这些动词分成四小类，逐一讨论。这四类分别是：表"状态变化"的作格动词，表心理状态变化的作格动词，兼属形容词的作格动词和表"自身变化"的作格动词。每一子类都讨论其特点，列出一些有代表性的动词及其各大词典在这些词的释义上的得失，并列出符合该类特点的词表。该章还把对作格动词的探讨和词典释义联系在一起，指出现有词典在对作格动词的释义上存在一些模糊之处，有待修正。

第四章讨论汉语中最重要的两种作格句式：动结式与存现句。与鉴别作格动词的方法相同，我们依然用"既可以用于'表中介的状态'的单论元句中，也可以用于'表使中介成为某状态'的双论元句"，作为形式标准来鉴别作格性动结式。本书还以"破"为例，说明古代汉语作格动词向动结式的演变。存现句是一种专用的、作格角度的中介句，但存现句中的动词不是作格动词，而是由非宾格动词、及物动词、不及物动词等不同类型的动词来充当的。这些不同类型的动词进入存现句后，受句式的制约，在句中统一表现为非宾格动词的特点：(1) 只带"中介"单论元；(2) 动词表达该论元有关的状态、现象而非有意识的动作。

第五章借鉴 Dixon（1994）的观点，根据 S、A、O 三者之间的关系，从语言类型学的角度考察汉语的主语系统的选择情况。Dixon 把语言分为"主格－宾格"、"作格－通格"和"分裂的系统"三种类型。汉语是属于"分裂的系统"这一类型的。在这个前提下讨论汉语的动词分类情况，讨论汉语的动词在小句内选择什么样的主语，在小句和小句之间选择什么样的主语，同时通过汉语和英语以及其他语言的对比来说明主语系统的选择差异。最后得出的结论是汉语不是典型的"作格语言"或典型"宾格语言"，也不是"作格/宾格"各占一半的"动词分裂型语言"，而是属于"分裂的系统"中"变动的主语系统"这一类型。

结论部分主要总结本书的选题意义、主要观点等。

Ergativity in Mandarin Chinese
Zeng Liying

The dissertation discusses the ergativity in the Mandarin Chinese. My work deal with ergative verbs, ergative clauses and ergative language typology.

This dissertation, apart from the introduction and the epilogue, falls into five chapters.

The introduction includes some review of standard approaches to ergativity. I survey the current situation of ergativity research from five aspects. Then I introduce the architecture of the framework that I am assuming.

Chapter 1 outlines my definition of ergative verb. I discuss that ergative verb's independency in verb classification has an important relation with the two dimensions. These two dimensions are : (1) the classification of one-argument verbs and two-argument verbs; (2) the classification of active verbs and state verbs. Besides this, ergative verbs must have their own argument structure. That verbs of this class bears with an obligatory argument and an optional argument. The former is 'medium', the latter is 'instigator'. Specifically, from the perspective of argument selection, ergative verb is one that appears not only in the one-argument sentences but also in the two-argument sentences. And from the situation of the sentences, ergative verb is one that expresses not only the active situation but also the stative situation.

Chapter 2 proposes the various diagnostics of ergative verb in Mandarin Chinese. First, This chapter provides an extended study of ergative diagnostic, the alternation of ' NP_1 + V + NP_2 ' and ' NP_2 + V '. Secondly, two ergative diagnostics that I study in detail are the construction of ' *shi* （使） + N + V ' and the construction of ' NP_2 + *ziji* （自己） + V + *le* （了）'. And the relation of these two ergative diagnostics is inclusive disjunction.

Chapter 3 presents a careful description of 160 ergative verbs in Chinese. We show that there are four major subclasses of ergative verbs, which have distinct lexical semantic characterizations. The first is the verbs of change of state. The second is psychological causative verbs. The third is the subclass which the word belongs verb and adjective. And the last is the verbs of change of ego. At the same time, I argue the approaches of the interpretation of lexical meaning in lexicography.

Chapter 4 deals with the two important ergative constructions- the verb-resultative construction and existential sentences. Firstly, I still adopt the alternation of ' NP_1 + VP + NP_2 ' and ' NP_2 + VP ' as the diagnostic on VR construction in terms of the first diagnostic on ergative verbs. The another description offered in Chapter 4 is a diachronic perspective on the case of '*po* （破）'. It shows how an Arctic ergative verb changed to Mandarin VR construction. Secondly, I argue that the existential sentence is an ergative syntactic configuration. In section 4.2 I review the verbs that enter into existential sentence, focusing on the state or phenomenon not activity.

Chapter 5 researches into the subject choice of Chinese from the perspective of typological classification. Adopting Dixon's (1994) theory of ergativity, I will propose that Chinese has a mixture of ergative and accusative systems, with the split being conditioned by the semantic nature of verb. In terms of this split, some languages fall into two kinds, 'split-S' and 'fluid-S'. Following an extensive investigation on Chinese verbs, My conclusion is that Chinese belongs to fluid-S system.

目 录

绪论 ………………………………………………… (1)
  一、作格术语的翻译 ………………………………… (1)
  二、作格研究综观 …………………………………… (2)
    （一）作格的类型学研究 …………………………… (4)
    （二）从动词分类的角度看作格 …………………… (12)
    （三）功能派针对作格关系所谈的作格 …………… (17)
    （四）从认知的角度谈作格 ………………………… (23)
    （五）关于汉语的作格研究 ………………………… (24)
    （六）本书的理论背景 ……………………………… (26)
  三、本书研究思路及章节安排 ……………………… (29)
    （一）本书研究思路 ………………………………… (29)
    （二）章节安排 ……………………………………… (31)
  四、语料来源 ………………………………………… (32)

第一章　动词的分类与作格动词的论元结构 ……… (33)
  一、动词分类、作格动词与语言类型 ……………… (33)
  二、与作格动词相关的动词分类 …………………… (34)
    （一）双论元动词和单论元动词 …………………… (34)
    （二）动态动词和静态动词 ………………………… (38)
    （三）动词的细类——作格动词 …………………… (46)

三、作格动词的语义角色及其分析 ……………………(55)
　（一）作格成分的确认 ………………………………(56)
　（二）对作格角度句式中论元身份的分析 …………(61)
　（三）作格动词 ………………………………………(65)
四、作格动词的论元结构 ………………………………(70)
　（一）作格和致使 ……………………………………(70)
　（二）作格动词的词汇句法结构和词汇语义结构 …(81)

第二章　汉语作格动词的判定 ……………………………(91)
一、汉语鉴别作格动词的特殊困难 ……………………(91)
　（一）非作格动词不能有使役结构和不及物结构的交替
　　　　………………………………………………(91)
　（二）及物动词能否进入"$NP_1 + V + NP_2$"和"$NP_2 + V$"
　　　　的交替格式 ……………………………………(95)
二、确定作格动词的标准 ………………………………(101)
　（一）确定作格动词的标准之一 ……………………(102)
　（二）确定作格动词的标准之二 ……………………(104)
　（三）确定作格动词的标准之三 ……………………(114)
　（四）三条标准的满足次序 …………………………(115)
三、作格模型之一——"X 化" ………………………(118)
　（一）关于英语的后缀-ize …………………………(118)
　（二）汉语的"X 化" ………………………………(119)
四、其他相关问题 ………………………………………(129)
　（一）非宾格动词与作格动词的区别 ………………(129)
　（二）有致使义的动词不一定就是作格动词 ………(137)

第三章　现代汉语的作格动词及其释义 …………………(144)
一、作格动词的意义和分布 ……………………………(145)
二、表"状态变化"的作格动词 ………………………(149)

（一）动作、状态和状态的变化 …………………… (149)
　　（二）表状态变化的作格动词的特点 ………………… (196)
　　附：现代汉语中表"状态变化"的作格动词词表 … (204)
三、表心理状态变化的作格动词 ……………………………… (204)
　　（一）心理活动动词与状态变化动词 ………………… (204)
　　（二）表心理活动的作格动词的特点 ………………… (230)
　　附：现代汉语中表"心理状态变化"的作格动词词表
　　　　………………………………………………… (234)
四、兼属形容词的作格动词 …………………………………… (234)
　　（一）兼属形容词的作格动词表示进入了某种状态
　　　　………………………………………………… (235)
　　（二）兼属形容词的作格动词的特点 ………………… (246)
　　附：兼属形容词的作格动词词表 ……………………… (246)
五、可以表"自身变化"的作格动词 ………………………… (251)
　　（一）表"自身变化"的作格动词能受"自己"修饰
　　　　………………………………………………… (251)
　　（二）表"自身变化"的作格动词的特点 …………… (261)
　　附：表"自身变化"的作格动词词表 ………………… (262)

第四章　动结式、存现句与作格 ……………………………… (263)
一、动结式与作格 ……………………………………………… (263)
　　（一）结果补语的作格性与判定作格性动结式的形式标准
　　　　………………………………………………… (264)
　　（二）单音不及物谓词的形态变化与双音复合结构的动结式
　　　　………………………………………………… (272)
二、存现句与作格 ……………………………………………… (297)
　　（一）存现动词与作格动词的联系 …………………… (297)
　　（二）存现动词的论元结构 …………………………… (299)

（三）存现句的篇章功能 …………………………（309）
第五章　从"作格"角度谈主语系统的选择 …………（311）
　一、作格、宾格和分裂的系统 ……………………（312）
　二、于小句内看汉语所选择的主语系统 …………（317）
　（一）"使然型"语言与"自然型"语言 ……………（326）
　（二）"去及物化"理论 ………………………………（328）
　（三）"作格化"理论 …………………………………（333）
　三、从小句间关系看句法作格 ……………………（337）
结语 ……………………………………………………（345）
参考文献 ………………………………………………（351）
附录 ……………………………………………………（369）
后记 ……………………………………………………（370）

绪　　论

"作格性（ergativity）"，如今成为了语言学的一个术语，是语言学界讨论的一个热点问题。本章首先对它进行"正名"，对这个术语的翻译和由来稍加解释；然后简要概括国内外关于作格研究的重要成果，对诸多文献进行梳理，从三个方面条分缕析地说明前贤对于作格的理解，评论汉语学界关于作格研究的现状及不足，并在此基础上阐明本书的选题意义；最后说明本书章节的安排。

一、作格术语的翻译

对"ergative"一词的翻译，胡明扬（1979）把它译为"唯被动格"，徐杰（1999）把"ergative"译为"夺格"，朱晓农（2003）译为"施格"。我们采取"作格"的译法，因为 ergative 这个术语的造词的意义来源于希腊语，据 Lyons（1968：352）的介绍，ergative 这一术语在希腊语中原为动词，意为"cause, bring about, creat"。我们把 ergative 翻译成汉语的"作"，取的是"作"的古义，即"兴起、发生"，与"cause, bring about, creat"基本对应。

《现代语言学词典》对"作格"的解释是："对某些语言，如爱斯基摩语和巴斯克语，作语法描写时需要有一个术语来描写这样一类构式，其及物动词的宾语与不及物动词的主语有相同形式（即同格）。及物动词的主语称作'作格'（ergative），而不及物动词的主语和及物动词的宾语一起称作'通格'（absolutive）……"由这一定义可以看出，"作格"这一术语的实质，探究的是句中名词在句中的语法身份，是主格、宾格配套，还是通格、作格配套。

二、作格研究综观

国外很早就提出了作格语言的问题，Tesnière（1959）就提到了"作格结构"实际上是一种被动结构①。在此之后，谈论"作格"问题或与之相关的"非宾格"问题（这一术语的意义稍后解释）的文献还是比较多的，主要有 Anderson（1968），Halliday（1967-8）（1985/1994），Fillmore（1968），Lyons（1968），Perlmutter（1978），Comrie（1978），Dik（1978），Du Bois（1987），Dixon（1979）（1994），DeLancey（1981），Burzio（1986），Van Valin（1990），Garrett（1990），Zhou Xinping（1990），Langacker（1991），Davidse（1992），Thompson & Ramos（1994）②，Cheng & Huang（1994），Levin & Rappaport（1995），Nowak（1996），Manning（1996），Brainard（1997），Lemmens（1998），Davison（1999），Croft（2002），Kuno（2004）。

综述上述文献，首先有必要理清对于作格含义的认识。对于作格的文献，我们从以下五个方面梳理了一番：

（1）从类型学的角度看作格，即考察世界各种语言在作格

---

① 转引自 Charles J. Fillmore.（1968）：The case for case. 见胡明扬：《语言学译丛》（第二辑），中国社会科学出版社，1979。凡不属直接引用原译文，本书一律将 ergative 称作"作格"。

② Davidse（1992），Thompson & Ramos（1994）的观点转引自王全智、徐健（2004）。

形式上的表现,类型作格又可细分为三个方面考察:

  a. 宾格语言与作格语言的提出。这主要是从名词的形态变化看作格,根据不及物动词句的主语的格标记是同于及物句的主语还是宾语,把语言分为宾格语言和作格语言两大类。

  b. 分裂作格的提出。

  c. 词法作格与句法作格的提出。将"不及物动词句的主语是同于及物句的主语还是宾语"的判定依据,由小句内(词法作格的范围)扩展到小句外(句法作格的范围),从小句衔接中省略主语的论元身份、反身代词的指代等现象观察一种语言句法上的作格性或宾格性。

  (2)从动词分类的角度看作格,生成派提出不及物动词有非宾格动词和非作格动词,但及物动词不区分两类。

  (3)功能派从语言对世界有不同的认知模式的角度,来讨论作格语言与宾格语言的区别。

  (4)从认知的角度谈作格,主要是从语言与认知的接点谈作格。

  (5)专门针对汉语而谈有关汉语作格现象的研究,并评价汉语作格研究的状况。

  以上是我们从作格含义的角度对已有研究的分类,其实这5个方面的研究是相互影响的,在时间先后上是彼此交叉的。比如,正是由于不同语言在名词格标记上有截然相反的表现,才引发了功能派关于语言对经验世界有不同的认知模式的讨论;而又由于有不同认知模式的观念,类型学的研究才能够从名词格标记的不同扩展到其他句法形式的不同、动词分类的不同以至篇章衔接上的不同。

  下面我们就基本按照这5个方面来详细地介绍已有的研究成果。

（一）作格的类型学研究

作格语本身是一种语言类型，类型学家首先是由巴斯克语（Basque）与爱斯基摩语（Eskimo）的及物动词的主语和不及物动词的主语的格标记不同，而把人类语言分为"主格/宾格"语言和"作格/通格"语言两大类，然后又提出了"分裂作格"、"词法作格"和"句法作格"，甚至把作格扩展到篇章上。由此可见，关于作格研究的层级逐级递增，从形态、小句、句子、篇章这样的层次逐级递增。

作格的类型学研究首先关注的是"形态"，是从形态变化的格标记（case marking）出发，把人类语言分为作格语言和宾格语言两大类。

1. 宾格语言与作格语言的提出

最初提出这一问题，是由于巴斯克语（Basque）与爱斯基摩语（Eskimo）不及物动词句的主语与及物动词句的宾语同格；而不像人们熟悉的印欧语那样，比如英语，不及物动词句的主语与及物动词句的主语同格。由此把巴斯克语等语言称作"作格-通格语言"，这种作格语言是有着形态的格标记的，英语等语言称作"主格-宾格语言"。如图所示：

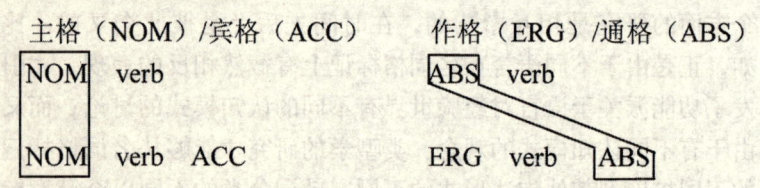

主格（NOM）/宾格（ACC）	作格（ERG）/通格（ABS）
NOM verb	ABS verb
NOM verb ACC	ERG verb ABS

图 0-1　"主格-宾格"和"作格-通格"系统的类型（typology）

图 0-1 中的 nominative 表示"主格"，简称 NOM；accusative 表示"宾格"，简称 ACC；ergative 表示"作格"，简称 ERG；absolutive 表示"通格"，简称 ABS，verb 表示动词。图 0-1 左边

的方框形象地表示出：在"主格－宾格语言"中，不及物动词句和及物动词句中的主语有同样的形式，直接宾语给予不同的标记。然而图 0-1 右边的方框显示出：在"作格－通格语言"中，及物的主语被特殊标记，然而不及物的主语却和及物的宾语同格。

Fillmore（1968）提到了"作格"，并且他设想在底层以命题形式出现下列三种类型的句子：

(1) V + A　　　带行为"主语"的不及物句
(2) V + O + A　带施事的及物句
(3) V + O　　　带非行为"主语"的不及物句

有些语言，在及物句中 O 成分有另外一种形式，其余的都一个样。这两种形式传统上称为"主格"和"宾格"。有些语言，及物句中的 A 为一种形式，其余的格为另一种形式。这种区别经常用"作格"和"主格"这样的术语来称呼。由此而自然引导到"宾格语言"和"作格语言"的问题。

比如 Dixon（1979）就根据形态、句法和篇章来确定语言类型和格系统，是主格－宾格系统，还是作格－通格系统。如在澳大利亚语 Dyirbal 语中，及物的主语标上了作格的格标-（gu, -）gu 标在以元音结尾的双音节的词干上，而不及物的主语和及物的宾语被标为通格，或者以零形式出现，如：

(4) *Numa banaga + nʸu*
　　Father returned.

(5) *yabu banaga + nʸu*
　　Mother returned.

(6) *Numa yabu + **Ngu** bura + n*
　　Mother saw father.

(7) *yabu Numa + **Ngu** bura + n*
　　Father saw mother.

Comrie（1981/1989：127）以楚克奇语（Chukchi）为例说明了"作格"、"通格"这一类术语，如：

(8) γǝm   tǝ-yet-ǝʔek
我－通格 来过－第一人称单数
(I came.)
我来过。

(9) γǝm-nɑn   γǝy   tǝy-lʔu-γǝt
我－作格 你－通格 见过－第一人称单数－第二人称单数
I saw thee.①
我见过你。

(8) 为不及物结构，(9) 为及物结构。英语译句里，不及物结构 (8) 的主语也是及物结构 (9) 的主语；此外，英语的代词的形态确切反映了这种分布：主语是主格，直接宾语是宾格。在楚克奇语里，跟英语一样的是这三个名词也用两个格来表示，但是它们的分布很不一样：通格用来对译 (8) 里的 I（我）（不及物主语），还用来对译 (9) 里的 thee（你）（直接宾语），而另有一个格即作格用来对译 (9) 里的 I（我）（及物主语）。

Johns（1992：58）也举 Inuktitut 语为例说明了作格语言，如：

(10) a. Intransitive
       angut   ani-juq
       man（ABS）   go out-INTR. PART. 3s
       'The man went out.'
    b. Transitive
       arna-up   angut   kuni-ga-a
       woman-REL   man（ABS）   kiss-PASS. PART-3S/3S

---

① Thee 是古英语或方言里 thou（"你"）的宾格。

The woman kissed the man.①

值得一提的是,Johns 说到了这种作格语言的被动结构,被动结构中出现了"斜格"(oblique case),或称为"向格"(ablative),如:

(11) a. Passive construction
　　　angut　　　　arna-mit　　　kuni-ga-u-juq
　　　man(ABS)　　woman-ABL　　kiss-PASS. PART-be-INTR. PART. 3S

The man was kissed by the woman.

在(11a)中,动作者——arna 被安排为斜格,这种被动结构和及物结构(10b)不同,和动词保持一致的不是动作者,而是受事 angut。

2. 分裂作格

Dixon(1979)、DeLancey(1981)、Langacker(1987)、Van Valin(1990)、Grimshaw(1990)、Garrett(1990)、Croft(2002)谈到了关于分裂作格(split ergativity)的问题。

分裂作格的提出。首先是将"及物动词句主要是同于不及物句的主语还是宾语"的判定依据从名词形态变化扩展到小句内的位置、动词的分类等其他句法形式,其次是明确了同一种语言可能既有作格/通格模式,又有主格/宾格模式。在此基础上,发现兼有作格、宾格两种模式的语言,在形式表现还可能有系统性的类型不同,由此再区分两种不同的语言类型——主语分裂型语言和动词分裂型语言。

Dixon(1979:79)说道:"如果某一种语言的一些形态表现出了作格/通格模式,另一些形态表现出了主格/宾格的聚合,那

---

① ABS 代表通格,INTR 代表不及物,PART 代表小品词,REL 指关系格(relative case),此处相当于作格。

么是什么因素决定了这种分裂？有三种因素：主要动词的语义性质，主要名词短语的语义性质和小句的时体。"

DeLancey（1981）对于分裂作格和相关模式做了一个解释，文章指出了三种分裂作格的模式。移情层级分裂（Empathy Hierarchy split）、体分裂（aspectual split）和动态模式（active pattern）。第一种分裂作格是"移情层级"（Empathy Hierarchy），主要是和生命度（animacy）、施动力（agentivity）、主题性（topicality）或移情（empathy）有关，特别和人称有关，有第一、第二人称不用作格的，而第三人称使用的 Kham 语。第二种分裂作格的模式是体分裂（aspectual split），作格形态与完成体和过去时相联系，宾格形态与未完成体，或者是过去时和将来时联系。Delancey（1981：628）认为："作格词法是和完成体或过去时联系起来，宾格词法是和未完成体或现在时或将来时联系着的。比如 Gujarati 语的表现：

(12) ranesh pen   khərid-t-o   hə-t-o.
   (masc.) (fem.) buy-***IMPF***-MASC AUX-IMPF- MASC
   （阳性）（阴性）买 – 未完成体 – 阳性 助动词 – 未完成体 – 阳性
   'Ramesh was buying the pen.'

(13) ranesh-e   pen khərid-y-i.
   (masc.) -ERG   buy-***PERF***-FEM
   （阳性）– 作格   买 – 完成 – 阴性

在（12）中，动词是未完成（imperfective）体，表施事的 NP – ranesh 没有用格，而且这个施事的 NP 控制着动词的一致关系，比如施事是阳性的（masculine），助动词（AUX）也是阳性的。然而在（13）中，伴随着完成（perfective）体，施事被标记为作格，动词的一致关系是和受事的阴性（feminine）名词相对应的。

DeLancey（1981）提到的第三种动态/静态（active/stative）的分裂模式，是指在动态/静态语言中，不及物动词的主语的格标记是变化的，有时和施事一致，有时和受事一致。这个不及物动词的主语有时标记为像是及物的施事，如果事件的发生是由于主语有意的（intentionally）；如果事件的发生是由于外部原因引起的，主语是非意愿的（unintentionally），那么这个不及物动词的主语标记为受事。

Langacker（1987：398）也认为，另外一种分裂作格是附加的，并且又是很普遍的，那就是小句内的作格通常标记为过去时或完成体。

Van Valin（1990）认为："掌握作格关键的语义特征是'意志性'和'完了性'这两个特征。"

Grimshaw（1990：44）认为："非宾格论元的体的身份，使得它成为内部论元，使得它在深层结构宾语位置上，而不是主语位置上。"

Garrett（1990）说道，如果时体分裂是在单个句子中产生，并延伸到动词系统，那么名词性短语的分裂将在名词系统中延伸。文中提到"作格"和工具格的关联。

Croft（2002）也提到分裂作格随人称和生命度（animacy）而分裂的现象。

3. 词法作格和句法作格

Dixon（1979，1994）区分了"词法作格"（morphological ergativity）和"句法作格"（syntactic ergativity），主要是围绕S、A、O三者之间的关系提出的，从而对语言类型进行的思索[1]。

Dixon（1994）认为："每种语言都有不及物的小句，其中那

---

[1] A代表底层的及物的主语，O代表底层的及物宾语，S是底层的不及物的主语。

个带有谓词的唯一的一个核心论元叫做 S；及物小句中，一个谓词带有两个核心论元 A 和 O，因此有必要区分 A 和 O。有的语言是通过词序（constituent order）区分，比如英语；有的语言是通过格、小品词、前置词和后置词加以区分；有的语言是通过代词回指（pronominal cross-referencing）予以区分。A、S 和 O 之间的关系标志了主要的句法关系，常被称为'词法作格'（morphological ergativity）或'词法宾格'（morphological accusativity）。"另一方面，他还提出，可以根据"S/A 中枢词（pivot）转换"、"S/O 中枢词转换"等形式标准来判断"句法作格"[①]。

Dixon（1994：143）认为："在一些语言中，小句的组织（clause combination）有句法限制（syntactic constraints）或者同指成分（coreferential constiuents）的省略。如果这些限制以同样的方式对待 S 和 O，以不同的方式对待 A，那么说这种语言被称之为'句法作格'，是 S/O 中枢词；如果这些限制以同样的方式对待 S 和 A，而 O 不同，那么这种语言被称之为'句法宾格'，是 S/A 中枢词。Dixon（1994：154）解释了什么叫做"S/A 中枢词"和"S/O 中枢词"，"S/A 中枢词"是指在每一个小句的连接中，同指的 NP 必须是 S 功能或者 A 功能，"S/O 中枢词"是指在每一个小句的连接中，同指的 NP 必须是 S 功能或者 O 功能。Dixon 始终围绕着 S、A、O 三者之间的关系阐发作格，不光把它们应用到单个小句内，还扩展到小句的组织上。

Dixon 指出，S 和 A、O 之间的关系有下列三种可能性（在作格/宾格的类型之分的体系中，不及物小句大约等同于单论元小句，及物小句大约等同于双论元小句）：

$S = A$（主格）$\neq O$（宾格） －宾格系统

[①] 对于 pivot 的翻译，采取了沈家煊译的《现代语言学词典》的"中枢词"的解释。

S＝O（通格）≠A（作格）－作格系统

A≠S≠O－三分系统

宾格模式是世界上的语言中最普遍的一种模式，英语就是一种宾格模式，作格模式不大普遍，三分系统极为稀少。需要特别指出的是，事实上有一些语言处在作格和宾格的中间地带，有些S标记为O，有些S标记为A，这类语言混合了主格－宾格和作格－通格类型，Dixon把这种混合的类型称之为"分裂的系统"（split system）的类型，分裂的系统包括分裂的主语系统（split-S systems）和变动的主语系统（fluid-S systems）两大类。

在"分裂的主语系统"中，如Dixon（1994：71）所述的Mandan语，每一种不及物动词都分配好了类别，或者是Sa，或者是So——一般是以它的原型意义为基础的。也就是说"活动动词"（active verbs）、"中性动词"（neutral verbs）分别与主语Sa、So固定地联系在一起，入句成篇后不能变动的。

分裂的系统的第二种类型是变动的主语系统。据Dixon（1994：71）介绍，如果及物动词采取句法为基础的标记，但不及物动词却应用语义为基础的标记，一个不及物动词的主语可以标记为Sa，也可以标记为So，主要取决于动词在具体用法中的语义。我们把这种情况叫做变动的主语系统。

是分裂的主语系统还是变动的主语系统，主要是看动词是否分裂成两大块，是否"活动动词"固定地与Sa型主语联系，"中性动词"固定地与So型主语联系。如果是这种情况，则是分裂的主语系统；如果不是这种情况，则是变动的主语系统。关于这两种主语系统的讨论第五章将详细论述。

Du Bois（1987）讨论了"作格的篇章基础"，认为在Sacapultec Maya语中，与作格的语法模式相对应，有一种同构的信息流模式：在口语语体中，论元结构的信息分布并不是随机的，但是在语法上却偏离了作格系统。论元安排新信息时，常优先安排于 S 或 O 角色，而不是 A 角色，A 常常被安排已知信息。从别的语言的证据证明篇章的作格模式经常超出作格类型。Du Bois 提出了两条限制，即"一个词汇论元限制"和"A 避免做词汇论元"，这两条限制结合时，就叫做"优先的论元结构"（Preferred Argument Structure）。这个优先的论元结构不是一个篇章结构，而是篇章结构对句法结构的选择。

Kawai Chui（2005）参照作格讨论了中文的讯息结构，用日常会话和两种故事的叙述语料证明，中文的讯息与语法呈现对应关系：绝大部分的旧讯息出现在动词前之论元位置，无论名词论元是 A、S 或 O；新讯息则大多置于动词后，不论是 S 或 O 的位置。三种口语语料都获得一致的结果。

（二）从动词分类的角度看作格

生成派针对不及物动词提出的非宾格动词和非作格动词两大类，以 Perlmutter（1978）和 Burzio（1986）等为代表。这种理解是在生成派中的关系语法和管辖约束（GB）理论的框架下展开的，实际上讨论的是动词的作格性。

1978 年，Perlmutter 在关系语法（Relational Grammar）的背景下，首次提出了著名的"非宾格假说"（the Unaccusative Hypothesis），他没有采取"作格"这个术语，而是从否定的一面来看"作格"，应用了"非宾格"这个术语。因为他们着眼于动词的分类来看"作格"，他们把不及物动词分为"非宾格"（unaccusative）和"非作格"（unergative）两类现象。他认为非宾格动词没有及物作用，没有带施事主语，如"happen, exist, appear, occur"之类，这些非宾格动词来源于宾语，只是在不及物句的表层结构上变成了主语。因而这些动词的表层主语来源于底层结构的宾格宾语，后来转化成表层的主语，因而命名为"非宾格动词"。

所谓"非宾格假说",是指所有的语言中不及物小句存在两种现象:非宾格现象(unaccusativity)和非作格现象(unergativity),由此把不及物动词分为两类:非作格动词和非宾格动词。

非作格动词有两类:(1)描绘意愿的(willed)或自主的(volitional)动作的动词,如"work, play, speak, talk, smile, grin, frown"。(2)某些不自主的(involuntary)身体动作动词,如"cough, sneeze, vomit, sleep, cry, weep"。

非宾格动词有六类:(1)英语中的形容谓词①。(2)谓词的主要成分是一个受事,比如"burn, fall, drop, sink, float, slide, slip, hang, drown, stumble, sit(involuntary)"。这一类中还包括表起始体的谓词,如"melt, freeze, evaporate, wilt, die, open, burn up, dry out"。(3)表示存在和发生的动词,比如"exit, happen, take place, arise, vanish, disappear"。(4)作用于感官的不自主的动词,如"shine, sparkle, glitter, jingle"等等。(5)和体有关的谓词,如"begin, start, stop, continue"等等。(6)表持续的动作,如"last, remain, stay, survive"等等。

Perlmutter 用关系语法(relational grammar)中一些普遍规则来说明非作格动词的论元是"域外论元"(external argument),而非宾格动词的论元是"域内论元"(internal argument)。

在 Perlmutter 提出了非宾格动词假设之后,语言学家对不同语言中的许多语言现象做了大量研究以验证非宾格现象。最著名的有"Burzio 原则"(Burzio's Generalization)。Burzio(1986)提出了只有那些能够指派主语名词"施事论旨角色"的动词才能

---

① Perlmutter(1978)说过英语中的形容谓词经常出现在非宾格小句中,并说明这一类是一个大类,包括描写尺寸、形状、重量、颜色、气味、心理状态的谓词,不过遗憾的是他没举实例说明。

指派宾语名词"宾格"。Burzio 以意大利语为证据证明非宾格动词的单论元可以出现在表层结构（S-Structure）的直接宾语的位置上，具体表现如 ne-词缀。ne-词缀适用于及物动词的宾语和非宾格动词的唯一论元（见例14、例15），却不适用于非作格动词的唯一论元（见例16）。

(14) a. Giovanni invitera molti esperti. （及物动词）
Giovanni invite many experts.
b. Giovanni ne invitera molti
Giovanni of-them invite many
(15) a. Molti esperti arriveranno （非宾格动词）
Many experts will arrive
b. Ne arriveranno molti
Of-them will arrive many
(16) a. Molti esperti telefoneranno. （非作格动词）
b. *Ne telefoneranno molti[①]
Of-them will telephone many

由此 Burzio 推论出，尽管在表层句法中，非宾格动词的"唯一论元"同非作格动词的"唯一论元"一样，通常出现在主语的位置，但非宾格动词的唯一论元同及物动词的宾语同属一类，即语义宾语，或深层宾语，而非作格动词的唯一论元却是语义主语，或深层主语。

意大利语中助动词的选择进一步证实了上述推测，助动词 essere（be）和 avere（have）分别选择不同的不及物动词，非宾格动词 arrivato（arrived）选择 essere 助动词，非作格动词 telefonato（telephoned）选择 avere 助动词，而在被动式中，只有 essere

---

① 本书中"*"表示句子不能说，"?"表示句子可以说，但是有问题，不通顺。

(be) 能出现。我们知道，被动式的主语是深层宾语，如此看来，essere 句中的主语是深层宾语，而 avere 句中的主语是深层主语。非宾格动词能和 essere 同用，证明它的唯一论元是深层宾语。

Belletti（1988）在《The case of unaccusative》一文中界定了"非宾格"这个术语。"非宾格"的理论地位是：一个动词是非宾格，是因为它缺少安排结构宾格（structural accusative case）的能力。文章还论述了有定性（definiteness effect）的问题。关于有定性，作者举了一些英语中的例子说明：

(17) a. A man is in the gardon.

　　 b. There is a man in the gardon.

(18) a. The man is in the room.

　　 b. *There is the man in the room.

作者把（17b）中的"a man"叫做倒置的主语（inverted subject），所谓倒置的主语，如果用 Burzio（1986）的解释，就是指动词后（postverbal）的 NP 能出现在动词前（preverbal）主语的位置上，但不包括虚位（expletive）"there"。（17a）的动词前主语可以是有定，也可以是无定，但（17b）中的倒置主语只能是无定的，（18b）就是不可接受的句子。再如：

(19) a. There arose a storm here.

　　 b. *There arose the storm here.

从（17）-（19）可以推论：非宾格动词倒置主语要求是无定的。再考察：

(20) a. A man talked to John.

　　 b. *There talked to John a man.

　　 c. Mary ate an apple.

　　 d. *There ate an apple Mary.

（20b, d）在英语中是不允许的，英语不是无主语的语言，因此英语也不允许主语倒置的自由出现。意大利语是无主语的语言，作者通过例证证明了意大利语中有些类别的动词要求宾语位置上的有定性。

Rappapport & Levin（1988）认为可以这样概括：即非作格动词只有外部论元，没有内部论元；而非宾格动词只有内部论元，没有外部论元，即使"客体"（theme）做主语也是一种特殊的内部论元。

Levin & Rappaport（1995）其实也是赞同将不及物动词二分的，不及物动词包括非宾格动词和非作格动词。Levin & Rappaport（1995：2）谈道："在过去的15年中，由于非宾格假说，词汇语义学和句法学的关系得到了实质性的关注。非宾格假说提出不及物动词的类不是同质的，而是包括两个子类：非宾格动词和非作格动词，每一子类都有明显的句法结构。按照管辖约束（Government-Binding）理论，在底层结构中，非作格动词带主语而非宾语，非宾格动词带宾语而非主语。它们的句法结构可表示为：

a. 非作格动词：NP [vp V]
b. 非宾格动词：[vp V NP/CP]

如果用论元结构的术语，即非作格动词带外部论元，但没有直接的内部论元，然而非宾格动词有直接的内部论元，但没有外部论元。

Levin & Rappaport（1995）著书的目标是显示"非宾格动词"是由语义决定，句法表现的。他们（1995：19）还指出非宾格的诊断式（diagnostics）有两种类型：一种是类似于 ne-词缀的表层非宾格（surface unaccusativity）的诊断式；一种是类似于助动词选择的深层非宾格（deep unaccusativity）的诊断式。在英语中，表层非宾格形式表现在两方面：一种是 there-插入的结构，如："There appeared a ship on the horizon"；一种是处所前置（locative inversion）的结构，如"Into the room came a man"。英语的深层非宾格诊断式是结果式结构（resultative construction）。

在讨论汉语的实际问题时，黄正德（1990）、顾阳（1996）、杨素英（1999）、徐杰（1999）都认为是不及物动词中可以分为非宾格动词和非作格动词。这种对汉语动词的分类继承了 Perlmutter（1978）的思想。

（三）功能派针对作格关系所谈的作格

对于作格的第三种理解是功能主义学派的观点，以 Halliday（1967）（1985/1994），Dik（1978），Davidse（1992），Thompson & Ramos（1994）为代表。功能派所提出的及物分析和作格分析，是侧重于一个"句对"分析得出的结果。功能主义学派谈作格，就不只局限于动词的分类，而是着重于"作格关系"，比如 Halliday 和 Davidse 都谈到了作格分析和及物分析两种模式，Thompson & Ramos 引入"语义作格"的概念。下面主要来看看 Halliday 的观点。

Halliday（1967）就指出，语言中有及物和作格的两种模式。Halliday（1985/1994：163）认为：如果我们检查现代英语的词库，从一本好的词典中查找动词的大量例子，我们就会发现，许多动词，包括大部分动词的常用用法，都标注上了"及物兼不及物"的标签。如果我们更进一步地检查，我们就会发现，同一个动词有两种取值的小句对，通常不是"及物/不及物"的配对，而是"作格/非作格"的配对。当然英语中有"及物/不及物"的配对，如 the tourist hunted the lion/the tourist hunted，两句中 the tourist 都是动作者（actor）。但英语中的大部分高频动词产生的是另外一种配对，像 the lion woke the tourist/the tourist woke 的配对，它们的关系是作格性的。如果我们把这种结构用及物性术语来表示的话，那么 the tourist 在一句中是目标，而在另一句中则成了动作者，然而，在两句中停止睡眠的都是 the tourist。有作格关系的句子还有 the cloth tore/the nail tore the cloth, Tom's eyes closed/Tom closed his eyes, the rice cooked/Pat cooked the rice, my resolve weakened/the news weakened my resolve。下面列表对比说明及物分析和作格分析。

表 0-1 及物的解释

the boat	sailed	Mary	sailed	the boat
The cloth	tore	The nail	tore	the cloth
Tom's eyes	closed	Tom	closed	his eyes
The rice	cooked	Pat	cooked	the rice
My resolve	weakened	The news	weakened	my resolve
Actor	Process	Actor	Process	Goal

表 0-2 作格的解释

the boat	sailed	Mary	sailed	the boat
The cloth	tore	The nail	tore	the cloth
Tom's eyes	closed	Tom	closed	his eyes
The rice	cooked	Pat	cooked	the rice
My resolve	weakened	The news	weakened	my resolve
Medium	Process	Agent	Process	Medium

在现代英语体系中,这种作格分析的句子渐渐占主要部分,这是发生在近五百年来一系列的相关变化的一种,这些变化一起构成了语义的深刻而复杂的变化。整体而言,在英语篇章组织当中,与概念功能相比,这种变化更强调的是语篇功能(textual function);而在概念功能本身而言,与过程的"行为(deed)和延及(extension)"相比,这种变化更强调的是"致使(cause)

和效果(effect)"方面。

当然,英语并没有完成这种变化,只是这种变化冲击着整个系统,使得英语的及物系统不是那么稳定了,英语为了功能的需要也不得不调整自己。于是,韩礼德(1985/1994)专门在"表达功能"(representation)这一章中开辟了一节来谈"及物性和语态——另一种解释",实际上就是讲的"作格"。

Halliday 指出,英语中一部分句子是类似前面所说作格语言的句对儿(如 The lion woke up the tourist/the tourist was woken up/ *The lion woke up),另一部分句子是类似前面所说宾格语言的句子(如 the tourist was hunting lions/ the tourist was hunting/ *the lion was hunting)。他提出这反映了观察世界的两种角度:前一句对观察世界的角度是"作格性"的,后一句对观察世界的角度是"及物性"的。"作格性"的角度认为大千世界中的"过程"(process)是一种现象,现象或是"自生"的或是由外力激发而发生的,但必不可少的要素是承担现象需有"中介"(medium)。而及物性的角度认为大千世界中的过程是一种动作,或是动作者自身的动作或是延及他物的动作,这里必不可少的要素是要有一个有动力的动作者(actor)。由此他又提出,英语的所有句子都可以从以上两个角度观察。

Halliday(1985/1994:167)还认为:也许在所有的语言中,所有的及物系统都混合了关于'过程'的两种语义模式:及物分析和作格分析。及物分析是一种线性解释,因为能够以延及(extension)的方式定义的唯一功能就是目标(goal,也许还有类似于言语过程中的说话对象和 please 型心理过程的现象之类的功能)。一个及物性占支配地位的系统,其特点是强调参与者(如:只有动作者和目标是直接参与者)和环境成分(所有其他的功能角色)之间的区别。但作格(视角)是一种原子核式(nuclear)译解而不是线性(linear)译解,如果某一成分出现在小句的前部，那么一群类似参与者的功能角色都可以出现在那里，不仅有施事（agent），还有受益者（beneficiary）和范围（range）。从及物性观点来看，这些都是环境成分（circumstantial）：施事是方式（manner）的一种，受益者是原因（cause）的一种，范围是程度（extent）的一种，它们都可表达为小过程（minor process）。但是，从作格性的观点来看，它们都是主要过程的附加参与者，其核心是"过程+中介"，内环是其他附加参与者，外环是环境成分。

韩礼德还从世界观的角度升华了"及物的"和"作格的"这两种角度：一种角度是必有一个动作者，他发出的动作或者施及他物（及物）或者不施及他物（不及物）。世界万物的"动"就必然需要一个终极的动作者（上帝），韩礼德称之为"牛顿的机械式世界观"。另一个是万物本来就有"动"有"静"，各种状态必有一个"中介"（medium），该中介的状态或者是自己原有的或者是外力致使的（作格为外力），韩礼德称之为"爱因斯坦的辩证式世界观"。这种观察世界的角度在不同的语言中会有所侧重，在语言的整体面貌或句式上都有可能反映出来。

Davidse（1992）和 Thompson & Ramos（1994）都继承了 Halliday 的思想。

Davidse（1992：133）认为，在小句分析中至少存在两种分析模式：及物性模式和作格模式。为了说明这一问题，她对大量例句做了翔实的分析，结果发现一些例句适合于作格分析，另一些例句则适合于及物性分析。换言之，她认为语言中存在着两套可供语言使用者进行选择的系统：前者是将事件描述为自发的或由外力引起的作格系统；后者是关注小句行为是否波及另一参加者的及物性系统。这两套系统并非完全对立，相反，它们代表了一个连续体（continuum）的两极。一些情况下，两种分析方法大致相当；而在另一些情况下，其中一种分析方法占据主导地位，但并不能完全取代另一种。一般说来，及物性系统与作格系统二者不是互相排斥，而是相互包容。就某个小句而言，及物性系统与作格系统存在着一个主次的问题。如果某小句的作格程度较高，那么它表达的及物性的程度就会相应降低；反之亦然。换句话说，作格概念就是一个递进的概念，或多或少的概念，作格程度的高低取决于作格过程的词汇化（lexicalization）程度。

按照词汇化程度的高低不同，Thompson & Ramos（1994）将作格语对分成如下四类：

——同一作格句对（identical ergative pairs）：同一个单词既可以用于作格小句中，也可以用于非作格小句中，如：cook, break, broaden, enlarge 等。

——匹配作格句对（matched ergative pairs）：用于作格小句和与之对应的非作格小句的动词不是同一个动词，而是两个不同的动词，二者可以通过"致使"概念联系起来。如：kill/die, keep/stay, make/become 等。

——远程作格语对（distant ergative pairs）：作格小句与非作格小句中使用不同的动词，但经推理后，可以看出它们之间存在着作格语对的关系。如：remove/disappear, knock down/fall down 等。

——非作格语对（non-ergative pairs）：二者之间根本不存在作格关系。如：及物动词 kick 与 hit，不及物动词的 stumble 与 swim。

Thompson & Ramos 通过如此切分说明：认为作格是一种语义概念，而不是单纯的词汇概念，因而将 Halliday 的作格观念进一步延伸，引入语义作格（semantic ergativity）的概念。语义作格观则认为：用于两个小句中的不同的动词或动词词组只要能够将同一中介从不同的角度加以表现，这两个不同的动词或动词词组之间就存在作格关系①。作格关系的概念就宽泛起来。

Davison, Alice (1999) 提到形式主义和功能主义都力图寻找作格语言的方式或作格结构 (ergative construction) 的方式,但他们都不得不回答同样的问题:

(1) 一个动词的论元如何表达语法功能中的句子成分?

(2) 在主格-宾格语言中,为什么作格的名词短语作主语时更像宾语?

(3) 如果主格-宾格语言中的主语同时在话语中也有主题 (topic) 的句法地位,那么作格语言相反地就以宾语为主题吗?

功能主义者将会问,什么是作格标记的交际功能? 它是表达主语的有生 (animacy) 还是施动力 (agency) 呢? 或者聚焦于宾语为何会明显区分于主语? 换句话说,它主要是关注于及物的配价呢? 还是施动力? 话语语境 (discourse context) 或完成体 (perfective aspect) 和宾语性质有什么联系吗? 作者还谈到分裂作格系统中人称和体的问题。在很多语言中,作格标记被要求为第三人称,而不是第一人称和第二人称。另外一种分裂作格的标记是基于完成体的。完成体通过动词表达了事件的结束或状态 (state)。

Kuno (2004) 总结了以往关于非作格和非宾格的区分,重点分析了非作格动词和非宾格动词的四种诊断式:there-结构,the (one's) way 结构,同源 (cognate) 宾语结构和假被动 (pseudo-passive) 结构,并用反例说明这些诊断式是不可靠的,指出在什么样的条件下这些诊断式能够成立,关键是他们要满足功能限制 (functional constraints)。非作格和非宾格的区分在于某些非

---

① 转引自王全智、徐健:《作格概念的延伸及其解释力》,载《外语与外语教学》,2004年第1期。

句法的因素的复杂的相互作用。

(四) 从认知的角度谈作格

对于作格含义的第四种理解是从认知的角度谈作格,这里首先要说明的是,从认知的角度谈作格和从功能的角度谈作格,是有联系的,甚至于从认知的角度谈作格还可以划归到从功能的角度这方面,比如 Lemmens（1998）的很多观点都借鉴了功能派的 Davidse（1992）。但我们分得更细一点,把专注于从认知角度谈的作格分立出来,以 Langacker（1991）、Lemmens（1998）、影山太郎（2001）为代表。

正如 Langacker（1991:381）所说:"实际上,任何一种语言都有可能有两种模式,尽管混合的种类各不相同,或者有一种模式占主要地位。"由于同一个语言内可能混有两种类型,因此又出现两种新的观察角度。

Lemmens（1998:42）说道:"不管 Dixon 的反对,我还是认为作格性（ergativity）和英语有关,虽然英语没有明显的格标记,但是英语不止一个的交替模式反映了语法范畴的及物和作格的模式。Lemmens（1998:3）认为,相关的语法结构比如致使结构,保留（remains）在认知刺激的词汇形式上,澄清词汇意义和结构意义如何动态地相互作用。文章还提到了原型的及物（prototypically transitive）和原型的作格（prototypically ergative）,并谈到了及物性（transitivity）和作格性（ergativity）。原型的作格动词常和受事共同出现,并且这个受事有着自我发起（self-instigating）过程（process）的潜能。该书探讨了及物聚合是以施事为中心的,如'murder'等动词;作格聚合主要关心'过程'（process）中的受事,如'suffocate'等动词。该书采用了认知语法的一些观点,并谈到了及物性和作格性的认知现实,涉及到了语言使用者对于及物的和作格的模式的理解策略。"

另外，影山太郎（2001：32）认为："如果非对格性是语言所具有的普遍性的特征的话，就不应该从语序和格标志等表面的形式上，而是从更深处，即从语义这个层次上去阐明其本质。"于是，影山从语言与认知的接点探讨"非对格性动词"，即"非宾格动词"。

（五）关于汉语的作格研究

学界对于汉语"作格"的研究也是在国际这个大背景下展开的，有很多学者探讨了汉语的"作格"或"非宾格"现象，Frei（1956）、Y. C. Li（李英哲）& M. Yip（1979）、吕叔湘（1987），黄正德（1990），Zhou Xinping（1990），徐烈炯（1995），顾阳（1996），徐烈炯、沈阳（1998），徐杰（1999，2001），杨素英（1999），韩景泉（2001），唐玉柱（2001），何元建、王玲玲（2002），赵彦春（2002），王晖辉（2002），朱晓农（2003），邓思颖（2004），潘海华、韩景泉（2005），吕云生（2005），曾立英、杨小卫（2005），曾立英（2007），刘晓林（2008），刘探宙（2009）等都曾对汉语的"作格"问题进行过研究。

Frei（1956）论证汉语的"把"字结构在句法上表现出作格特征，"把"实际上标示的是一种"通格"[①]。Y. C. Li（李英哲）& M. Yip（1979）质疑了"把"字结构和汉语的作格性。

吕叔湘（1987）通过解释"胜"和"败"两个动词的格局，谈到了"作格语言"和"受格语言"的问题。吕先生的结论是："区别作格语言和受格语言必须要有形态或类似形态的手段做依

[①] 转引自 Y. C. Li（李英哲）& M. Yip: The Bǎ-construction and ergativity in Chinese. In Plank, Frans, ed. 1979 *Ergativity: Towards A Theory of Grammatical Relations*. London: Academic Press.

据。汉语没有这种形态手段，要说它是这种类型或那种类型的语言都只能是一种比况的说法。"汉语是否作格语言值得考证，值得注意的是存在这种作格现象，有必要进行研究。

Zhou（1990：44）认为汉语缺乏形态标志，汉语的作格性只能从句法的和语义的两方面来区分，Zhou还详细探讨了汉语中四种类型的作格动词。

在讨论汉语的作格动词时，黄正德（1990）、顾阳（1996）、杨素英（1999）、徐杰（1999）等都在不及物动词中分"非宾格动词"和"非作格动词"。黄正德（1990）受吕叔湘（1987）的影响，也以"打胜"和"打败"为例说明及物动词可以分为"受格（unaccusative）动词"和"作格（ergative）动词"两类，以"哭"和"来"为例说明不及物动词也可以分为"受格动词"和"作格动词"两类，并针对中文的"是"与"有"提出作格分析。另外，曾立英（2007）确立了汉语作格动词的评判标准。

韩景泉（2001）、唐玉柱（2001）、潘海华、韩景泉（2005）讨论了存现结构和作格的联系。潘海华、韩景泉（2005）还认为汉语非宾格现象散见于存现句、非使役句以及被动句中。也有从语言类型学的角度进行分析的，如朱晓农（2003），曾立英、杨小卫（2005），刘晓林（2008）。

目前，汉语在"作格性"这个问题的研究上，比较重视从"作格"的视角来研究汉语的某些动词的特点，尤其是吕叔湘先生所说的二成分格局中的动词，对于不及物动词中分非宾格动词和非作格动词也有很多学者赞同，对于动结式和作格的联系也有所涉及，关于存现结构和作格的联系也多有讨论。汉语有关作格的研究成为一个热点的原因可能是研究的视角的选择，如果总是用及物性的观点来揭示汉语有很多不妥之处，所以很多学者考虑用作格的观念来思考一些汉语问题，考虑汉语中是否存在作格动词，这些动词只有"域内论元"等问题。

目前汉语研究中存在的问题大概是，对于什么是作格动词，作格动词的确立有何标准尚无定论。文献中所讨论的作格动词，大都是列举的性质。本书将讨论这些问题，确立作格动词的标准，并列出根据这些标准设立的作格动词词表，讨论这些作格动词的句法语义属性，使作格动词的定义、范围、特征更加明朗化。

讨论汉语的作格现象，最终目的也是为了思索汉语的语言类型。如果要把一种语言确定为要么属于作格语言，要么不属于作格语言比较困难，那么我们是否可以从这个角度去探寻：这种语言在什么程度上和在哪些具体结构上属于作格语言，也就是它的句法在哪些地方根据主格-宾格系统起作用，又在哪些地方根据作格-通格系统起作用。这种研究就能体现语言类型学的意义。

（六）本书的理论背景

Dixon（1994）基于作格的角度对主语系统的分类，是我们行文的一个理论背景。我们研究作格的目的，力图通过对汉语作格现象的发掘，调查汉语的作格动词、作格句式，从而在语言类型上给予现代汉语一个定位。因此，以 Dixon（1994）的专著'Ergativity'为参照，具体讨论汉语的语言类型。Dixon 根据 S 和 A、O 之间的关系，把人类语言分为宾格系统、作格系统和三分系统，其中着力讨论了分裂系统，即有一些语言处在作格和宾格的中间地带，有些 S 标记为 O，有些 S 标记为 A，这类语言混合了主格-宾格和作格-通格类型，Dixon 把这种混合的类型称之为"分裂的系统"（split system）的类型。前面 0.2.1.3 中也专门提出了分裂的系统包括分裂的主语系统和变动的主语系统两大类。由此引起我们的思索，汉语的主语系统的选择到底是怎样的？是否也是一种分裂的系统？如果是一种分裂的系统，又是怎样的一种分裂？是动词一分为二为活动动词与中性动词两大块？

还是动词随不同的情景而分裂，这些都是我们所要研究的。

本书所采取的"作格"吸取了 Halliday 的理论思想，本书所说的现代汉语的作格不是指与宾格类型相对的作格语言，因此本书研究的现代汉语的作格现象不是指的形态作格。由于汉语缺乏格的屈折变化或者动词的一致关系，因此汉语不可能是形态作格。Halliday 曾讨论"作格性"是和"及物性"相对而言的，"及物性"着眼于动作者的动力的延伸，"作格性"认为"过程"是一种现象，现象或是"自生"的或是由外力激发而发生的，但必不可少的要素是"中介"。汉语中所讨论的作格现象，主要是讨论及物句的宾语和不及物句的主语等同的现象。因此汉语有可能在句法上表现出一些作格的性质，句法上的作格彰显了不及物的主语和及物的宾语相似的现象。我们结合汉语来谈作格，只能是探究汉语的"作格性"（ergativity）。

我们虽然认为汉语不是典型的作格语言，但不否认汉语中存在着作格动词或作格句。由于汉语没有形态变化，名词没有格的标记，语言学家在确定这些问题时遇到了许多困难。英语中也存在类似的情况，如"the boat sailed/Mary *sailed* the boat, the cloth *tore*/the nail *tore* the cloth, Tom's eyes *closed*/Tom closed his eyes, the rice *cooked*/Pat cooked the rice, my resolve *weakened*/the news *weakened* my resolve"等等，符合作格句对儿的条件，从语义上分析也的确属于"自生现象"和"使成现象"。而类似现象在汉语中应用得比英语更普遍，如含"致使"意义的动词的句子（如"弟弟甄了杯子/杯子甄了/*弟弟甄了"），或含致使意义的述补结构（如"弟弟打碎了杯子/杯子打碎了/*弟弟打碎了"）等。这些结构的句子出现的频率如此之高，使我们可以肯定汉语是有作格现象和作格观察角度的。Halliday（1985/1994）曾专门探讨了英语的作格现象，受到他的启发，我们吸取 Halliday 理论的精神，从观察世界的角度看待作格，由此出发来确定汉语作格表达的形式手段。

　　提高到观察世界的角度来看待汉语的句子，可以更好更简明更符合汉族人语感的解释一些语言现象。比如语法书上常说汉语句子常常不需要介词"被"就能表达被动的意思（如"门开了"），这其实是从及物的角度，从"做事"的角度去阐述它；如果从作格的角度说，则根本就不存在"被动"，"门开了"只是说"门"处于"开"的状态，整个现象中只有状态，没有另外的"动作者"去开门，不存在什么被动。从作格的角度去看问题，汉语的一些语言现象可以得到新的解释。比如"门开了"就没有必要理解成什么"宾踞句首"（黎锦熙1955）的形式，也许我们就可以从另一个角度审视汉语的以O起头的句子。如果我们采取作格的观念，承认汉语中有这样一种现象，像这种类型的句子很有可能是动词的"域内论元"上升到主语的位置而形成的一种作格结构。也许老是用及物性的观点来揭示汉语有很多不通之处，所以我们试图用作格的观念来思索汉语的这类句子。

　　我们研究的汉语的"作格性"是以功能派 Halliday 的作格观为理论背景的。我们认为，语言类型的分类、动词的分类、Halliday 对于及物性句对和作格性句对的分类，其实都有共同的形式上的基础，它们都是基于双论元句中主宾语与单论元句中的主语的形式关联关系来定义的，只是分类的对象有针对语言、针对动词、针对句子的区别。而 Halliday 则从哲学的角度把这一形式上的区别提高到了观察世界角度不同的高度，也即世界观不同的高度。我们赞同 Halliday 的这一看法。从句式与句式关联的角度的确比只观察一个句子更能体现出语言对于世界的整体看法。[①]

[①] 但是我们并不同意 Halliday 后来把英语的所有句子都做两种角度分析的做法，因为这一做法已经偏离了双论元句中主宾语与单论元句中主语的形式上的关联关系，使得所谓观察世界的不同角度失去了语言上的根据。

三、本书研究思路及章节安排

（一）本书研究思路

从语言对世界认知的两种模式看，汉语是属于作格语言、宾格语言还是分裂型语言呢？如果属于分裂型语言，是属于 Dixon（1994）所说的分裂的主语系统，还是变动的主语系统呢？要确定这一问题，首先涉及动词的语义类型的问题。从小句内观察，如果一个语言的动词都是作格-通格动词，该语言无疑属于作格语言；反之，如果动词都是主格-宾格动词，该语言属于宾格语言；如果动词分裂为作格-通格和主格-宾格两类，且两类的数量基本相当，则该语言属于"动词分裂型语言"，分裂为"活动动词"与"中性动词"两大类；如果动词基本上只有一类，入句后根据动词时体、可控、主语的有生等特征和特定的句式特点而决定句式的作格性，则该语言属于"变动的主语分裂型语言"。这样，我们就明确了我们对作格动词的讨论是在语言类型背景的讨论这个大前提下展开的。诚然，汉语的动词是否分为数量大体相当的"作格-通格动词"与"主格-宾格动词"两类，对于确定汉语在作格问题上的语言类型，是十分重要的。

既然问题首先聚焦于动词的类型，那么首先就要讨论汉语有无作格动词，有哪些作格动词。因为我们已设定了讨论作格的前提——现代汉语的作格不是指与宾格类型相对的作格语言，因而主要谈现代汉语哪些动词有无作格关系（ergative relation），具体地说，就是围绕这些动词有无"及物"和"不及物"的交替（alternation）展开，这些动词在语义上有什么特征，为什么会产生这种比较特殊的表达？这一类比较特殊的动词在现代汉语动词中占多大比例？如果比例不大，这种作格视角是否体现在句式上？于是提出动补结构、存现句与作格,最后根据动词与 Sa 型、So 型主语的搭配,推断出汉语是一种变动的主语系统。这样,全文就把作格动词的部分、作格句式的部分和有关汉语类型的讨论有机地联系在一起。

全书包括绪论、正文的五章内容以及结论。

绪论部分主要综述"作格"在国内外研究的状况,条分缕析地谈作格的研究现状,阐明本书的研究思路和章节的安排。

第一章里提出作格动词,在给动词分大类的基础上确立"作格动词"这一小类。动词的大类主要是从及物和不及物的角度以及静态和动态的角度来分类的,然而仅仅从大类划分是比较粗疏的,本文注意到作格动词有一种"跨类"的性质,于是在此基础上确立作格动词这一细类,并分析了作格动词的语义角色,包括有"引发者"和"中介"两个论元,其中"引发者"可以不出现,但是"中介"必须出现。

第二章将论证汉语作格动词的判定标准。根据前章所梳理出来的作格动词的基本特点,我们在作格动词能出现在 $NP_1 + V + NP_2$ 和 $NP_2 + V$ 交替的基础上,又增加了两个诊断式——"使 + N + V"和"$NP_2 +$ 自己 + V 了"的结构,作为判定汉语作格动词的相容的析取标准。符合这些条件的汉语动词,才是真正在句法语义中有作格性的动词。

第三章具体描写现代汉语的 160 个作格动词,并将这些动词分成四小类,逐一讨论。这四类分别是:表"状态变化"的作格动词,表心理状态变化的作格动词,兼属形容词的作格动词和表"自身变化"的作格动词。每一子类都讨论其特点,列出一些有代表性的动词及其各大词典在这些词的释义上的得失,并列出符合该类特点的词表。该章还把对作格动词的探讨和词典释义联系在一起,指出现有词典在对作格动词的释义上存在一些模糊之处,有待修正。

第四章讨论汉语中最重要的两种作格句式：动结式与存现句。与鉴别作格动词的方法相同，我们依然用"既可以用于'表中介的状态'的单论元句中，也可以用于'表使中介成为某状态'的双论元句"，作为形式标准来鉴别作格性动结式。本书还以"破"为例，说明古代汉语作格动词向动结式的演变。存现句是一种专用的、作格角度的中介句，但存现句中的动词不是作格动词，而是由非宾格动词、及物动词、不及物动词等不同类型的动词来充当的。这些不同类型的动词进入存现句后，受句式的制约，在句中统一表现为非宾格动词的特点：（1）只带"中介"单论元；（2）动词表达该论元有关的状态、现象而非有意识的动作。

第五章借鉴 Dixon（1994）的观点，根据 S、A、O 三者之间的关系，从语言类型学的角度考察汉语的主语系统的选择情况。Dixon 把语言分为"主格－宾格"、"作格－通格"和"分裂的系统"三种类型。汉语是属于"分裂的系统"这一类型的。可以说前面现代汉语作格动词的确立是在"汉语是分裂的系统"这一类型的大前提下讨论的，在这个前提下讨论汉语的动词分类情况，讨论汉语的动词在小句内选择什么样的主语，在小句和小句之间选择什么样的主语，同时通过汉语和英语以及其他语言的对比来说明主语系统的选择差异。最后得出的结论是汉语的动词不是作格/宾格各占一半的"动词分裂型语言"，也不是典型的"作格语言"或典型"宾格语言"，而是属于"分裂的系统"中"变动的主语系统"这一类型。

结论部分主要总结本书的选题意义、写作特点以及得失等等。

（二）章节安排

绪论

第一章：动词的分类与作格动词的论元结构
第二章：汉语作格动词的判定
第三章：现代汉语的作格动词及其释义
第四章：动结式、存现句与作格
第五章：从"作格"角度谈主语系统的选择
结语

四、语料来源

本书的绝大部分例句来自于真实文本的检索，也有少量的来自学者已发表的论文的例句和内省的例句。我们主要使用了三个语料库：一是清华大学孙茂松研发的 8 亿语料库；二是北京语言大学宋柔研发的"汉语语料检索系统 CCRL（工智通）"语料；三是北京大学汉语语言学研究中心在网上公开的"现代汉语语料库"，网址为：http：//ccl.pku.edu.cn/。

第一章 动词的分类与作格动词的论元结构

一、动词分类、作格动词与语言类型

从语言对世界认知的两种模式看,汉语是属于作格语言、宾格语言还是混合型语言呢?如果属于混合型语言,是属于变动的主语系统,还是属于动词分裂型语言呢?

要确定这一问题,首先涉及一个语言中作格动词的多少和动词分类的问题。如果一种语言的动词都是作格-通格动词,该语言无疑属于作格语言;反之,如果动词都是主格-宾格动词,该语言属于宾格语言;如果动词分裂为作格-通格和主格-宾格两类,且两类的数量基本相当,则该语言属于动词分裂型语言;如果动词基本上只有一类,入句后根据动词时体、主语的有生、可控等特征和特定的句式特点而决定句式的作格性,则该语言属于变动的主语系统。① 也就是说,汉语的动词是否分为数量大体相当的作格-通格动词与主格-宾格动词两类,对于确定汉语在作格问题上的语言类型,是十分重要的。

有关作格的问题,国外各学派使用的术语有很多分歧。比如"作格-宾格"和"非作格-非宾格"在各派理论中内涵不尽一致。本章基于作格是语言认知世界的一种基本模式的分析,确定了本

---

① 参见绪论中所介绍的 Dixon(1994:71)的观点。

书所用的术语及定义,梳理出与作格有重要关联的动词分类的几个维向,在给动词分大类的基础上确立作格动词这一细类,确立本书所定义的作格动词的词汇语义表达式,以此作为下面描写作格动词的基础。

本章的主要结论是,作格动词的分出,首先与动词分类的另外两个维向有重要的关联。这两个维向是:1. 双论元动词还是单论元动词(也即传统语法的及物/不及物动词)的分类,2. 动词的动态、静态等情状类型的分类。此外,同样十分重要的是,作格动词自身必须有自己的论元:一个必选论元——"中介"和一个可选论元——(外部)"引发者"。具体说就是,从句式上看,作格动词必须既能够出现在单论元句中,也能够出现在双论元句中;从句式语义上看,作格动词所出现的单论元句要属于状态或达成这两个情状类型,双论元句要表达"外部原因致使某物达成某状态"的句式义。

二、与作格动词相关的动词分类

(一)双论元动词和单论元动词

可否带双论元,是确定作格动词的主要指标之一。本书定义的作格动词,是在词汇义中凝聚了如下世界观的动词,即"世界上万物原本承担着自身的状态,它们可能一直保持自身的状态,也可能由于外部原因的引发而改变自己的状态"。这一定义的作格动词,如前所述,有一个必选论元——中介,还有一个可选论元——外部原因。这决定了本书定义的作格动词既可以是双论元动词,也可以是单论元动词。

动词是否可带双论元,国外传统的术语是动词的"及物"与"不及物"。及物,指的是动词具有带宾语(实为"受事")

的潜在能力。根据"及物"特征,动词一般被分成及物动词和不及物动词两个大类。

基于论元数目对动词的分类,汉语学界先后使用过"内动/外动"、"及物/不及物"这两对术语。

国内学界最早用"外动"、"内动"的术语来区分动词是否可带双论元。如马建忠(1898)这样定义内动和外动:"一其动而仍止乎内也,曰内动字。一其动而直接乎外也,曰外动字。"黎锦熙(1924)对外动词的定义是"动作外射,及于他物",内动词是"动作内凝,止乎自身"。

汉语的双论元动词大多都可以只带单论元的问题,在汉语学界也很早就引起了重视,并提出了合理的处理方案。

吕叔湘(1942:32)探讨了汉语内动和外动在处理上的困惑。吕先生说道:"水的流,花的开和谢,以及行、止、坐、卧、来、去等等动作,都是只有一个方向,没有两个方向的;说得更确切些,这些动词都是停留在起词身上,不投射到外面去的。所以在文法上这一类动词称为'内动词',而把'猫捉老鼠'的'捉','王小二过年'的'过'等等动词称为'外动词'。外动词原则上要有止词,没有止词的时候是省略;内动词原则上就不要止词。"但吕先生马上笔锋一转,说道:"话是这样说,可不能看得太死。例如"跳",平常不带止词,是个内动词,但是在"跳绳"、"跳月"、"鲤鱼跳龙门"这些词语里不能不算是外动词。同样,"闹"字在"莫闹,莫闹"里头是内动,在"闹新房"、"孙行者闹天宫"里头,又成了外动词。"另有许多动词真不容易断定他是内动为主还是外动为主,他们有时带止词,有时不带,但不一定要算省略。再有一些动词,非但有时无止词,有时有止词,而且在甲句里做他的起词的那一类字,到乙句里成了他的止词。如"皮球滚进洞去了"和"杨柳儿弯,滚铁环"等。之后国内的研究大多使用"及物/不及物"这一对术语。

王力（1943/1985：43）依据该动词在具体的句子中带不带"目的位"来划定该动词是否及物动词。他认为："动词后面必须带着目的位者，我们把它叫及物动词；动词后面可以不带目的位者，我们把它叫做不及物动词。"

赵元任（1968）提出："我们分别及物动词和不及物动词，不是按照能否带宾语来区分，而是按照带什么种类的宾语来区分。不及物动词只能带自身宾语，以及可以倒过来做'倒装主语'的宾语（如'下雨'——'雨下了'）；反之，及物动词可以带任何宾语。"

Li & Thompson（1981）等也采用传统的动词二分的做法，将动词分为及物动词和不及物动词。

朱德熙（1982：58）认为："及物动词和不及物动词的区别在于所带的宾语不同。不及物动词只能带准宾语，及物动词除了准宾语之外，还能带真宾语。"

20世纪80年代后的文献不少是依据动词带什么样的宾语来划分及物动词还是不及物动词。这个标准首先是看动词是不是带宾语，然后看它带什么样的宾语。

刘月华等（1983/2001：152）认为："动词按能不能带宾语以及能带哪类宾语分为及物动词与不及物动词两类。及物动词主要指能带受事宾语（动作的接受者）、对象宾语、结果宾语的动词，不及物动词指不能带宾语和不能带受事宾语的动词。"后来，范晓（1987）、李临定（1990）、黄正德（1990）、陆俭明（1991）、杨素英（1999）都界定了及物动词。

以上关于及物不及物的探索，是把及物性看成动词的一个特征。

Hopper and Thompson（1980）提出了新的及物性理论，他们把"及物性理解为一个完全小句的总体性质，这样动作从施事传递到受事，"并且提出"是否带宾语"、"宾语是否有定"、"是否完成体"、"主语是否有生"等 10 项标准来区分高低及物性。这种"及物性"反映的是句子动态性高低的连续统（contunuum），而非动词的大类区分。王惠（1997）继承了 Hopper and Thompson（1980）的思想，采取"广义及物性"观点探讨了汉语主要句式的动态性高低。我们这里关心的是动词是否能带双论元的问题，与传统定义的及物/不及物动词相同，而与 Hopper and Thompson 的"及物性的高低"关系不大。

绪论里的介绍说道，Halliday 等学者用"及物/不及物"来指与"作格通格"相对立的"主格宾格"认知角度的动词分类。在这一派学者的术语中，单论元句有"不及物"（只有主格论元）和"无作格"（只有通格论元）两类，双论元句有"及物"（有主格、宾格两论元）和"作格"（有作格、通格两论元）两类。也即这一派所说的"及物"或"不及物"，都与传统所说的"及物"、"不及物"的范围不一样，比传统所说的"及物"、"不及物"的范围要窄。

为避免术语的混乱，本书打算用"双论元"、"单论元"来代替传统的"及物"、"不及物"。除直接转述他人研究，本书不打算使用"及物/不及物"的术语，因为这一术语有许多其他的含义。

如果把以上研究所用的术语都折合为我们所用的术语，则自朱德熙（1982）之后，汉语学界都主张以论元的"必单"和"可双可单"作为区分汉语单论元动词和双论元动词的标准。区别仅在于朱德熙统一使用了语法术语——真宾语、准宾语（动量词、时量词、数量词、数量名结构），而刘月华则兼用了语法术语"宾语"和论旨角色的术语"受事"、"对象"、"结果"等。尽管术语不同，所指的语言事实是一样的。

准宾语一般不具有论元身份，所以我们的定义是："凡可以带双论元的动词为双论元动词，只能带单论元的动词为单论元动词"。这一定义未使用"宾语"、"真/准宾语"等语法层面的定义,保证了定义所用术语在同一层面上。放弃语法术语也是由本书的研究目的决定的。研究作格必须进一步分辨"宾语"的论元身份。

这里所说的"论元",不仅是指名词性成分,而且是指能充当实体的名词性成分。何谓实体?据吕叔湘(1946:447):"实体词必须是重要的,就是必须和动词密切相关的,有施事或受事作用的,所以像'我等了三天'、'他一只脚站着'之类的句子归入只有一个重要实体词的一类。我们认为,那些可有可无的处所成分、时量成分和动量成分,是不能算作实体词的范畴的,也不能算作"双论元动词"和"单论元动词"中的论元范畴。

综合以上研究我们看到,根据论元数目对动词的分类,不能只观察某一个具体句式是否带双论元,而要通盘考虑动词在所有句式中是否可以带双论元。此外还必须要考虑动词的论旨角色,如是否受事、对象、结果等。

基于我们的研究目的,仅根据论元数目对动词进行分类是远远不够的,重要的是:动词跟论元之间的语义关系如何,它们共同构造了什么样的观察世界的角度。所以,我们还要引出下面一个动词分类的角度。

(二)动态动词和静态动词

划分汉语动词首要的标准是什么?对于这个问题,语法学家各自有自己的划分标准,划分词的标准还是和划分的目的相关的。有一种动词的分类标准是从动态、静态的角度来分类,而这种区分和作格的关系很大,因为动词出现在及物句和不及物句的交替中,与动词是表示动作和状态等还是相关的,比如"灭"出现在及物句和不及物句的交替中,如"他灭了火"和"火灭了"中,"灭"是有着动态和静态之别的。

再次阐明一下我们要从动作和状态的角度来对动词进行分类的原因,是和我们所研究的作格动词相关的,也是因为我们下面所研究的作格动词在"情状类型"上很有自己的特点,和"动作"、"状态"及"状态的变化"都有关系。

前面在绪论部分介绍了分裂作格的观点。Dixon（1979：80）谈到了随动词的语义性质（semantic nature）而分裂的条件。Dixon（1979）举了很多语言为例,说明主语 S 随动词的语义性质而分裂为 Sa 或 So 的情况,动词的语义性质有动作动词（active verbs）与中性动词（neutral verbs）的区分,如 Siouan 语中 Mandan 就是一个典型的例子。动作动词可以是及物的,可以带主语的和宾语的代词词缀,如 ignore, tell, give, see, name；也可以是不及物的,只带主语的词缀,如 enter, arrive, think it over, go。中性动词只能够带宾语代词的词缀,如 fall, be lost, lose balance,而且有些形容词也是属于中性动词这一类,如 be alive, be brave, be strong。

DeLancey（1981）谈到了分裂作格的第三种是动态/静态（active/stative）的分裂。在动态/静态语言中,不及物动词的主语的格标记是变化的,有时和施事一致,有时和受事一致。这个不及物动词的主语有时标记为像是及物的施事,有时标记为像是及物的受事。如东北的高加索（Caucasian）语言的 Batsbi 语：

(1) txo　　　　　nAizdrax　　　kxitrA.
　　 We (**ABS**)　 to-ground　　 fell
　　 'We fell to the ground (unintentionally, not our fault).'

(2) A-txo　　　　nAizdrax　　　kxitrA.
　　 ERG-we　 to-ground　　 fell
　　 'We fell to the ground (intentionally, through our own carelessness).'

我们看出(1)和(2)的不同,(1)的主语为通格,(2)

为作格，（1）的事件的发生是"无意的"（unintentionally），（2）的事件的发生是"有意的"（intentionally）。"有意"和"无意"是与"动作、状态"密切相关的。

先介绍一下哲学家 Vendler（1967）所做的英语动词的体的分类，在语言学界很有影响。

他确定了动词的四种情状类型：

（A）活动（activity）动词：run、walk、swim、push a cart、drive a cart

（B）完结（accomplishment）动词：run a mile、draw a circle、make a chair、push a cart to supermarket、recover from illness

（C）达成（achievement）动词：recognize、spot、find、lose、reach、die

（D）状态（state）动词：know、believe、have、desire、love

run、push a cart 没有设定终点（terminal point），而 run a mile、draw a circle 却有一个顶点（climax），必须达到这个顶点，所说的行动才名副其实是相关动词所意指的行动。Vendler（1967/2002：178）认为表"达成"（achievement）的动词通常不能被看做是有意志力（voluntary）的行为。Vendler 很形象地说："如果我们考虑到一个人可以故意地或小心地开始奔跑（running）或停止奔跑，一个人可以因为开始了奔跑或停止了奔跑受到指责或承担责任，但却不会有人因为发现了（spotted）或认出了（recognized）某些东西而遭受指责等等，那么我们就明白，达成动词所涉及的行为是无所谓自愿与否的。"Vendler 还讨论了状态动词，状态动词中的"知道"（know）或"爱"（love）不能"故意地（deliberately）知道"或"小心地（carefully）知道"。从这四类动词中可看出：状态动词和一部分达成动词没有指动作（actions）的能力。

Vendler（1967/2002：180）的分类特别关注动词词组默认

的时体方式和时间的关系,他举例说明了这四类动词词组的时间图式:活动动词,如"A was running at time t(A 在 t 时段上正在跑)";完结动词,如"A was drawing a circle at t(A 在 t 时点上画了个圆圈)";达成动词,如"A won a race between t1 and t2〔A 在 t1 到 t2 的时段内(的某时点上)赢了赛跑〕";状态动词,如"A loved somebody from t1 to t2〔A 在 t1 到 t2 的时段内(一直)爱着某人〕"。

Vendler 的分类有几个特点:第一不是对动词而是对动词词组情状类型的分类;二是他的"状态动词"与汉语学界通常所说的"状态"含义不同。汉语学界通常所说的"状态"是指事物的一种静止态貌,而 Vendler 的"状态"是指人的动作过程具有内部的一致性,表示不受时间限制的恒常的状态。

邓守信(1975/1986)、李英哲等(1984)、郭锐(1993)、曹逢甫(1990/2005)都考虑了动词或动词词组的情状分类。

邓守信(1975/1983:71)在《汉语及物性系统的语义研究》中将汉语动词分为三类:动作动词、状态动词及过程动词。而且规定,动作动词规定施事,状态动词和过程动词规定受事。动作动词规定了施事有意地志愿地进行的活动(虽然在某些情况下并非如此)。动作动词一般有下列三条性质:(1)只有动作动词可出现在进行体中,如:可以说"他在哭",却不能说"他在小心"。(2)只有动作动词可以内嵌于"忘"和"记得"等动词,如:可以说"他忘了问张三",不能说"他忘了喜欢张小姐,记得写封信给他",也不能说"记得不害怕"。(3)只有动作动词可与工具格副词一起出现,如可说"我用毛笔写",不能说"我用钱有钱"。

但是,邓守信指出,还有一些动词,如"死、沉、坏、化、掉"等,切夫(1970)所称的过程动词,既不表示活动,也不表示状态,而是状态的变化。邓守信也将这一类称之为过程动词，如联系动作动词的三条判定标准，发现这一类动词不具有动作动词的特征，不能说："他在死"，"他忘了掉下去"，"冰用热气化了"。这种不合适的表现并不能说明这些动词是状态动词，它们之间有系统上的差别，概述如下：(4) 只有状态动词可以被"很"修饰，如：可以说"他很瘦"，不能说"他很伤"。(5) 只有状态动词可以通过重叠来强调，如：可以说"他高高的"，不能说"船沉沉的"。(6) 只有过程动词可以用"没有"来否定，如：不能说"他没有客气"，可以说"门没有坏"。(7) 只有过程动词可以有出现的次数，如：不能说"他高兴了两次"，可以说"他醒了两次"。可以看出，邓守信的"状态动词"相当于国内学界通常所说的"性质形容词"，而他的"过程动词"相当于国内的"状态动词"。

如果用邓守信（1975）的标准来衡量"灭"这个动词，就会发现"灭"一般不说"火在灭"，"灭"也不能受"很"的修饰，倒是可以受"没有"和"一次"的修饰，所以，推导"灭"还是一个过程动词。

邓守信（1986）采用 Vendler（1967）的情状分类法，把汉语的句子的情状类型分为四种：活动情状（activity situation），完结情状（accomplishment situation），达成情状（achievement situation），状态情状（state situation）。① 并认为，"唯有在整句的范围内才能有系统地将汉语的时间结构加以规范化"。注意邓守信在 1975 年和 1986 年的两次分类针对的对象不同，1975 年针对的是动词，1986 年针对的是句子。

李英哲等（1984：114）则把简单动词大致分为两类：一类是动作动词；另一类是状态（非动作）动词。动作动词可用来

---

① 这里的"situation"译为"情状"，和邓守信（1996）的文章译为"语境"略有不同。

表示有生命物体完成的动作；而状态动词一般都用来表示有生命或无生命事物存在的状况。动作动词可以按照它是否能带宾语的情况进行分类。可带宾语的动作动词又可以按照是带单宾语还是双宾语的情形进一步分类：（1）无宾语动作动词：不及物动词。（2）单宾语动作动词：及物动词（不涉及地点、时间和带同动词的名词短语）。（3）双宾语动作动词。状态（非动作动词）一共有六类：性质动词，状态动词，命名动词，情感动词，"有"动词，助动词。李英哲的分类和术语与国内通行的方案基本相同。

曹逢甫（1990/2005：58）认为，状态动词与行动动词的区分对汉语语法的影响更大。曹先生认为及物动词、不及物动词和行动动词、状态动词这两种分类方案有交叉，如（3）所示：

(3)　　　　　及物动词　　　　不及物动词
　　行动动词　　踢　　　　　　飞
　　状态动词　　喜欢　　　　　高兴

行动动词表示的动作通常由一个有生命的对象发出，而状态动词（state verb）在大多数情况下则表示有生或无生对象在事件中的状态。这两组动词的语法特点之间的关系可总结为：

表 1-1　曹逢甫（1990/2005）对行动动词和状态动词的区别

	状态动词	行动动词
a. 可出现在祈使句中	−	+
b. 可与表过程的"在"或表经历的"过"合用	−	+
c. 可带表持续（durative）的"着"	−	+
d. 可受程度副词修饰，如"很"	+	−
e. 可受方式副词（manner adverb）修饰，如"恰当"，"好好地"	−	+

郭锐（1993）系统分析了汉语动词的过程结构：动词的过程结构由动词表示的动作或状态的内部过程可能具有的起点、终点和续段三要素构成。该文根据动词能否加"了"、"着"、"在"、"过"及时量宾语等标准，把汉语动词的过程结构分为无限结构、前限结构、双限结构、后限结构和点结构5大类10小类。

  Va：无限结构：是、等于、以为、作为、当
  Vb：前限结构：认识、知道、熟悉、当心
  Vc：双限结构：等、端、战斗、敲、工作
  Vd：后限结构：产生、提高、消失、增加、离开、灭亡、消除、实现
  Ve：点结构：来、忘、看见、收到、开始

这5大类10小类构成一个完整的渐变系统，在这个系统中存在3个典型的过程结构类，即无限结构、双限结构和点结构，从语义类型看，这3个典型过程结构类分别是状态、动作和变化。

郭锐的这一分类方案有两个特点，一是与Vendler一样强调了动词时体范畴与时间的关系，涉及了动词的内部时间结构（Aktionsart）；二是分类针对的是动词本身而非动词词组，这与Vendler和邓守信（1986）都不同。可以说，郭锐（1993）才是真正意义上的对动词内部时间结构（Aktionsart）的分类。

动作动词和状态动词的分类实际上是根据动作的情状类型来进行的分类，动作动词的典型意义可以理解为表示有生命物体完成的动作，状态动词的典型意义可以理解为表示事物存在的状况，不管是有生命的，还是无生命的。本书所定义的"动作"与"状态"的区别，与国内学界通常所说的"动作"与"状态"的区别一致，但与国外的"状态"的术语有出入。

注意"状态"这一术语在国外学界已被用来表示"爱"一类"有生命物体的内部过程一致的行为动作"，为避免术语混

乱，下面我们改用"动态"和"静态"这两个术语来分指"动作"和"状态"。

　　动态和静态在某些语言中与作格密切相关。比如在主语分裂作格类语言中，句式是否有作格性与动词的时、体、态有密切的关系：有生命物体动作的完成、实现就意味着它或它的动作对象进入了某种新的存在状态，语言的表达实际上是从"进入某种新的存在状态"的静态角度着眼的。

　　如动词"恶化"、"瓦解"、"解放"等词本身就有从一种状态蜕化为另一种性质和关系的情状过程。如：

　　（4）a. 方老太太生性懦弱，两位少奶倒着实厉害，生阿丑的时候，方家已经二十多年没听见小孩子哭声了，老夫妇不免溺爱悠恿，结果媳妇的气焰暗里增高，孙子的品性显然恶化。（钱钟书《围城》）

　　　　b. 在遭到我国拒绝之后，苏联领导人一意孤行，突然撕毁合同，撤走专家，制造边境纠纷，对我施加压力，恶化了中苏关系。（《人民日报》1995年）

　　（5）a. 主战的，不管他的地位有多么高，理由有多么正当，总算是孤注一掷；一旦失败，便必会连根烂，势力瓦解。（老舍《蜕》）

　　　　b. 他十分注意分化瓦解敌人，实行优待俘虏的政策。（《中国儿童百科全书》）

　　（6）a. 1949年北平解放，这所学校即迁入北京。（孔庆芸《毛远新母披露"托孤"真相》载于《作家文摘》1993）

　　　　b. 在全国范围内推广农业生产责任制，大大解放了农村的生产力，促进了农业经济的发展……（《中国儿童百科全书》）

　　上面3例中的"恶化"、"瓦解"、"解放"等词都有着

"NP₁ + V + NP₂"和"NP₂ + V"的转换，这3例中的动词都可以变换为定中结构，如"恶化的品性"、"瓦解的势力"、"解放的灵魂"都说得通。那么"恶化"、"瓦解"等词从主要表示状态，到表示动作，也许可以理解这类词本身就有着表示"状态的变化"的性质，"NP₂ + V"中的V是上文所说过的从"进入某种新的存在状态"的静态。

我们后面分析的作格动词既有动态性的性质，又有静态的性质，其出现的句子哪些具有动态的性质，哪些具有静态的性质，和句式、动词的时体等都有关系。本章和第二、第三章讨论作格动词问题，第四章讨论作格句式问题；无论是动词还是句式，作格的讨论都将涉及"静态"、"动态"这两大类的区分。

（三）动词的细类——作格动词

我们前面考虑了动词分类，把动词分为双论元动词和单论元动词两类，或者把动词分为动态动词和静态动词等。但是，这样分下来的结果仍然不够详细。若干同类动词之间仍然存在着系统性的区别，必须再进一步分类，才能较充分地解释它们的语法特性。

1. 作格动词——双论元动词和单论元动词的跨类

作格动词到底是双论元动词，还是单论元动词？文献中有两种观点：一种观点是主张作格动词存现于单论元动词之中[①]；还有一种观点是认为单论元动词和双论元动词都可以出现作格动词。

先说第一种观点，这种观点影响最大。主张单论元动词分两类：非宾格动词和非作格动词，而双论元动词只有一类：及物动

[①] 很多文献没有区分作格动词和非宾格动词，这里因为讨论的是文献中的情况，因而也就没有区分。

词。这种观点以 Perlmutter（1978）、Burzio（1986）、Levin & Rappaport（1995）等为代表。

Perlmutter（1978）在关系语法的背景下提出了"非宾格假说"，后来被 Burzio（1986）采纳，应用在管约论（GB）的框架之下。"非宾格假说"实际上是一种句法假设，声称不及物动词分两类：非宾格动词和非作格动词，这二者有着不同的底层的句法构造。从管约论的视角来看，非作格动词带一个深层结构（D-Structure）的主语而没有宾语；非宾格动词却相反，带有一个深层结构的宾语却没有主语。Levin & Rappaport（1995）也应用了"管约论"的方法。

在讨论汉语的实际问题时，顾阳（1996）、杨素英（1999）、徐杰（1999）都是把汉语的单论元动词分为非宾格动词和非作格动词两类，双论元动词只有及物动词一类不再区分次类。这种对汉语动词的分类继承了 Perlmutter（1978）的思想。

顾阳（1996）提到，一般认为，动词大类划分为（1）及物动词；（2）不及物动词或非作格动词；（3）非宾格动词或作格动词或起动动词（inchoative verb）等三大类。三类中的第一类是双论元动词，第二和第三类是单论元动词。

杨素英（1999）认为，非宾格动词理论的发展大致是沿着3个侧重点不同的方向进行探讨的：（1）重视句法结构的探讨；（2）侧重语义的探讨；（3）句法和语义并重的探讨。并证明了不带地点存现句，天气句，使役/不及物交替的句子，可以用来区分非宾格动词和非作格动词，能在这些句式中出现的动词为非宾格动词。能在使役和不及物交替中出现的有4种动词：引起状态变化词，空间置放词，状态词，身体体态词。这4种动词在用于不及物句式中时都应看做是非宾格动词。

徐杰（1999）根据"非宾格理论"认为，夺格动词（即作格动词）跟普通不及物动词的对立是超具体语言的，汉语的相关事实也支持这个理论的基本观点，如：

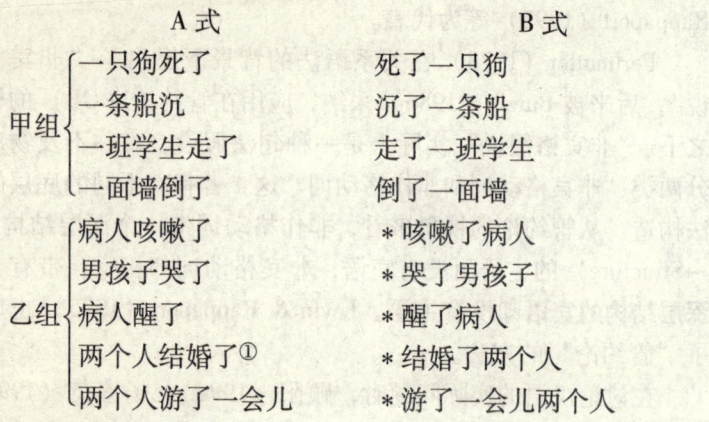

	A 式	B 式
甲组	一只狗死了	死了一只狗
	一条船沉	沉了一条船
	一班学生走了	走了一班学生
	一面墙倒了	倒了一面墙
乙组	病人咳嗽了	*咳嗽了病人
	男孩子哭了	*哭了男孩子
	病人醒了	*醒了病人
	两个人结婚了①	*结婚了两个人
	两个人游了一会儿	*游了一会儿两个人

甲、乙两组是夺格动词和普通不及物动词的差别，对比鲜明。其中甲组各例都有 A、B 两种形式，即名词词组既可以出现在动词前，也可以用在动词后；而乙组各例则只有 A 形式（名词词组只能出现在动词前），没有 B 形式（名词词组不能用在动词后）。徐杰明确提出了"非宾格假说"的语言证据。

如果作格动词只是属于不及物类的，那么作格动词为什么能经常出现在及物小句中呢？于是，就有了针对作格动词出现在双论元句中的考虑。这就是我们在前面提到过的第二种观点，关于作格动词出现在双论元句中的考虑。

Halliday（1985/1994）坚持认为，对同一个句对既可以进行及物分析，也可以进行作格分析。

影山太郎（2001：146）认为，英语的动词从及物和不及物的角度可以归纳为 3 类：只有及物用法的；只有不及物用法的（非对格动词）；两种用法都有的（作格动词）。

---

① 留学生常犯"我结婚了他"之类的错误，究其原因，是对"结婚"这个动词所带论元的数目不理解。

汉语中的作格谓词研究，分古代汉语和现代汉语两方面来讲。至于古汉语中的作格动词，Cikoski（1978a，b）主张几乎所有的动词可分为中性动词（neutral verb）和作格动词（ergative verb）两个类型。这两种类型句型框架不同，可以图解如下：

中性动词：X+V+Y X+V
作格动词：X+V+Y Y+V

据大西克也（2004）中性动词和作格动词的区别，可能与动词的词汇意义有一定的关系。作格动词的词义从受事的状态引起某种变化的较多，如"斩、诛、劓、伐"等。反之，中性动词的受事本身不受变化。例如"攻、击"只表施事的行为，受事被"攻、击"后会怎么样，则是另外的事情。但是，大西克也同时指出，古汉语动词的核心意义很难掌握，探讨动词的语义和句型的关系是非常困难的。

关于现代汉语中的"非宾格动词"或者"作格动词"，很多学者如李英哲 & M. Yip（1979），黄正德（1990），Zhou, Xin-ping（1990），Cheng & Huang（1994），徐烈炯（1995），顾阳（1996），徐烈炯、沈阳（1998），徐杰（1999，2001），刘美君、许蕙丽（1999），杨素英（1999），赵彦春（2002），王晖辉（2002），朱晓农（2003），邓思颖（2004）都曾明确提到过。

黄正德（1990）论证及物动词和不及物动词都可以分为"受格动词"和"作格动词"两类。他认为不及物动词可以分为两类，分别与"打胜"和"打败"相当。第一类包含"笑、哭、跳、了解、交谈、讨论、高兴、悲伤"等动词（或形容词）。第二类包含所有表示存在、出现、消失或处所的"存现动词"，如"有、来、发生、死、在、逃走、住、躺"等等。以第一类动词组成的句子是纯粹的不及物句，在深层结构与表层结构都是一个带有主语的无宾句。以第二类动词组成的句子，则是一种作格句。作者还认为应该把存现动词分析为作格动词。作者还提到了

"[施-V-受]"的格局和"[受-V]"的格局,说明中文的一些动词所造成的及物句都呈[施-V-受]的形态,而相对的不及物句则呈[受-V]的形态,这些动词是作格动词,并说明中文另外有许多动补复合词或述补结构也呈现类似的作格现象。复合词的例子有"气死、吓昏、笑死、渴死、醉倒、喝醉、看瞎、吃坏"等。这些也可以进入"[施-V-受]"的格局和"[受-V]"的格局。该文还讨论了"是"字句和"有"字句:"是"用在判断句时,是个双元述词;而用在分裂句时,则是个单元述词。"有"用在领属句时是个双元述词;而用在存在句与表达完成貌时,则是个单元述词。做单元述词用的"是"和"有"应该看成助动词,同时这两个词都应看成作格动词;也就是说,分裂句、存在句与含完成貌的句子在深层结构里是个带有宾语的无主句。

我们所要讨论的是作格动词,是双论元动词和单论元动词的跨类。

2. 作格动词——静态动词和动态动词的跨类

下面详细讨论一下 Cheng & Huang(1994),刘美君、许惠丽(1999)的做法,因为他们的做法同时考虑了动词的动作性或状态性以及述词的及物和不及物。

Cheng & Huang(1994)把谓词分为四种类型:非作格的、及物的、作格的和致使的四类。其中"非作格的"和"作格的"这一对名词术语是对立的,在术语上比较一致。现在先举例说明一下这四种句子的类别:

  a. 张三唱了很久。(非作格的)
  b. 张三唱了三首歌。(及物的)
  c. 张三吓了一跳。(作格的)
  d. 李四吓了张三一跳。(致使的)

a 和 c 在"及物性"上不同于 b 和 d,前两个是不及物的,后两个是及物的。a、b 和 c、d 的动词在"体"的表现上不同,"唱"是表"动作"(activity)的,"吓"是表"状态"或"状态的变化"(change of states)的。[①] 对于表现"动作"的这一句对,及物性的交替主要表现为"域内论元"的存在和出现与否;对于表现"状态"或"状态的变化"的这一句对,及物性的交替主要表现为"致使者"(causer)作为"域外论元"出现与否。从上述分类中也可以看出,这种分类实际上是考虑了谓词的论元结构[②]。

刘美君、许蕙丽(1999)介绍了 CKIP 词库小组(1993)的动词分类,词库的分类系统为了配合电脑处理,尽可能地将动词作细部界定,以求处理上减少模糊性。主要的五大原则分别为:

1. 动作性或状态性。
2. 述词的及物性:及物,不及物,类及物。
3. 论元的词组形式:单宾,双宾,句宾,述宾。
4. 论元的语义角色。
5. 述词的句法表现。

词库依以上五项考虑将动词分为 44 小类,再加上"是"的两种用法,及"有"自成的一类,共 47 类。词库的动词讯息也有基本式的描写,不仅明列论旨角色,并且限制各论元的可能词组形式。其基本上并非只描述必要论元结构,而是依各类动词的词汇特征,列出其最常出现的典型用法。因此词库基本式的决定是以各细类为单位,不是就个别动词一一描写。至于必要论元的省略及位置变换,并未在词汇讯息中表明,而是在整句剖析时,

---

① 原型(prototypical)的作格动词是表示状态的变化的,比如英语的动词"break, open, sink"等,后文将会详细论证。

② 我们这里所说的作格谓词包括作格动词和作格形容词,因为作格动词和作格形容词有很多相似处,下面以作格动词代表作格谓词。

以语法规律（rules）处理。

刘美君、许惠丽介绍词库首先把动词分为两大类：动作和状态。动作类动词中又分不及物、类单宾、单宾、双宾、句宾、述宾、分宾七大类；状态类动词中又分不及物、类单宾、单宾、句宾、述宾五大类。在动作类的不及物动词以及状态类的不及物动词中，刘美君、许惠丽都设立了作格述词，动作类的作格述词为 VA_2 类，该类的论元结构为 <客体>，这一类的作格述词可以加一个引起者当主语，而将客体由主语位置移至述词后，例：出动、转。状态类的作格述词有两类：一类为 VH_{16}，论元结构为 <客体>，这一类的作格述词可以增加一个致使者（CAUSER）在主语位置上而将客体移到宾语的位置。例：辛苦、丰富。状态类的作格述词的另一类为 VH_{22}，论元结构为 <经验者>，这一类的作格述词前可以增加一个引起者，原来在述词前的经验者则移到宾语的位置。例：震惊、为难、感动。

借鉴刘美君、许惠丽（1999）的分类，我们认为动词是应采取不同层次的分类，采取四阶分类。首先，考虑的是动词的语义功能（动态叙述或静态描写）；其次，考虑论元的个数及型式（及物性＋论元词组型式）；再次，为动词的词汇语义＋论元角色的考虑；最后，是基本句式的不同。

我们认为首先动词的大类中应包括动作动词和状态动词，动作动词和状态动词中再分别考虑及物和不及物的区分。这样的分类看似简单明确，然而实际上还有很多动词属于跨类的情况。比如有些动词既有动态功能，又有静态功能，如李临定（1985 b）所论述的"挂、摆、贴、躺、坐、站、绣、画、刻、戴、穿、围、关、开、锁、举、伸、踩、捏、叉"等动词，并认为汉语的动词有动态功能和静态功能之分，这种分别体现在各不相同的句型里。当然只是一部分动词具有这样两种功能，有些动词只有动态功能而没有静态功能。李先生还提到了这种动态静态的区分，和及物不及物的对应,认为汉语动词有及物和不及物之分,有一部分及物动词,当它们表现为动态功能时,仍保留着及物的性能,但是当它们表现为静态功能时,则丧失了及物的性能,成为非及物动词。以"挂"为例说明:

(7) 他正挂灯笼呢(动态)。

(8) 灯笼在那儿挂着呢(静态)。

"挂"是及物动词。"挂"在(7)句里表现为动态功能,"挂"仍保留及物性能,"灯笼"是受"挂"支配的对象(宾语);但是在(8)句里的"挂"则丧失了及物性能,因为它的后边不可能有受它支配的对象(宾语)。(7)句只是表示"灯笼"所处的状态,这里的"挂"既没有支配者,也没有被支配者。可见,同是一个"挂",当它表现为不同的性能时,它的及物性能则是不同的。

像"挂"之类的动词是出现在不同的句式中而造成的动态功能和静态功能的不同,还有一些动词不是在句式中形成的这种动态和静态之分、及物和不及物之分,而是在词库中就有这种及物和不及物的区分,动态和静态的区分,甚至在词典释义当中已显示出了这类词的差别。

比如"感动、震惊、摇晃、改变、繁荣"之类,这一类动词的论元数目是变动的。如"青年志愿者的行动感动了民工"和"民工感动了"句子中的"感动",及物时所带的论元是两个,是[客体]和[感事],动词的功能是表示动态的;"感动"不及物时就只带了一个论元,是[感事],动词的功能就是表示静态的。而且"感动"带不同的论元数目时,在动词的义项中解释还不同,后文将介绍"感动"一词带有不同的论元结构,采用不同的释义。

我们试想对动词的分类,不能仅止于分出大类,我们发现表面上及物动词带两个论元,不及物动词带一个论元,似乎及物和不及物很好划分清楚，而实际上汉语的某些动词有时带两个论元，有时带一个论元，动词的论元数目并不是那么确定的。吕叔湘（1942）就谈到了这一点。李临定（1990）直接承认内动、外动有"兼类"问题，有转化问题。

我们注意到汉语中的一些词，如"感动"类、"改进"类、"安定"类这三大类动词，就是既可以带双论元的，又可以带单论元的。我们主要挖掘这三类动词的词汇语义特征，它们和状态的改变有关，尝试确立作格动词一类，然后考察这些动词所带的论元数目、论元的论旨角色有什么不同，同时考察这些动词出现的典型环境，比如哪些动词出现在哪些特定的句式中，试图解释汉语的动词为什么在及物和不及物上徘徊不定，有没有什么潜在的规则在控制汉语这些动词的论元特征。

我们所要具体讨论的是"感动、震惊、摇晃、改变、繁荣"这一类动词不及物时，带单论元，论元的论旨角色是［客体］或［感事］；及物时，增加了一个"引发者"（instigator）做主语，因而带双论元，宾语由［客体］或［感事］等论旨角色充当。这一类动词很特殊，特殊在这些动词总是表现出一种双论元句和单论元句的交替，动态和静态的交替，表现出一种跨类的性质。这一类动词在及物性的表现上，有时是带两个参与者，有时就只带一个参与者；而且这种及物性又与动词的动态和静态等情状类型相关，及物时一般表动态，不及物时一般表静态。[①] 这一类动词除了在句法形式上有自己的特殊的变换方式外，在语义上也有着"致使"义的特征。我们把这一类在句法语义属性上很有自己特点的动词，称之为作格动词。

作格谓词实际上是着眼于谓词的分类而提出的，根据谓词的

---

① 邢志群（2004）认为把字句倾向于描述动态，而受事主题句倾向于描述静态。这和我们认为及物倾向于描述动态，不及物倾向于描述静态，有类似的地方。

"及物性"(transitivity)和"体"(aspectuality)可以考察谓词的性质。"及物性"实际上关系到某个谓词带几个论元,"体"则指某个谓词所表现出来的事件类型(event-type),比如传统的动作和状态的区分,完成和非完成的区分,以及根据 Vendler 情状类型的四种区分,即活动、完结、达成、状态等。

我们尝试根据动词的及物性和情状类型对动词进行一个列表说明:

表1-2 汉语不同类型的动词对论元的不同选择

谓词	及物性	情状类型	论元的选择
及物动词	及物	动作或状态	域外论元+域内论元
不及物动词	不及物	动作或状态	域外论元
作格动词	不及物	状态	域内论元
	及物	状态的变化	引发者+域内论元

我们这样列表只是为了说明各类动词的及物性和论元结构,也是为了提出作格动词这么一个细类。并不强调我们要将动词三分为及物动词、不及物动词和作格动词,这三类并不是一个层面的,因为作格动词既可以及物,又可以不及物。我们这样列表的目的只是起一个描写作用,进一步清楚地描写作格动词的论元情况和情状类型。

正因为作格动词有一种跨类的性质,跨双论元动词和单论元动词两大类,所以对这一类动词的论元结构就提出了质疑,下面就讨论这个问题。

三、作格动词的语义角色及其分析

作格动词的语义角色实际上指的是作格动词的论旨角色。在这一小节里首先介绍作格成分有哪些,接着介绍有关作格角度的句式和论元身份,在此基础上讨论与作格角度句式及论元相关的动词分类问题。

(一) 作格成分的确认

1. 引发者

作格句性质上有致使性质。Halliday(1985/1994)也认为作格和非作格的原因在于致使(causation),并说明经验功能的注重行为(deed)——延及(extension)相比,篇章功能更强调致使(cause)——效果(effect)。

Halliday(1985/1994)指出,从作格角度观察,作格句中的"外部引发者"(原文称做 agent)与致使句中的致使者①,在论元身份上一致,可以统一起来。比如我们用 Halliday 的观点来分析汉语的中介句、作格句、致使句、致使嵌套句。

表 1-3 中介句、作格句、致使句和致使嵌套句

中介句	作格句	致使句	致使套致使句
炸弹 爆炸了	小偷 引爆了 炸弹	警察迫使小偷引爆了 炸弹	形势迫使警察逼迫小偷引爆了炸弹
中介	引发者1 + V + 中介	引发者2 + V + 引发者1 + V + 中介	引发者3 + V + 引发者2 + V + 引发者1 + V + 中介

Lemmens(1998:40)也指出了作格与致使的关系。本书的

---

① Halliday(1985/1994)在定义作格这个术语时,对于"外部引发者"采用了 agent,他的 agent 和 actor 是对立的,把 agent 和 medium 用于作格分析,这种分析方法不具有普遍性,所以我们不采取,而用"引发者"和"中介"作用于作格分析。

"引发者"，Lemmens 称之为 instigator。按照 Lemmens 所说："原型的作格系统在左边都包括一个"引发者"（instigator），即动作的"致使者"（causer），比如 the boy broke the window。Davidse（1991：61）认为作格模式是一种引发模式。Davidse（1991）、Lemmens（1998：41）分析了作格的聚合和及物的聚合（paradigm）。① 分别如图 1-1 和 1-2 所示：

(a)　　　　(b)

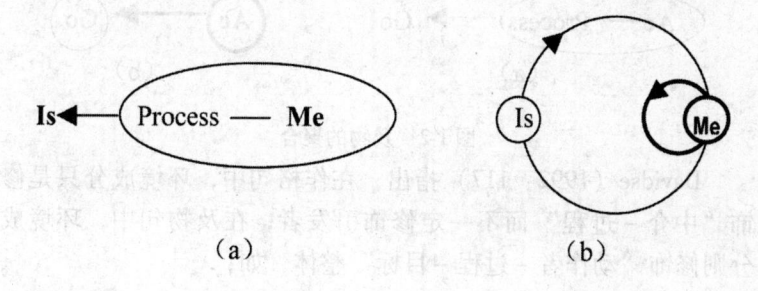

图 1-1　作格的聚合

图 1-1（a）中的直线表明了概念之间的依存关系，这种"过程"（process）在概念上依存于"中介"（medium），"中介"这个实体（entity）在作格模式中作为"凸体"（figure）。(b) 图形象地表明了作格系统是一个核心加两个过程的层面，即被引发的过程和已发起的过程。表明了有两个过程层面的作格系统，引发的过程和被引发的过程，这二者可以不在时空上一致。里面圆圈的箭头表明这个过程可以自我发起。过程的引发与过程本身是相对独立的，这也使过程引发倾向于有致使性。从图中也可看出，（外部）"引发者"是可以缺省的，是一个可选（optional）论元。

及物的系统是以动作者为中心（Actor-centred）的，事件的

---

① Davidse（1991）的博士论文转引自 Lemmens（1998）。

起点是动作者，它也是最重要的参与者，在两个参与者的结构中，动作者指向的目标（Goal）并不一直和过程相伴，目标只是一个消极的参与者，目标只是受到动作者的影响。因此，及物系统强调过程的"动作-延及"的一面。及物系统也可以如图1-2所示：

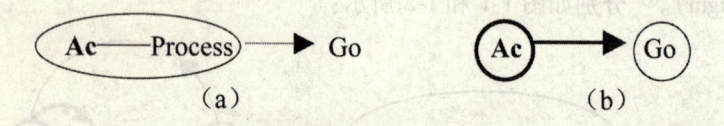

图1-2　及物的聚合

Davidse（1992：117）指出，在作格句中，环境成分只是修饰"中介-过程"而不一定修饰引发者；在及物句中，环境成分则修饰"动作者-过程-目标"整体，如：

及物（trans.）：(1) The cook pounded the meat for ten minutes.

作格（Erg.）：(2) The cook boiled the meat for fifty minutes.

上面的（1）暗含着动作者的动作（the cook's pounding）和动作目标的受到动作（the meat's getting pounded）在时空上同时存在，而（2）只是暗示着环境成分所指的时间 fifty minutes 只修饰中介 meat，即 the meat boilded for fifty minutes，但并不修饰引发者 cook，也即并不意味着 cook 在50分钟内一直参与"煮"的活动（the cook engaged in a boiling activity for fifty minutes）。"过程的引发"（instigation-of-the-process）和"被引发的过程"（instigated-process）并不是必然地同时存在。

2. 中介

Halliday（1985/1994）就应用了"中介"这个术语来谈作格，Davidse（1991）也用"中介"这个术语来说明在作格的两个参与者的结构中，那个受事件影响的参与者是势必要被包括的，Davidse 把这个参与者定义为"中介"。Lemmens（1998）强调在把格和两个参与者的及物结构区分开来时，是中介（medium）的共同参与（co-participation），而不是 Levin 所说的"状态的变化"决定了语义区分。因此强调"中介-过程核心"（MEDIUM-PROCESS nucleus）的结构。因此，"中介"这个论元在论元结构中是必选的。

Davidse（1991：25），Lemmens（1998：42）系统地表现了及物的和作格的类型，如图：

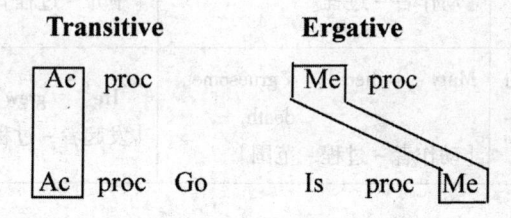

```
    Transitive              Ergative
   ┌──────────┐           ┌─Me    proc─┐
   │ Ac  proc │           │            │
   │          │           │            │
   │ Ac  proc │  Go       Is   proc   Me┘
   └──────────┘
```

图 1-3　及物和作格的语义解释

Lemmens（1998：42）认为有两个参与者的结构，包括及物结构和作格结构，前者如 John killed Mary，后者如 Bill broke the window。在及物的结构的识解（construal）中，比如 He flogged the slave for half an hour，副词修饰语包含于"动作者-过程-目标"（ACTOR-PROCESS-GOAL）单位中；在作格的识解中，如 John boiled the water for half an hour，副词修饰语限制在"中介-过程"（MEDIUM-PROCESS）这个核心中。Lemmens 为了避免混乱，所用的术语如表 1-4：

表 1-4 Lemmens 的及物分析和作格分析

结构	及物的	作格的
有效应的（effective）	John killed Mary ［动作者－过程－目标］ John killed ［动作者－过程－（目标）］	John suffocated Mary ［引发者－过程－中介］
无效应的（non-effective）	Mary died ［动作者－过程］	Mary suffocated ［中介－过程］
伪-有效的（pseudo-effective）	Mary died a gruesome death. ［动作者－过程－范围］	He grew a wart. ［发起者－过程－中介］

Lemmens（1998：43）沿用 Davidse（1991）"有效应的"（effective）的术语，effective 既包含作格的又包含及物的两个参与者的结构，而且主流的语言学家都是这样描写的，用"无效的"（non-effective）指一个参与者的结构，既包括及物的"无效应的"结构，又包括"非致使的结构［或起动（inchoative）的］"，"有效应"和"无效应"是一种聚合关系。Lemmens 强调用词汇的视角描写语法的精度（delicate level），非常注重及物的和作格的这两大聚合之间的相互作用。Lemmens（1998：46）把他的术语和关系语法（Relation Grammar）及 GB 理论框架下的 Burzio（1986）、Levin & Rappaport（1995）所用的术语作了一个对比。

表 1-5　Lemmens 的分析与 RG & GB 分析的对比

	Lemmens 的术语	RG & GB	例子
及物的	有效应的	及物的,致使的	John killed Mary
	无效应的或不及物的	非作格的	Jill died.
	伪-有效的范围（ranged）	（及物的）	He died a slow death. He ran a good race. We prowled the city.
	无宾的及物		John kills.
	中动		Stale bread cuts easily.
作格的	有效应的	非宾格的及物致使的	Jill drowned Jean.
	无效应的	非宾格	Jean drowned.
	伪-效应的	（及物的）	The system burst a pipe.
	中动		The window opened only with great difficulty.

以上讨论了作格成分的确认，下面梳理与作格相关的句式和论元的命名问题。

（二）对作格角度句式中论元身份的分析

1. Halliday 对作格角度句式中论元身份的分析

Halliday（1985/1994：163）认为："如果我们检查现代英语的词库，从一本好的词典中查找动词的大量例子，我们就会发现许多动词，包括大部分的常用动词，都标注上了"及物不及物"的标签。如果进一步深究，就会发现同一个动词，出现的这种有

两种取值的小句对儿,通常不是"及物/不及物"对儿,而是"作格/无作格"(non-ergative)的配对。对比一下:

(9) a. The tourist hunted. (intransitive)
　　b. The tourist hunted the lion. (transitive)
　　c. The tourist woke. (non-ergative)
　　d. The lion woke the tourist. (ergative)

a、b 是及物和不及物的配对,c、d 是无作格(non-ergative)和作格的配对。a、b 句中"the tourist"都是"动作者"(actor),c、d 两句如果用及物系统来解释就会有矛盾,the tourist 如果是动作者,而在另一句中则成了对象(goal),不大符合语言事实,因为"the tourist"在 c、d 两句中都是中止了睡眠的。英语中类似 c、d 两组的例子还很多,比如"the boat sailed/Mary sailed the boat, the cloth tore/the nail tore the cloth, Tom's eyes closed/Tom closed his eyes, the rice cooked/Pat cooked the rice, my resolve weakened/the news weakened my resolve"。

"及物/不及物"句对反映了语言观察世界采用的是"牛顿的机械式世界观"的角度,而"作格/无作格"句对则反映了语言观察世界采用的是"爱因斯坦的辩证式世界观"角度。

Halliday 的以上论述,我们认为是从语言对世界的认知模式的角度对"作格"这一观念所做的最精彩的说明。本书的研究,从观念上看,就是基于这一基本认识的。

需要指出的是,Halliday(1985)的另外一些观点我们认为并不合理,这就是他还提出英语的所有句子都可以同时采用及物和作格两种角度来分析,如(9c)的 tourist、(9d)的 lion 也可以从及物的角度解释为"动作者",尽管他也承认这一解释不大符合语言事实。我们认为,Hallday 的这一处理,好处在于有利于解释在作格-宾格问题上某些语言曾经发生过类型上的转变,在转变过程中会存在两种角度的分析短期共存的情况;但是语言在作格-宾格问题上从一种类型完全转变为相反的类型还未见过报道，充其量只是某些动词或句式发生了变化。也即，作格、宾格两种角度在语言中的共存是少量的，对立是根本的；而 Halliday 的这一处理却混淆了作格、宾格两种角度的对立，容易引起误导，是我们不能接受的。

关于宾格角度的"及物句"和作格角度的"作格句"的区别，Davidse（1992）也曾举例说明它们之间的区别：

(10) John threw the ball. (transitive)

(11) John opened the door. (ergative)

Davidse 认为（10）中，"动作者"John 做了 throwing 这个动作，但是 the ball 并没有主动参与 throwing 这个动作，因此用 do-探针（probe）就不能测试"目标（Goal）-过程（Process）"类，比如我们可以说 What John did with the ball was throw it，但不能说 What the ball did was throw。在（11）中，引发者 John 通过"开"这个动作影响了 the door，而且 the door 共同参与了 opening 这个过程。因此我们可以说 What John did to the door was open it，还可以说 What the door did was open。

Halliday 在作格解释中引进了"中介"（medium）这一概念，我们认为这一点非常可取，"中介"如果直译就是"媒介"。作者解释道："任何过程（process）都联系着一个关键的参与者，没有这个参与者，过程将无法实现。我们把这个因素叫做中介。过程通过中介这个实体得以实现。"比如在前面提到的例子中，中介是"the boat, the cloth, Tom's eyes, the rice, my resolve"。同样，"the glass broke, the baby sat up, the boy ran"这些句子的结构都可以标为"中介+过程"。这些句子，在真实的世界里，可以有外部施动力引起了"杯子的破裂"或"小孩的起床"等，但是在英语的语义学中，这个过程是自我引起的（salf-caused）。我们可以选择把施事加进句子中，如"the heat broke the glass,

Jane sat the baby up, the lion chased the boy"。因此,很多过程可以用两种方式表示,或者是仅包括"中介",或者是包括"施事+中介"。

下面我们从论元的数目和类型来归纳一下 Halliday (1985/1994) 所说的及物分析和作格分析,韩礼德的分析实际上涉及了双论元句和单论元句的四种表现。归纳如下:

表1-6 Halliday 对句式及论元身份的命名

论元个数	论元的语义角色	句子类型
双论元句	动作者(Actor)+V+目标(Goal)	及物(transitive)的句子
	施事(Agent)+V+中介(medium)	作格(ergative)的句子
单论元句	动作者(Actor)+V	不及物(intransitive)的句子
	中介(medium)+V	无作格(non-ergative)的句子

这里要指出的是及物角度的分析包括及物句和不及物句,作格角度分析的句子包括"作格"句和"无作格"句。这里的术语比较容易引起误解,"无作格"的句子实际上是有作格关系的句对中,其中那个"外部原因"的论元没有出现的句子,比如 Mary sailed the boat 和 the boat sailed 的句对中,如果用作格解释,the boat sailed 就是无作格的句子,而实际上这一对句子是有作格关系的。这是"无作格(non-ergative)"这个术语命名不好的地方,容易和前面介绍的"非作格性"(unergativity)相误解,而在其他学派的术语中,"及物"、"不及物"通常与"双论元"、"单论元"同义,"施事"通常与"动作者"同义。

2. 本书对作格角度句式及论元身份的分析

为避免不必要的混淆,下面我们将用如下术语讨论与作格有关的句式及其论元身份。

表1-7 本书对有关句式及其论元身份的命名

论元个数	论元的语义角色	句子类型
双论元	动作者（Actor）+ V + 目标	及物句
	（外部）引发者 + V + 中介（medium）	作格句
单论元	动作者（Actor）+ V	不及物句
	中介（medium）+ V	通格句

"动作者"，通常也叫做"施事（agent）"。但也有用"施事"来指"外部引发者"的，如 Halliday（1985/1994），为了避免混淆，我们选用了"动作者"。"目标"，通常也叫做"受事"，而"受事"通常与"施事"配套使用，所以取"目标"。"目标"也包括"创造物"，指因动作而产生出的事物，如"挖洞"的"洞"、"写信"的"信"。

句式采用了及物句和不及物句的配对，作格句和通格句的配对，这样配对比较整齐。① 及物句和不及物句中必不可少的成分是"动作者"，作格句和通格句中必不可少的成分是"中介"。我们重点研究作格句和通格句，我们已介绍了，这一配对中必不可少的成分是"中介"，作格句中多出了一个表示"兴起"的成分，我们称之为"（外部）引发者"。

（三）作格动词

与句式的情况相同，从作格角度对动词的分类，在术语上也很不一致。本节拟梳理这些术语之间的相互关系。

---

① 因为"通格句"的论元的论旨角色包括"中介"，后文也有把"通格句"叫"中介句"的情况。

1. 作格动词出现的句式及论元

本书定义的作格动词,是指能够同时出现在作格句与通格句句对中的动词。如:

break: the glass broken ~ the child broke the glass
open: the door opened ~ the wind opend the door

这些动词的特点是,既能出现在双论元的作格句中,也能出现在单论元的通格句中。无论是单论元句还是双论元句,"中介"the glass, the door 都出现了,也即"中介"是必选论元;"引发者"the child, the wind 则只在双论元句中出现,也即"引发者"只是可选论元。

2. 与作格动词配套的动词分类方案

经过上文的分析,我们尝试列出与作格动词配套的动词分类方案,列表如下:

表1-8 与作格动词配套的动词分类方案

	作格角度(必选中介)	宾格角度(必选动作者)
双论元动词	作格动词	及物动词
单论元动词	非宾格动词	非作格动词

通过本节的讨论,更加明确了本书定义的作格动词,要既能够出现在单论元句,也能够出现在双论元句;并且,出现在单论元句时,句式义是"中介承担某状态或达成某一新状态";出现在双论元句时,句式义是"外部原因致使中介达成某一新状态"。

这里区分了作格动词和非宾格动词,作格动词是可以带双论元的动词,非宾格动词是只能带单论元的动词。后面将会详细讨论这一区别。

通过本章的讨论,我们认为汉语的作格与双论元/单论元动词的分类、静态/动态动词的分类、句式及论元身份、词汇致使义等密切相关。

3. 其他与作格动词相关的动词分类

同样选择与作格有关的角度,对动词的分类还有一些不同的方案或术语命名。

影响最大的一种观点以 Perlmutter（1978）、Burzio（1986）、Levin & Rappaport（1995）等为代表,方案如下:

表 1-9　Perlmutter（1978）的动词分类方案

	作格角度	宾格角度
双论元动词	无	及物动词
单论元动词	非宾格动词	非作格动词

为什么作格角度没有双论元动词呢?让我们先看看他们各类动词的小类区分。

Perlmutter（1978）把单论元动词分为两类:非宾格动词和非作格动词。非作格动词再分为两小类: （1）描绘意愿的（willed）或自主的（volitional）动作的动词,如"work, play, speak, talk, smile, grin, frown"等等。（2）某些不自主的（involuntary）身体动作动词,如"cough, sneeze, vomit, sleep, cry, weep"等词。非宾格动词再分为 6 小类: （1）英语中的形容谓词,这一类特别大,包括形容大小、类型、重量、颜色、气味、心理状态的词。（2）谓词的主语是一种语义上的受事,比如"burn, fall, drop, sink, float, lide, slip hang, drown, stumble, sit（involuntary）"。这一类中还包括表起始体（inchoatives）的谓词,如"melt, freeze, evaporate, wilt, die, open, burn up, dry out"。（3）表示存在和发生的动词,比如"exit, happen, take place, arise, vanish, disappear"。（4）刺激感官的不自主的动词,如"shine, sparkle, glitter, jingle"等等。（5）和体有关的

谓词，如"begin, start, stop, continue"等等。（6）表持续的动作，如"last, remain, stay, survive"等等。

可以看出，本书所定义的作格动词基本上都在 Perlmutter 定义的非宾格动词中的第（2）小类。前面已经指出，open 之类的动词可以出现在双论元句（the child opened the door）中，为什么 Perlmutter 等学派把它们归为单论元动词呢？这是因为，他们把这些动词所出现的双论元句处理为句法层面上增加了一个［致使］的特征，而［致使］特征可以增加指派一个论元——致使者。

这样，我们定义的双论元作格句，在这一派的处理中，就成了单论元句。而这一派的双论元动词，也就只剩下了一类，他们称做"及物动词"。

黄正德（1990）认为及物动词和不及物动词都可以分为"受格动词"和"作格动词"两类。

下面把 Cheng & Huang（1994）对于及物和作格的分析列表如下：

表1-10　Cheng & Huang（1994）的及物分析和作格分析

论元个数	论元的语义角色	句子类型
双论元	施事（Agent）+ V + 客体（theme）	及物的
	使因（causer）+ V + 客体（theme）	致使的
单论元	施事（Agent）+ V	非作格的
	客体（theme）+ V	作格的

林杏光、王玲玲、孙德金（1994）在《现代汉语动词大词典》一书中所说的他动词、自动词、外动词、内动词的划分，这种处理方式我们认为是和 Cheng & Huang（1994）的分类有相似之处。

林杏光等的《现代汉语动词大词典》从两条视线来考察一个动词：从动词往后看客体，从动词往前看主体。看客体，将动词分为两类：带客体的是及物动词，不带客体的是不及物动词；看主体，也把动词分为两类：连接施事主体的是自主动词，连接当事主体的是非自主动词。前瞻后顾，根据动词和主体、客体的关系，一分为四：自主而又及物的是他动词（如踢、吃、研究等）；自主而不及物的是自动词（如跑、蹲、飞等）；非自主而又及物的是外动词（如听见、看见等）；非自主不及物的是内动词（如病、死等）。林杏光等把这四类动词列表如下：

表 1-10　林杏光等（1994）的动词分类方案

	自主	非自主	涉及客体	不涉及客体	例子
他动词	+	−	+	−	踢、吃、研究
自动词	+	−	−	+	跑、飞、出差
外动词	−	+	+	−	听见、碰见
内动词	−	+	−	+	病、死、输、赢

主体分 3 个格：施事、领事、当事；客体分 3 个格：受事、客事、结果。林杏光等（1994）把 2000 多个动词的格框架进行统计和归类，结果有 3 大类、9 中类、53 小类。3 大类分别是：一价格框架；二价格框架；三价格框架。《现代汉语动词大词典》中的基本式是以列举必选格的方式来表达必要论元之论旨角色，至于论元的省略或位置上的变换则以例句来表达。

林杏光等（1994）的这种动词分类，实际上和动词的论元结构相关，他们所提到的"他动词、自动词"含义比李临定（1990）等的说法要窄，不仅根据"是否涉及客体"来谈，而且还考虑了"自主非自主"的问题，我们后面所提到的"他动词"大致相当于林杏光等（1994）的说法，因为我们经常要引用林杏光等主编的《现代汉语动词大词典》的说法，为了讨论的方便，我们特地提出林杏光等所用的"他动词、自动词"的说法。而且林杏光所设立的四套术语,考虑到了"单/双论元"、"论元与动词的关系分为两种角度",只是所用术语与国际通行的不同。

四、作格动词的论元结构

探讨作格动词的论元结构时,发现了作格和致使的关联,所以我们首先谈作格和致使的联系,接着阐明作格动词的词汇语义表达式和词汇句法结构,从句法和语义的接口(interface)来探讨作格动词从词汇语义表达式到表层句式的派生。

(一)作格和致使

作格和致使的联系在理论上有很多探讨,本小节首先概要一下作格和致使之间的联系,其次说明致使结构的论元构件,最后提及致使结构和题元层级之间的关系。

1. 作格和致使关联的理论探讨

研究作格,很多学者都注意到了作格动词和致使的关联。Smith(1970)、Burzio(1986)、Levin & Rappaport(1995)、韩礼德(1985/1994)都提到过作格和致使的关联。

Smith(1970)谈到理解非宾格的关键就是大多数非宾格动词基本上是致使的双价动词。Burzio(1986)把"致使性的交替"(causative alteration)作为测试"非宾格动词"的诊断式。

Levin & Rappaport(1995:81)认为致使性交替实际上已成为确认是否非宾格动词的一个探针(probe)。如:

(12) a. Pat broke the window. /The window broke.
  b. Antonia opened the door. /The door opened.
  c. Tracy sank the ship. /The ship sank.

在英语中,出现这种交替的动词表现出及物用法和不及物两种用法,就好像是及物的用法大约有"致使-动词不及物"

(cause to V-intransitive) 的意义。在有些语言中，这种交替是通过形态表现出来的，而不是用动词的同一形式来表达两个变量，尽管同样的语义关系在变量中是保留的。同样的语义关系反映在下列事实上，不及物变量的主语和及物变量的宾语有着相同的语义角色。致使性的交替已成为非宾格动词的一个诊断式，如 Burzio (1986), C. Rosen (1981) 等等。很多英语中原型 (prototypical) 的非宾格动词，即表示状态的变化 (change of state) 的动词，如"break, open, sink"之类可以进行"致使性的交替"(causative alternation)。实际上，这种致使性的交替已被考虑为状态变化动词的一个特点。而那些原型的非作格动词，如 laugh, play, speak 是不能够参与这种交替的，至少在英语、法语、意大利语和俄语中是如此。如：

(13) a. The children played.

b. * The teacher played the children.

(cf. The teacher made the children play.)

(14) a. The actor spoke.

b. * The director spoke the actor.

(cf. The director made the actor speak.)

(15) a. The crowd laughed.

b. * The comedian laughed the crowd.

(cf. The comedian made the crowd laugh.)

韩礼德 (1985/1994：163) 提到及物和不及物的分析在于延及 (extention)，作格和非作格的原因在于致使 (causation)。比如某个参与者始终参与了过程，这个过程是由参与者导致的，还是别的实体导致的？都是一个问题。比如这样两组句子：

a. the tourist hunted the lion

b. The tourist hunted. / * The lion hunted.

c. The tourist woke the lion.

d. *The tourist woke. / *The lion woke.

a、b 一组句子是及物、不及物的交替，而对于后一组句子 c、d 而言，"及物"、"不及物"的术语不再适用，它表达的不再是某个动作者的动作是否"延及"到另一事物（及物与否），而是一种现象（如"狮子醒"等）是自发的还是外力引发的，也即一种现象是无"引发者"的，还是有"引发者"的。有"引发者"，是"作格"（ergative）的；无"引发者"，是上文所说的"无作格"（non-ergative）。有无"引发者"是作格视角的句对。

有作格关系的句子在英语中还不少，如 the cloth tore/the nail tore the cloth, Tom's eyes closed/Tom closed his eyes, the rice cooked/Pat cooked the rice, my resolve weakened/the news weakened my resolve.

下如在绪论中所说的，在现代英语体系中，这种形式的句子渐渐占主要部分，这是发生在近 500 年来一系列的相关变化的一种，这种变化更强调的是"致使-和-效果"（cause & effect）方面。从上文中，可见韩礼德非常重视"致使和效果"在作格中的作用。

对于汉语中作格和致使的关联，吕叔湘（1987）、黄正德（1990）、顾阳（1996）、杨素英（1999）、汤廷池（2002）、何元建（2003）都有过论述。

其中黄正德（1990）说道："比较保守的看法似乎是：大多数表示'致动'的及物动词都属于作格类的动词。"顾阳（1996）认为，非宾格动词和使役动词的这种交替现象，反映了一个语言事实，即这两种动词在语义上非常接近。通常认为，非宾格动词表示一种状态的改变，这类动词不但在英文中，而且在其他不少语言中都可以与使役动词构成对立。在理论研究中，语言学家们常常将能否找到相应的使役动词看做验证一个非宾格动词的标志。汤廷池（2002）的看法是"使动及物"（causative-transitive）即"受格"（accusative）用法，"起动不及物"（inchoative-intransitive）即"非受格（unaccusative）"用法。这里的"受格"我们是译作"宾格"的。我们所提出的作格句和中介句的交替，类似于顾阳（1996）、杨素英（1999）等学者提到的使役结构与不及物结构的转换。

谭景春（1997）考察了致使动词的兼类情况，他把致使动词列举出了3类：（1）兼属不及物动词的致使动词，有"暴露、变、沉、动摇、冻、斗、断、断绝、恶化、发、发挥、发展、翻、分裂、分散、腐化、改变、改进、改善"等。（2）兼属形容词的致使动词，如"安定、便利、馋、充实、纯洁、端正、恶心、饿、发达、烦、烦恼、繁荣、方便、肥、丰富"等。（3）兼属一般性的及物动词的致使动词，如"烦、恶心、亏、馋"等。谭景春所说的"致使动词"，大多属于我们所说的"作格动词"。谭景春根据这些词所出现的交替句对中的"非作格句式"中的功能，对它们进行了分类。我们对作格动词的研究借鉴了谭景春的研究成果。

2. 致使结构的论元构件

"致使者"（causer）与"受役者"（causee）是致使结构的一对核心概念。学术界也有很多人把"causer"译为"致事"，"causee"译为"役事"，如王玲玲、何元建（2002：32）、熊仲儒（2004）等，这只是名称问题。

"他们开始整体优化教学改革"中"他们"可看做"致使者"或"使因"（cause），"教学改革"倒是可以看成"受役者"。但要注意"致使者"并不一定要求"有生"的人或物做主语，如"他改变了生活"中"[＋有生]"的"他"是"致使者"，而"生活改变了他"中，是"[＋无生]"的"生活"做致使者。因此，"[＋有生]"或"[＋无生]"并不一定和"致使者"等同。下面从"致使者"的角度说明"施事致使"和"非施事致使",以及"内部致使"和"外部致使"的概念。①

首先说明"致使性"与"施事性"并不对立,如 Dowty (1991) 的原型施事 (Pro-agent) 中就含有致使性 (causation)。

英语里使役及物动词常把各种事件名词作为主语,于是事件成为 cause 的主语,如:

(16) a. *The expansion of the gases* raised the roof.

The expansion of the gases caused the roof to raise.

The expansion of the gases was the cause of the raising of the roof.

(17) b. *The explosion* broke the window.

The explosion caused the window to break.

The explosion was the cause of the breaking of the window.

但是,Vendler 也指出过,(18) 以施事为主语的及物动词不能用"cause to 不及物动词"的形式换说。

(18) a. John raised his arm.

b. Mary killed the chicken.

(19) a. John caused his arm to raise. (与 18a 的意思不同)

∗John was the cause of the rising of his arm.

b. Mary caused the chicken to die. (与 18b 的意思不同)

? The death of the chickens was caused by Mary.

因而,影山太郎认为把使役主体仅仅限于命题是不妥当的。于是,影山根据他所论述的 CONTROL 和 CAUSES 的不同,那么就能推导出 break 等英语作格动词的及物动词用法符合下面两个

---

① 关于"致事",熊仲儒 (2004) 将"致事"分为"个体性致事"和"命题性致事"两类,"个体性致事"又分为"领属性致事"和"非领属性致事"。

概念结构的结论。

(20) a. The explosion broke the window.

[EVENT explosion] CAUSE [EVENT …]

b. John broke the window.

[Thing John] CONTROL [EVENT …]

(20a) 表示因为某个事件玻璃窗碎了，(20b) 表示约翰打碎了玻璃窗。

据影山太郎 (2001)，日语中，-e-及物动词指定要求个体做主语，如果用表示事件和行为的名词做主语，句子就不成立。如：

(21) a ｛大工さんが/＊彼の持ち家願望が｝家を建てた。

/ ｛木工/他想有房子的愿望｝盖了房子。

b. ｛子供が/＊電車の振動が｝石を並べた。

/ ｛孩子/电车的震动｝摆了石头。

c. ｛父が/＊地震の揺れが｝壁に穴を開けた。

/ ｛父亲/地震的晃动｝在墙上打了一个洞。

d. ｛彼女は/＊彼のいたずらが｝顔を赤らめた。

/ ｛她/她的恶作剧｝使自己满脸通红。

e. ｛子供が/＊子供の不注意が｝石鹼を泡立てた。

/ ｛孩子/孩子的不小心｝使肥皂起了泡。

何元建 (2003) 区分了施事役格句和非施事役格句。施事役格句如"我开了门"之类，表面上看去跟一般的宾格句差不多，但役格句的动词有使动用法，而宾格句的动词没有。非施事役格句如"树影吓了我一跳"之类。

从语义角色上看，"致使者"与"施事"或"动作者"的主要区别之一就是"致使者"只是"引发事件的原因"，因此不一定是"有生"的"人"或"动物"，甚至不一定是"事物"。作为"引发事件原因"的"致使者"可以是"无生"的，也可以是某一现象或某一事件。这一点，很多语言都是相同的，汉语、

英语全都一样。试看一下汉语中的"恶化"例:

(22) 与此同时,由于人类未能正确认识与处理环境与社会经济发展的关系,不合理地开发和利用自然资源,城市和工业生产中大量排放污染物质。,破坏了生态环境,恶化了环境质量。(马忠普等:《企业环境管理》)

例(22)中的"不合理地开发和利用自然资源,城市和工业生产中大量排放污染物质"就是直接使因,考虑"恶化"的连接规则,这个直接使因就是外部论元。这说明了我们在测试作格动词的标准时用"NP$_1$ + V + NP$_2$"、"NP$_2$ + V"这个诊断式,比用"NP$_{施}$ + V + NP$_{受}$"、"NP$_{受}$ + V"要好,因为这个 NP$_1$ 不一定是 NP$_{施}$。①

Levin & Rappaport (1995:91) 用内部的致使 (internal causation) 和外部的致使 (external causation) 这一对概念来说明内部致使的事件和外部致使的事件。不及物动词描绘了内部致使事件,一些带 [+施动力] 特征的动词,如 play、speak,是内部致使;一些不带 [+施动力] 的动词,也可以是内部致使,如 blush、tremble。另外,表示"散发"(emission)类的非自主动词,也是内部致使②。和内部致使不同,外部致使天性就是表示外部原因的存在的,这个外部原因可以是施事、工具、自然力或环境成分,是外部原因直接控制事件。

可以看出,所谓内部致使,国内学界一般不看做"致使",而是看作"自动"。而"外部致使"则与国内学界的"他动"等义,与国内学界所说的"使动"关系密切。

此外,内部致使动词要求单论元,且只能带单论元。与内部

---

① "NP施"指充当施事的名词短语,"NP受"指充当受事的名词短语
② Perlmutter (1978) 描写了四种类型表"散发"类的动词:声音、光、味道和物质。

致使动词不同，大多数外部致使动词可以带上外部原因论元，如施事、工具和自然力等，但这一外部原因论元并不是强制必须的，也即可以带，也可以不带。以上区别与传统定义的不及物动词、及物动词相同。

外部致使动词和内部致使动词的表达式分别是（23a）和（23b）：

(23) a. [[x DO-SOMETHING] CAUSE [y BECOME STATE]]
b. [x PREDICATE]

内部致使动词是单价动词，外部致使动词本质上是双价谓词，带有"外因"和"事件中的被动参与者"两个论元。动词的价实际上是动词的词汇语义性质的直接反映。

据McKoon & Macfarland（2000：834）介绍：表内部致使的状态变化动词，如bloom和erode等有一个直觉的语义特征，即这类词的状态是由实体自然产生的，这种状态概念化（conceptualized）到发生状态变化的实体中。相比较，外部致使动词是由外部原因，如施事、工具、自然力或环境成分而带来的事件（eventuality）。

外部致使动词，如break的词汇语义表达式是：

(24) ((x) CAUSE (BECOME (y <STATE>)))

这种词汇语义表达式由两个下位事件（subevents）构成，通过CAUSE联系起来。外部致使动词的x可以是一系列事件类型，包括活动（activities）、状态、完成、达成等，结果是实体x进入某种新的状态，比如"John broke the window"可以表达为（ (John ACT) CAUSE (BECOME (window <BROKEN>)))。

McKoon & Macfarland（2000：843）认为："及物的内部致使动词的主语几乎都是表自然力的实体，如heat blisters（起水泡），water corrodes（腐蚀），wind erodes，microorganisms ferment

(发酵), water rots and rusts and swells, cold wilts (凋谢、枯萎), and summers wither (凋谢、枯萎), 这些都是自然力参与在内部致使的事件中。相反,出现在外部的致使动词的主语位置上的实体没有语义范畴的限制,可以是人工制品(artifact)、自然力(nature)、有生的人或物(animate)和抽象物(abstract)。

McKoon & Macfarland (2000: 845) 通过语料库的数据,建立了一个区分内部致使和外部致使的状态变化动词的诊断式。这两类动词的区分不是通过它们有无出现在双论元结构的能力加以区分的,也不是通过单论元句的主语和双论元的宾语中的实体是否能经过状态的变化来加以区分的,而是通过双论元句主语的范围来加以区分的。内部致使动词描绘事件时,实体也正在经历状态的变化,不能够控制其他的实体。因此,内部致使动词用作双论元用法时,主语位置的实体不能控制状态的变化,而实际上这个实体是内部的参与者。因此,内部致使动词的主语要经常限制在那些表明状态变化的参与者之内。相反地,外部致使动词没有这个限制。

内部致使动词和外部致使动词的区分与非宾格动词和非作格动词的区分有相当强的关联,但视角并不相同,分类的结果也不相同。关联在于,很多内部致使动词是非作格动词,很多非宾格动词是从外部致使动词派生出来的,但这只是大略的对应。比如属于非宾格动词的存现动词都不是从外部致使动词派生的,也有不少内部致使动词不是"非作格动词",如 bloom 之类。

3. 致使结构与题元层级

题元阶层(thematic hierarchy)的涉及最早出现于 Jackendoff (1972) 论及题元关系的著作中。建立在传统题元角色概念上的连接理论,不同的题元角色是按层级模式跟句法论元连接的。如 Bresnan & Kanerva (1989) 就提出了一种题元层级模式:

施事 > 受益者 > 接受者/经验者 > 工具 > 客体/受

事 > 处所

题元层级的一个最直接的用途是把某一动词的题元角色跟同样以层级排列的句法论元对应起来。高明乐（2004：14）介绍了一种普遍认同的英语的句法论元层级模式：

主语 > 第一宾语 > 第二宾语 > 间接语（oblique）

不同的题元角色按照题元层级的排列顺序依次向句法层级上的论元映射。层级中位置最高的，即最左端的题元角色实现为主语，次高位置的题元角色实现为第一宾语，余者以此类推。

Bresnan & Kanerva（1989）的题元层级在解释 Man fears God 中的 fear 顺理成章，但是却不好解释 God frightens Man 及（35a）中的 frighten，Grimshaw（1990：23）认为（25b）是（25a）的解释，如：

(25) a. The storm frightened us.
　　　b. The storm caused us to experience fear.

例（25）说明 frighten 类的动词有着 fear 类动词所没有的致使义，因此说 frighten 的客体（theme）是一个使因（cause），而 fear 的客体不是使因。对于 frighten 来说，题元组织的"感知者"位置并不对应致使维度（dimension）的第一位置，而是对应致使维度的第二位置，详细如下：

(26) a. The building frightened the tourists.
　　　b. frighten（x（y））
　　　　　　　　Exp　　Theme
　　　　　　　　　Cause …

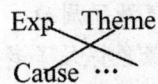

Grimshaw（1990：24）以 frighten 和 fear 为例说明了谓词的致使阶层（causal hierarchy）问题，Grimshaw 用两条原则归纳了题元阶层，题元阶层作为组织论元结构的原则，这个阶层有一个系统的表示，施事论元最凸显（prominent），如下所示：

(27) a.（Agent（Experiencer（Goal / Source / Location

(Theme))))
(施事(感知者(目标/来源/处所(客体))))
b.（Cause（other（…）））
（使因（别的因素（…）））

(27b)原则实际上就是认为谓词的致使结构在题元阶层上最为显著。汉语中表心理状态变化的作格动词的题元层级和一般的题元层级不同，如"感动、惊动、震动、为难"之类，都是"感知者"在动后，而"客体"却在动前，究其原因，可能还是由于受像(27b)之类的结构的影响。

以传统题元角色为基础的题元层级存在不少问题，其中就有来自致使动词（causative verb）的挑战。如何把某些语言中存在的致使动词的题元角色实现为句法论元存在着困难，我们也承认这一点。因为致使动词可能含有两个有生的施事，一个是"致使者"（causer），一个是"被使者"（causee）。按照题元层级的排列，到底哪个题元角色实现为主语？这样，传统的连接模式就面临着挑战。而实际上，实现主语的只能是"致使者"，而不是"被使者"。如"他气死我了"，实现主语的是"致使者"——"他"，而不是"被使者"——"我"。Grimshaw（1990：24），何元建、王玲玲（2002：7）就是持这个观点，要求充当致事的成分出现在主语位置。如：

(28) a. 这件事气死了周瑜。
b. 眼前的景象惊呆了老太太。

(28)中的"这件事/眼前的景象"跟"气/惊"或者"死/呆"的论元结构都没有关系，是完全独立的致事成分。

何元建（2003）的主要结论是作格动词直接用为使动，通过句法结构来表达使役义，具体来说，役格句的结构跟使动句相同；不同的是，使动句中的役格动词是一个实实在在的词，如

"小红使大家笑了"之类,而役格句中的使役动词是一个零形式。致事题元的句法位置高于其他题元成分,施事或客事改作致事时,要移位到致事的位置,才不违背"题元阶层"和"题元原则"。

据高明乐(2004:48)介绍,Davis(1996)规定了一种具体模式,在这种模式中某些蕴涵对另一些蕴涵有压倒性效果(o-verriding effect),例如,致使性蕴涵相对别的蕴涵具有很强的压倒性效果。简言之,动词的语义蕴涵规定了行为者(actor)为致使者,经受者(undergoer)为被致使者,图示如下:

$$\text{cause-relation}\begin{bmatrix}\text{ACTOR}\ \boxed{1}\ (\text{causer})\\ \text{UNDERGOER}\ \boxed{2}\ (\text{causee})\end{bmatrix}$$

因为致使结构会改变题元层级中的连接顺序,在致使结构里,实现为主语的是致使者角色,而不是在题元层级中占据最高位置的施事角色。因此,基于题元层级的连接理论不得不使用一些附加机制来弥补这一缺陷。

(二)作格动词的词汇句法结构和词汇语义结构

1. 作格动词的词汇句法结构

Levin & Rappaport(1995:21)讨论了词汇句法表达式,词汇句法结构是和动词的论元结构联系在一起的,这个论元结构对动词所带的句法相关的论元的性质进行编码,注意这种论元结构并不是动词意义的表达式。

L & R(1995)还是跟随动词的外部论元和内部论元的说法,内部论元中还区分直接的内部论元和间接的内部论元。外部论元在句法上表现为在 VP 外,内部论元是在 VP 内投射的;直接的内部论元是动词的姊妹论元,并被动词管辖。认为论元结构是一个纯粹的句法表现,并不和动词的 θ-角色(语义角色)相关。比如 put 的论元结构可以表示如下：

(29) e, x < y, P_{loc} z >

(29) 中有三个变量表示 put 是个三价动词。括号外的变量是外部论元；括号内的变量是内部论元。第一个内部论元是直接内部论元，另外一个是间接内部论元，间接内部论元是由处所介词 P_{loc} 分派 θ - 角色的。(29) 中还假定论元结构中包含一个"事件（event）"位置。这样动词的论元结构的信息、投射规则和 θ - 准则，决定了动词的句法结构。

非宾格动词最明显的特征是它们没有域外论元（Perlmutter 1978；Levin & Rappaport 1995）。

Perlmutter 用关系语法中一些普遍规则来说明非作格动词的论元是域外论元（深层主语），而非宾格动词的论元是域内论元（深层宾语）。

L & R (1995：3) 认为，从管约（GB）论的角度，也是他们所采取的方法，认为非作格动词带 D - 结构的主语，而没有宾语；然而非宾格动词带 D-结构的宾语——可以是小句或简单的名词词组。因此，这两类动词在 D - 结构的句法结构可表示如下：

(30) a. Unergative verb：NP [vp V]
　　　b. Unaccusative verb：[vp V NP/CP]

用论元结构的术语来解释，就是非作格动词有外部论元而没有直接的内部论元，然而非宾格动词有一个直接的内部论元而没有外部论元。L & R 认为，非宾格动词和动词的被动式在 D - 结构中是等同的，都只有内部论元而没有外部论元。从 (30) 可以看出，区分内、外论元是以动词的最大投射动词组（VP）为界限的。作为深层逻辑宾语，非宾格动词的独论元是在 VP 之内基础生成的。非作格动词的独论元是在 VP 之外生成的。例 (30) 也符合 Burzio (1986) 的论断，非作格动词有安排格的能力,这个格和外部论元联系在一起,非宾格动词没有这种能力,因此叫做非宾格动词。

既然 Levin & Rappaport (1995) 说过非作格动词没有域内论元,非宾格动词没有域外论元,那么英语中的这些动词支配的名词性成分是怎样和论元连接的,为了预测致使动词的论元结构,Levin & Rappaport (1995:135 - 158) 提出了四条连接规则:

(1) 直接致使的连接规则 (the Immediate Cause Linking Rule)。

(2) 直接变化的连接规则 (the Directed Change Linking Rule)。

(3) 存在的连接规则 (the Existence Linking Rule)。

(4) 默认的连接规则 (the Default Linking Rule)。

第一条和第二条连接规则是针对动词的外部论元和内部论元来谈的,第三条规则是针对存现动词来谈的,第四条规则是针对不满足上述三条规则的单价动词而谈的。下面具体谈一下这四条规则:

(1) 直接致使的连接规则

在事件中,描绘直接致使的动词的论元是它的外部论元[①]。

L & R 认为这条规则不仅适用于内部致使动词,还适用于外部致使动词。对于不及物动词来说,直接致使的连接规则概括了内部致使动词的非作格身份。很明显,非作格动词的一大类是有施动力 (agentive) 的。我们刚才已经提到,施动力可以归入到内部致使中,施动的单价动词将可以根据这条规则归入到内部致使中。这条规则也适用于及物动词表达外部致使的事件。这种情况中的外部使因可以考虑为直接使因,因此,直接致使的连接规

---

① 直接致使的连接规则的英文原文是:The arguments of a verb that denotes the immediate cause of the eventuality described by that verb is its external argument.

则决定了标注外部使因的论元是外部论元。比如 break 做及物用法时，用这条规则可以说明外部使因是外部论元。

我们认为直接致使的连接规则可应用于外部致使的情况，也可以解释汉语的一些作格动词的"使因"为非施事致使的情况，如例（22）中的"恶化"。

（2）直接变化的连接规则

经历了直接变化的实体的那个论元是动词的直接的内部论元[①]。

下面以表"状态变化动词"break 为例，再来说明连接规则。比如 break 做及物用法讲时，用前面讲的第一条规则——直接致使的连接规则可以说明外部使因是外部论元，而现在这里所讲的直接变化的连接规则可以保证那个被动的参与者将是直接的内部论元。当像 break 之类的动词做不及物用法时，只有那个被动的参与者投射到论元结构，直接变化的连接规则将再次运用，这个论元将是直接的内部论元。

（3）存在的连接规则

这条规则是指"宣称"或"否认"存在的动词的论元是动词的直接的内部论元。[②]

存现动词不能用致使和非致使的语义特征来说明，L&R 用这条连接规则来说明存现动词。支持 appear 之类的动词是存现动词的证据来源于 there-插入结构（there-insertion construction）。

（4）默认的连接规则

上面三条规则不能解释所有的单论元动词，他们只能解释内

[①] 直接变化的连接规则的英文原文是：The arguments of a verb that corresponds to the entity undergoing the directed change described by that verb is its direct internal argument.

[②] 存在的连接规则的英文原文是：The arguments of a verb whose existence is asserted or denied is its direct internal argument.

部致使动词，直接变化的动词和存现动词。但是有一种单价动词不能满足上述性质，于是我们对那个未安排的论元做一种假定，假定为直接的内部论元。这条规则的内容是：

一个动词的论元不能归入上述三条规则的范围内，那么这个论元是直接的内部论元。[①]

这四条连接规则不仅是针对不及物动词而谈，也针对及物动词而谈。

2. 作格动词的词汇语义结构

Levin & Rappaport（1995：20）探讨了词汇表达式（lexical representation），他们认为每个动词都联系着两种词汇表达式：词汇语义（lexical semantic）表达式和词汇句法（lexical syntactic）表达式。他们指出在词库和句法表达层面之间，存在两个界面，这两个界面的作用分别为表达词汇的语义及句法特点，一个称为词汇语义表达式，另一个称为词汇句法表达式。

某些词汇经过这两个层面，可以涵变为新的词汇，如非宾格动词、中间动词，等等。Levin & Rappaport 的分析认为，涵生的非宾格动词和被动动词之相似处在于二者均在原来及物动词的基础上对施事者这个论旨角色进行了处理，不同之处则在于非宾格动词是在词汇语义表达式中形成的，被动动词是在词汇句法表达式中形成的。对非宾格动词而言，语法机制通过制约的手段将施事者控制住，这样动词就没有该论旨角色了，当到达词汇句法表达式时，通常以一元动词的形式出现，即动词仅有客体这一论旨角色可以指派给该动词在句法表达式中的论元。[②]

词汇语义表达式，Hale & Keyser（1986，1987），Jackendoff

[①] 默认的连接规则的英文原文是：An argument of a verb that does not fall under the scope of any of the other linking rules is its direct argument.

[②] 转引自顾阳（1997）的《关于存现结构的理论探讨》。

(1990)把它叫做词汇概念结构，Jackendoff (1983)干脆把它叫做概念结构，显示了句法编码与动词意义的联系。词汇句法表达式典型形式就是论元结构，编码某个动词和句法相关的带论元的性质。McKoon & Macfarland (2000) 动词的词汇语义结构代表了动词意义的一部分，这部分意义参与决定了动词出现的句法结构，而且这部分意义显示了动词的论元及论元之间的相互关系。

Levin & Rappaport (1995：22) 说道："动词意义的明确的表达式一般可以归为两类：语义角色清单 (semantic role lists) 和谓词分解 (predicate decompositions)。前者中动词的意义还原为动词的论元的语义角色，后者中动词的意义根据基元谓词 (primitive predicates) 而定；语义角色可以通过这些基元谓词的论元位置识别出来。似乎意义的和句法相关的成分可以更好地表现在以谓词为中心的词汇语义表达式中。词汇语义表达式的性质可以表现为谓词分解的形式，但是不能保证这种谓词分解是满足我们要求的唯一表达式。

L & R 还认为，带有谓词分解的词汇语义表达式包括基元元素 (primitive elements) 的两种基本类型：基元谓词和常量 (constant)。比如下面 (31) 中非致使的 break 的谓词分解式是 (32)，(32) 中的 become 代表了一个潜在的基元元素，而 broken 代表了一个常量，这样的分析，把动词和它的论元的语义关系通过下位成分的分解形式表现出来，如：

(31) The window broke.
(32) Noncausative break：[y BECOME *BROKEN*]

Levin & Rappaport (1995：82) 认为，交替的非宾格动词有自己单独的词汇语义表达式，这个表达式联系着非宾格和及物的形式，是一个致使的词汇语义表达式。比如"break, laugh"词汇语义表达式 (lexical semantic representation) 分别为：

(33) break：[[x Do-something] CAUSE [y BECOME BRO-

KEN]]

　　　　　　　　　致使的次事件　　　主要次事件
　　　　　　　　　the causing subevent　　the central subevent
　　(34) laugh：[x LAUGH]①

　　动词 break 有自己的及物和不及物用法,用了一个比较复杂的词汇语义表达式,包括谓词 CAUSE,它表示这个动词的意义包括两个次事件（subevent）,每一个都是 CAUSE 的论元。这两个事件都可以叫做致使（causing）次事件,表示变化的事件是主要（central）次事件。动词的每个论元都和典型的次事件联系,致使者（causer）论元和致使次事件联系,那个经历了变化的论元——经常被叫做受事（patient）或客体（theme）,是和主要的次事件联系在一起的。

　　在有些例子里,动词的外部论元对应于一个完整的致使次事件,比如在 Will's banging shattered the window 中。更常见的是,动词的外部论元只是致使次事件的一个参与者。这个参与者可当作这个完整的次事件经历了一个隐喻的过程,这个次事件投射到整个事件当中是一种隐喻的省略（metonymic clipping）。正是由于这种过程的性质,某些动词可以有外部论元,这类动词的外部论元可以是施事、工具或者是自然力（natural forces）,如 The boy/ The rock/ The earthquake broke the window。在英文中,这一类的动词还有不少,如 "break, clear, close, drain, melt, ring, roll, rotate, round, shatter, slide, spin, tear, turn" 等,它们都具有非宾格和使役的用法。非宾格和使役动词在语义上非常接近,通常认为,非宾格动词表示一种状态的改变（change of

---

①　Levin & Rappaport (1995：110) 认为,非作格动词在不及物性上很稳定,在词汇语义表达式上是单价的 (monadic)。

state)，这类动词不但在英文中，而且在其他不少语言中都可以与使役动词构成对应。在理论研究中，语言学家们常常将能否找到相应的使役动词看做验证非宾格动词的一个标志。

通过上述的引述，我们发现针对 break 的词汇表达式（1），有一些可以改进的地方，比如是 The earthquake broke the window 这一例，"地震"（the earthquake）就没有直接做什么（Do-something）而引发破坏（broke），"地震"是直接"使因"，所以我们试着修改如下：

(33') break：[x or [x Do-something] CAUSE [y BECOME *BROKEN*]]

      | | |

     使因 次事件   主要次事件

在 Levin & Rappaport（1995）的基础上，影山太郎（2001：147）假设 happen 类非宾格动词具有下面（35a）的概念结构，open 类作格动词具有（35b）的概念结构。

(35) a. happen：[BECOME [x BE AT-z]]
   b. open：[x CONTROL [y BECOME [y BE OPEN]]]

动词"happen"描写自然发生的事件，其概念结构（35a）只表示事件 [BECOME [BE]] 发生，没有任何外在的使役意义的干扰。表示事件发生的非宾格动词一般可以套用（35a）的概念结构。在（35b）的结构中，如果使役者（x）和变化对象（y）不同指，那么动词便为及物动词，如：She opened the door. 在这种场合，英语中除了有意志的施事以外，还有其他表示直接引起对象发生变化的别的使役者，如：

(36) a. The explosion of the gases raised the roof.
   b. The explosion broke the window.
   c. The wind felled the tree.

多种事物都可以成为使役者，这意味着变化对象本身也有可能成为使役者。作格动词虽然有不及物的表现，但是在概念结构中存在着使役结构，而纯粹的非宾格动词没有任何外在的使役作用。换句话说，作格动词的概念结构中有两个论元——使役者和变化对象；而非宾格动词的概念结构中只有一个论元——变化对象。

影山太郎（2001）设想，如果变化对象被看成和使役者同指，那么就能得到不及物动词句。在不及物用法中，门既是对象，同时又是使役者，将这种分析形式化，就可以把反使役化（anti-causativization）表述为下列公式：

（37）概念结构的反使役化

[x CONTROL [y BECOME [y BE AT-z]]]

→ [x = y CONTROL [y BECOME [y BE AT-z]]]

在（37）里，使役者（x = y）被规定为同于变化对象（y），受到语义上的约束。影山太郎（2001）将这种操作称为反使役化。受约束的使役者由于在语义结构里被确保为和对象同指，所以就不再体现在句法结构上。

关于汉语的作格动词的词汇语义表达式，汤廷池（2002）以"化"为例说明了"化"的词汇概念结构，如：

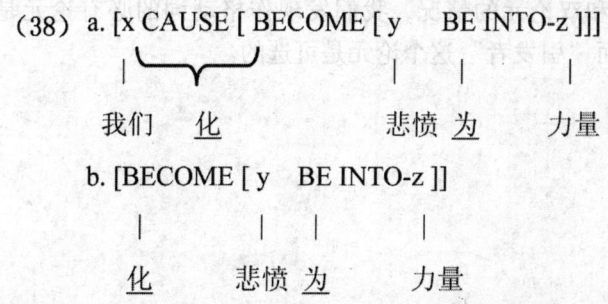

（38）a. [x CAUSE [BECOME [y BE INTO-z]]]

　　　　我们　化　　　　悲愤　为　　力量

　　 b. [BECOME [y BE INTO-z]]

　　　　化　悲愤　为　　力量

小写的 x（外元）、y（内元）与 z（间接内元）代表变项（variable），在（38）的例句里分别由"我们"、"悲愤"与"力量"来充当。大写的 CAUSE（使动）、BECOME（起动）与 BE（状态）分别代表相关的"语义述语"（semantic predicate）或"语义函项"（semantic function）。又，BE 后面的介词不限于 INTO，也可能是 AT、IN、ON、OVER 等，这里为了表示变化的结果或终点用了 INTO。

我们发现，汤廷池（2002）对汉语作格动词的词汇语义表达式的探讨，还是采用了 Levin & Rappaport（1995）在词汇语义表达式中增加 cause、become 的做法，我们也赞同这种做法。

其实，对于 cause、become 这类词的处理，也可以看做是"轻动词"（light verbs），如冯胜利（2005：312）。冯胜利认为轻动词是词汇意义虚，但句法功能强的一批词，其中包括 Do、be、become、cause 等虚动词。

我们发现当作格动词带两个论元时，句式上有"致使"义，是外部"引发者"致使了某物或某事件达成某状态，这两个论元的论旨角色我们可以归纳为"引发者"和"中介"，而不是"施事"和"受事"，因为"引发者"可以不是"施事"，而是"工具"、"自然力"、"事件"等外部原因。当作格动词只带一个论元时，表示的是"中介"已经达成的状态。对比作格动词带单论元和双论元的情况，我们发现作格动词的必有论元是"中介"，而"引发者"这个论元是可选的。

第二章 汉语作格动词的判定

在第一章讨论的基础上，本章明确提出确定汉语作格动词的判定标准。通常判定作格动词标准的分布——$NP_1 + VP + NP_2$ 和 $NP_2 + V$ 句对，并不能有效地判定汉语的作格动词。根据第一章所梳理出来的作格动词的基本特点，我们在 $NP_1 + VP + NP_2$ 和 $NP_2 + V$ 句对的基础上，又增加了两个句式作为判定汉语作格动词的辅助标准。这样判定出来的汉语动词，才真正是在词汇语义中有作格性的动词。另外，还探讨了"X 化"的构词规则符合作格模型，以及非宾格动词和作格动词的区别，有"致使"义的动词不一定是作格动词等问题。

一、汉语鉴别作格动词的特殊困难

本小节通过分析汉语的哪些动词能出现在这一句对的转换之中，哪些动词不能出现在这一句对的转换之中。认为汉语鉴别作格动词的特殊困难在于：汉语能实行"$NP_1 + V + NP_2$"和"$NP_2 + V$"转换的动词的范围太宽，这一个句对不能完全概括出作格动词的语义特征。

（一）非作格动词不能有使役结构和不及物结构的交替

非作格动词和非宾格动词是相对而言的，非作格动词选择的

是"域外论元"做主语,如:

(1) a. 他笑了。
   b. *笑了他。
(2) a. 他咳嗽。
   b. *咳嗽他。

这里的(1a)、(2a)能说,而(1b)、(2b)不能说,反映了"他"是"笑、咳嗽"的"域外论元",而不是"域内论元",尽管"笑"是可以自主的动作,而"咳嗽"是不自主的身体性的动作。

另外,"笑"还可以带同源宾语(cognate objects),如:

(3) 他笑了一笑。

非宾格动词是不能带同源宾语的,如不能说:

(4) a. *The mirror broke a jagged break.
   b. *The toast burned its crust black.

英语中典型的非作格动词,像"laugh, play, speak"是不能进行致使结构和不及物结构交替的,如:

(5) a. The children played.
   b. *The teacher played the children.
   (cf. The teacher made the children play.)
(6) a. The actor spoke.
   b. *The director spoke the actor.
   (cf. The director made the actor speak.)
(7) a. The crowd laughed.
   b. *The comedian laughed the crowd.
   (cf. The comedian made the crowd laugh.)

汉语中的纯粹的单论元动词①，如"醒、咳嗽、颤抖、结婚、睡觉"就只有"NP$_1$+V"格式，该格式也就不可能有"NP$_2$+V"的转换格式。如：

(8) 但女儿醒了，女儿的哭声让他觉得十分遥远。(余华《十八岁出门远行》)

(9) 林大娘摸出那钥匙来，手也颤抖了，眼泪扑簌簌地往下掉。(茅盾《林家铺子》)

(10) "至于梅毒……"吕校长连咳嗽……"更无疑是舶来口洋货"。(钱钟书《围城》)

(11) 辛楣道："有人看得中我，我早结婚了。(钱钟书《围城》)

(12) 到了夜晚，他的心完全凉了：马先生到东屋去睡觉！(老舍《离婚》)

例(8)至例(12)中加点的不及物动词后面没有论元成分，因此不存在句式转换的问题，如：

(8) a. 女儿醒了。
　　b. *他醒了女儿。

(9) a. 手也颤抖了。
　　b. *他颤抖了手。

例(8)至(12)中这一类句子是非作格句，句中的动词因而是非作格动词。

汉语中的"非作格动词"，是不可能有作格用法的。这样的动词有"休息、散步、出发、落山、开场、放哨、破裂、咳嗽"等等。这类动词在句子里做谓语动词时只有一个必有格与之共现，例如："工人们休息了"、"太阳落山了"、"戏开场了"等。

---

① "纯粹的单论元动词"是指只能带单论元的动词，不指那些既可以带双论元，又可以带单论元的动词。

据胡裕树、范晓（1995：148），这类无宾动词在他们所调查的118个不及物动词里有32个，占27%。

"高兴"是一个非作格谓词，因而不能进行致使结构和不及物结构的交替的，对比一下"感动"和"高兴"：

(13) a. 那件事感动了我。
　　　b. 我感动了。
(14) a. *那件事高兴了我。
　　　b. 我高兴了。

为什么"高兴"不能实行这种及物和不及物的交替，原因就是"高兴"是非致使的状态的变化，所以是典型的非作格谓词，如果用词汇语义表达式出来就是：

高兴：[y BECOME 高兴]

"高兴"的词汇语义表达式和英语中的 dry、empty、warm 这些动词的词汇语义表达式类似：

dry：[y BECOME *DRY*]
empty：[y BECOME *EMPTY*]
warm：[y BECOME *WARM*]

这一类非使役表状态变化的动词词汇表达式都可以表示为：[y BECOME *STATE*]。

根据我们的定义，单论元动词句都是 $NP_1 + V$，它们不能有 $NP_1 + V + NP_2$ 和 $NP_2 + V$ 的交替，是很自然的，由定义而限定的。

需要特别指出的是，词汇义相同的动词，在不同的语言中的语法功能不一定相同，是否作格动词也就不同。比如，"醒"在汉语中不能带宾语（*妈妈醒了我），因此肯定不是作格动词；而英语中与之词汇义相同的词 wake，就可以带宾语，如《牛津高阶英汉双解词典》中就举例，如 "Try not to *wake* the baby (up)"，解释 wake 义为 "cause somebody to stop sleeping"，当然

wake 在英语中也可以不带宾语，如"I woke early this morning"，释义为 stop sleeping，因此 wake 在英语中就可能是作格动词。同时也说明，不同语言有多少作格动词并不一样，不能依据词汇义来判定，而要根据一定的形式标准，结合高层的语法意义，这个语法意义是指是否有"致使"性，这实际上是由观察世界的认知角度不同造成的。

（二）及物动词能否进入"$NP_1 + V + NP_2$"和"$NP_2 + V$"的交替格式

1. 不能进行"$NP_1 + V + NP_2$"和"$NP_2 + V$"转换的及物动词

不能进行"$NP_1 + V + NP_2$"和"$NP_2 + V$"转换的及物动词，目前我们归为四类：

（1）粘宾动词不能进行"$NP_1 + V + NP_2$"和"$NP_2 + V$"的转换。

王俊毅（2004）根据及物动词在句子中与宾语的共现情况，对及物动词做了下位分类：粘宾动词和非粘宾动词。粘宾动词指这类动词在任何时候、任何情况下都必须与其宾语同现，绝不能缺省。如：多亏、等于、当作、不免、变成、包管、顺着等等。非粘宾动词是指动词所带宾语在一定情况下、一定语境中可以缺省。如：吃、拿、找、开始等等。

粘宾动词中有一类是粘着动词，这一类词在句法上不能自足，不能单独回答问题，成句时必须有与之同现的句法成分的动词，这类动词语法功能比较单一，语义比较抽象虚灵，例如"唯恐、责成"之类，尹世超（1991）把这类动词称之为"粘着动词"。

不少粘着动词带且仅带宾语，那么这类粘着动词中的粘宾动词，如"懒得、充满、有待、成为、显得、省得、企图、致以、好比"等根本就没有"NP_2+V"的形式，只有"NP_1+V+NP_2"的及物形式。类似于这样的粘宾动词的，还有特殊构词标记的粘宾动词，如"X于、X以、X成、X为、X作、X有"等，如用上述词缀构成的动词"属于、等于、限于、给以"等。根据杨锡彭（1992），粘宾动词是粘着、定位动词，只能出现在VO的句法结构中充当V，所带宾语不能省略，不能易位，因此，粘宾动词充当谓语动词时，只能构成SVO和SV_1OV_2这两种基本句型，而不可能构成SV、OV、OSV、SOV等句型，SV_1OV_2型的如"有待我们努力"等。

通过对《现代汉语词典》的一些动词的调查，我们发现区分粘宾动词很有必要，不光是王俊毅（2004）所列的一些带有"于、作、成"等词缀的粘宾动词，有些动词的两个语素义都很实在，依然是必须带宾语的，如："包括、包含、包孕、饱读"等，这些动词的论元结构必须带两个NP。这些及物动词是真正的"粘宾"，非带宾语不可，配价指数为2，比如"推翻、包孕"之类的动词。

还有一些及物动词并不粘宾，它们所带的宾语在某些情况下可以省略，这一类动词数量很多，据王俊毅（2004）对5096个动词的统计，非粘宾动词占动词总数的63.2%，占及物动词总数的93.2%。相应的粘宾动词的统计数目就分别是4.7%和6.8%。

我们认为把及物动词分成粘宾动词和非粘宾动词是合理的，因为二者在形式上有重要区别，以"是否必须带宾语"这一条线区分二者，从而可以分类研究。

（2）命名动词不能进行"NP_1+V+NP_2"和"NP_2+V"的转换。

曹逢甫（1990，2005：61）所说的命名动词总在这样的模式中出现：S/T+V+N，那么这一类的动词是不能进行"NP_1+V

+ NP$_2$"和"NP$_2$ + V"的转换的。命名动词的清单如下:

是、叫、号称、姓、称为、作、当、像、等于、相当于。

英文中这类命名动词和汉语一样,也必须带宾语,如:

(15) A: My full name is Tomasz P. Szynalski, but people just *call* me Tom.

答: 我的全名叫托马什·P·希纳尔斯基, 但是大家都[叫]我汤姆。

(16) The lady smiled. We haven't, this is Debbie, at least that's what we *call* her.

那妇人微笑着说: "我们没有猫, 这是戴比, 至少我们这么[叫]它。"

(17) He heard his name being *called*, looked over his shoulder and saw a woman running down the street, waving money.

他听到有人[叫]他的名字, 回头看见一妇女从街上跑来, 手里挥着钱。

(3) 某些及物动词有"NP$_1$ + V + NP$_2$"的形式, 却不能转换为"NP$_2$ + V"的形式, 如动词"骂"在"王赓大骂小曼"这句话中就不能转换成"小曼大骂", 否则意思就变了。这说明这一类句子只具有及物性, 其中的动词具有"从甲方传递到乙方"的性质, 这种情况也不能构成作格现象, 是及物现象, 重视动作的"延及"。

(4) "多指动词"不能有"NP$_1$ + V + NP$_2$"和"NP$_2$ + V"的转换。

有些动词要求主语必须是复数形式, 李临定(1990)把这类动词称为"多指动词", "多指动词"表面上有"NP$_1$ + V + NP$_2$"和"NP + V"的转换, 如表2-1:

表2-1 "多指动词"的"$NP_1 + V + NP_2$"和"$NP + V$"的转换

	$NP + V$	$NP_1 + V + NP_2$
联合	你们双方要联合起来	你们要联合对方
团结	咱们要团结起来	我们要团结对方
会晤	两国总理将要会晤	甲国总理会晤了乙国总理
勾结	他们又勾结起来	他勾结了几个人
遇	我们在上海又遇上了	我在上海又遇上他了
挨	我们俩紧挨着	我紧挨着他

表面上看,多指动词有"$NP_1 + V + NP_2$"和"$NP + V$"的转换,但实际上,这种转换是"$NP_1 + V + NP_2$"和"($NP_1 + NP_2$) $+ V$"的转换,所以这种转换也不是作格结构的"$NP_1 + V + NP_2$"和"$NP_2 + V$"的转换。

2.1.2.2 能进行"NP1 + V + NP2"和"NP2 + V"转换的及物动词

能进行"$NP_1 + V + NP_2$"和"$NP_2 + V$"转换的及物动词,有很多种具体的情况要加以分析。

下面我们分三种情况加以考虑:

(1)表身体运动的动词,如:

表2-2 表身体运动的动词

	NP_1 的 $NP_2 + V$	$NP_1 + V + NP_2$
睁	他的眼睛睁了一下	他睁了一下眼睛
点	他的头点了几下	他点了几下头
摆	他的手摆了摆	他摆了摆手
弯	你的腰弯下去	你弯下腰去
蜷	你的腿蜷起来	你蜷起腿来

第二章 汉语作格动词的判定

这一类转换比较特殊的是,NP$_1$ 和 NP$_2$ 之间有领属关系,V 都是表身体运动的动词。这种转换中的 NP$_2$ 理解为受事,好像不大妥当。还有一点值得注意的是:V 后面带了很多附加成分,不然句子的可接受性就比较差。如:

(18) a. 他眨了一下眼睛。
　　　b. *眼睛眨了。
　　　c. 眼睛眨了一下。
　　　d. 他的眼睛眨了一下。

(2) 作格动词可以进行"NP$_1$ + V + NP$_2$"和"NP$_2$ + V"的同义句式的转换,这条标准是确定作格的一条重要的句法标准。如:

(19) 见事不好的话,你灭了灯,打后院跳到王家去。(老舍《骆驼祥子》)

(20) 一会儿,灯也灭了,人也散了。(冰心《回忆》)

"你灭了灯"转换成"灯灭了"可以,但转换成"你灭了"却不行,类似的转换现象还有:

(21) 他的坚强毅力和刻苦精神,感动了校长和老师,在大家的帮助下读完中学后,他带着同学们为他凑的……(《中国儿童百科全书》)

(22) 后来依法审理了此案,被告十分感动。(《人民日报》1995 年 1 月)

(23) 在从计划经济向市场经济转变的过程中,包钢转变了"有产量就有效益"的传统观念,树立起"有市场才有效益"的观念。(《人民日报》1995 年)

(24) 思想解放了,观念也随之转变了。(《人民日报》1995 年)

上述(19)与(20),(21)与(22),(23)与(24)都是符合"NP$_1$ + V + NP$_2$"和"NP$_2$ + V"这种同义句式的转换,动

词"灭、感动、出版"都出现了吕叔湘（1987）所说的第二格局"X-动词-Y"和"Y-动词"现象，这些动词所反映的不及物和及物的交替现象，在汉语中相当普遍。另外，上述例子中的动词都带上完成体标记"了"。

这一类动词，还有"调整、动摇、恶化、粉碎、丰富、改变、改善、巩固、加重、减弱、减少、结束、解放、解决、开、克服、扩大、浪费、联合、满足、灭、平定、平衡、破坏、溶化、疏散、提高、统一、推动、瓦解、完成"等，它们都具有"NP_1+V+NP_2"和"NP_2+V"这种同义句式的转换现象。考察这类动词的语义特点，具有某些方面的共性。这些动词大多具有使役意义，这点后文将谈到。

(3) 但是，汉语中确实也有及物动词"写、洗"等可以进入"NP_1+V+NP_2"和"NP_2+V"的交替格式中，如：

(25) a. 她洗了那件衣服。

b. 那件衣服洗了。

(26) a. 我写了封信。

b. 信写了。

"写"和"洗"不是致使动词，却能够进行这种及物和不及物的交替，这一点和英语的 write、wash 不同，如：

(27) a. Anita Brookner just wrote a new novel.

b. * A new novel wrote.

例（27b）中的 write 没有施事者的加入就不成句，可见英语的 write、wash 是真正的及物动词，根本就不能出现不及物的形式。而汉语的"写"和"洗"在句中没有施事者依然可以成立，如（25b）和（26b）。汉语的"写"和"洗"虽然是及物动词，却能出现不及物的形式，有着及物和不及物的转换，这一点一直是让人困惑的问题。这种转换现象吕叔湘（1987），黄正德（1990）都讨论过，黄正德认为像"衣服洗了"不是作格句，原因有两点，第一是，像"洗、写、吃"之类的动词在一般语言里都没有作格用法。第二，像"衣服洗了"这一类句子和一般的作格句语义上有很大的不同，就是这些句子虽然没有明白指出施事者是谁，但却蕴涵施事者的存在。但真正的作格句却不蕴含施事者的存在。例如"我饿死了"并不蕴含有人使我饿死。而"衣服我洗了"可以看成一种省略句，或许是"衣服，她洗了"的省略，但"饿死、笑死、喝醉"等组成的作格句则是完好无缺的句子，不应该看成省略句。

我们认为"写、洗"之类的动词在汉语中也不是作格动词，第二章将详细论述这类动词不能受"自己"修饰，不能出现在使令句中，通过调查语料发现，其实"洗、写"做受事主语句的情况是比较少的，而且还受很多限制，比如（28b）和（29b）就不成立，原因也可能是无定 NP 不能做主语：

（28）a. 她洗了一件衣服。
　　　 b. *一件衣服洗了。
（29）a. 我写了封信。
　　　 b. *一封信写了。

但是像"沉"这一类的词，它们所造成的"$NP_2 + V$"的句式，却是很少限制的，如：

（30）这时才有人议论：船沉了也是天意，或许洼狸镇再不该有船。（张炜《古船》）
（31）一条船沉了，但几年之后又有一条船出现了。（张炜《古船》）

二、确定作格动词的标准

根据我们在第一章中所规定的作格动词的含义，我们拟采用下列三条标准来确定作格动词，其中第一条标准是必备的，第二条和第三条标准是可择取的,但是作格动词必须满足两条标准,即作格动词必须同时满足第一条和第二条标准,或满足第一条和第三条标准。

(一) 确定作格动词的标准之一

作格动词有一项比较显著的句法特征就是能实行"$NP_1 + V + NP_2$"和"$NP_2 + V$"的转换,这一点吕叔湘(1987)、黄正德(1990)等都提到这种格局的转换。因此我们确定作格动词的第一条标准是:

I. 看该动词有无"$NP_1 + V + NP_2$"和"$NP_2 + V$"的同义句式的转换现象,如果有这类句式的转换,该动词的论元结构是否有"[主体+动词+客体]"和"[客体+动词]"两种。如果能出现在这种格式中,V就有可能是作格动词;如果不能出现在这种格式中,V就不可能是作格动词。动词V可以带上时体标记"了、着"等,但V应该是句子的主要动词①。

需要指出的是,"$NP_1 + V + NP_2$"中,NP_1和NP_2的论旨角色是有所讲究的,这里我们规定NP_1是主体,NP_2是客体,根据林杏光等(1994)的定义,主体包括施事、当事、领事,客体包括受事、客事、结果。NP_1和NP_2之间应该没有领属关系。② 另外,需指出的是,NP_1主要由名词性词语充当,但有时可以是一个小句,或者是一个动词性短语,我们还是采用NP_1这个说法,因为V前的成分以名词性短语为典型。

能进入"$NP_1 + V + NP_2$"和"$NP_2 + V$"的同义句式转换的

---

① 关于动结式动词算不算作格动词,本书第四章第二节将详细探讨。
② 如"闪",在"他闪了一下腰"和"腰闪了"中,NP_1和NP_2有一种身体和部位的领属关系,所以不认为"闪"是作格动词。

有哪些动词呢？下面我们具体考察一下汉语中哪些动词能进入这种转换，哪些动词不能进入这种转换。

联系汉语的实际讨论这种句式的转换，吕叔湘（1987）介绍了"作格语言"和"受格语言"的问题，文章精当地解释了"胜"和"败"两个动词的格局：

第一格局　　　　　　　　　第二格局
X——动词——Y　　　　　　X——动词——Y
|
X——动词　　　　　　　　　　Y——动词

中国队　胜　南朝鲜队　　　中国队　　败　　南朝鲜队

中国队　胜　　　　　　　　　　　　南朝鲜队　败

吕先生也说道："这两个格局各有一个三成分句和一个二成分句。三成分句里的动词联系两个名词，可以让前面那个名词用 A 代表，后面那个名词用 O 代表。二成分句里的动词只联系一个名词，让它用 S 代表。从语义方面看，第一格局里的 S 比较接近 A，第二格局里的 S 比较接近 O。有些二成分句里的名词不在动词之前而在动词之后，例如'出太阳了'、'开会了'、'放花了'、'过队伍了'，这也是一部分二成分句里的 S 比较接近 O 的证据。"

李临定（1990：130）在讨论内动词和外动词的兼类时，列了四种类型的兼类现象："联合"类，"睁"类，"灭"类，"走"类。其中，"灭"类动词的大部分类似于我们这里所说的表状态变化的动词，"灭"类动词有：灭、沉、饿、变、发、降、摆、开、化、斗、转变、摇晃、转动、延长、暴露、活动、实现、分裂、发展、扩大、转变、提高"等。上述"灭"类动词既可以是非自主动词，也可以是自主动词。作为非自主动词，它们同时又是内动词，作为自主动词，它们同时又是外动词。上述词中"外动"所举例中的动词和宾语之间都隐含有致使关系，比如"灭篝火"是使篝火灭,"饿他"是使他饿,等等。可见,"灭、沉、饿"等内动和外动的转化不仅有非自主和自主的转化,还有增添致使关系的转化。因此,"灭"类内动词和外动词的句法关系可以用下式表示:

内动:N(当事者)← V(非自主)

外动:N(当事者)← V(自主)→ N(致使)

承认汉语中有这种格局的转换是容易的,关键是哪些条件决定一个及物动词可以不用被动式进入第二格局。不是所有的及物动词都可以进入这种[施事+V+受事]和[受事+V]的格局的转换的,我们在前面一节中已讨论了哪些动词能进入这种格局的转换。

我们这里所说的作格动词在句式的变换中,有"引发者"的出现,但是有些动词却没有"引发者"的出现,如"死、沉"之类的,我们在2.4.1中已把它们列为了非宾格动词。

(二)确定作格动词的标准之二

前面我们提到过作格动词可以仅仅有着"NP_1+V+NP_2"和"NP_2+V"的配对,但是"洗"之类的动词也可以出现"NP_1+V+NP_2"和"NP_2+V"的转换,比如"他洗了衣服"和"衣服洗了"之类,那么"洗"这一类的动词的这种句式变换,可以看作是从句法里派生而来的,"洗"是不能进入"使+N+V"的结构的,即不能说"使他洗"。

而作格动词如"感动、震惊、破、沉"等是从词库里派生而来的,可以进入"使+N+V"的结构,可以说"使他感动了"。作格动词有着"NP_1+V+NP_2"和"NP_2+V"的两种句式的转换,那么出现在这两种句式中的动词的意义有无区别?我们认为还是有区别的,本书将在第二章讨论这些动词的词典释义,作格动词的两个义项常和两种不同的句式相连。

于是，我们根据作格动词出现的"$NP_1 + V + NP_2$"和"$NP_2 + V$"环境，探讨作格动词出现在双论元句中的限制情况，发现作格动词出现在"$NP_1 + V + NP_2$"句式中时，可以转换成"使令句"。

1. 确定作格动词的第二条标准的内容

设立确定作格动词的第二条标准是：

Ⅱ. 看该动词能否出现在使令句中，如果这个动词能出现在"使 + NP + V"的句式中，那么这个动词就有可能是作格动词；如果该动词不能出现在"使 + NP + V"的句式中，那么这个动词就不可能是作格动词。

如"洗"等动词，它可以出现在"$NP_1 + V + NP_2$"和"$NP_2 + V$"的同义句式的转换中，但是不能出现在"使 + NP + V"的句式中，调查了 CCL 的语料，就没有发现"使 + NP + 洗"的句式。需要指出的是"使 + NP + 洗"中的"洗"是一个光杆动词，如果"洗"前后加上一些修饰性成分，"洗"可以出现在使令句中，如"刺骨的寒风使他没法洗衣服"等。再如，"学习"是一个光杆动词时，不能出现在"使 + NP + 洗"的句式中，如不能说"爸爸使他学习"，但可以说"爸爸使他没办法学习"。[①]

确定汉语中的动词是否作格动词，不能仅从这个动词能否出现"$NP_1 + V + NP_2$"和"$NP_2 + V$"

句式的转换，就来判定该动词是否作格动词。比如对于"消费"一词，王晖辉（2002）认为可以这样转换：

(32) a. 我们消费了不少东西。
　　　b. 东西消费了。

[①] 我们在 CCL 语料库中调查了"使\$ 10 洗"的情况，无一用例是"使 + NP + 洗"的结构。在语言学家自造的例子中，发现"洗"出现在"使"字句中时，不光是"洗"前后带了很多修饰性成分才可行，而且"洗"也大都出现在否定句中。

但我们不能仅从这一点就判定"消费"就是作格动词,还应该在实际语料中调查是否"消费"就有着这种同义句式的转换现象。调查得出"消费"不出现在"$NP_2 + V$"的句式中,大多在"$NP_1 + V + NP_2$"的句式中出现,如:

(33) a 水的消费市场年增长率为5%,1998年消费了725亿升水。(《北京青年报》2000年4月17日)

b ?725亿升水消费了。①

(34) 从整个西方看,1998年,占世界人口近20%的西方国家消费者总共消费了世界全部商品和服务的86%。(《北京青年报》1999年5月)

从上面的调查可得出,"消费"就是一般的动作动词,注重动作的"延及",而且在CCL语料库中调查"消费"出现在"使"字句中的情况,发现用"使$5消费"的检索式,2006年2月16日共查出332条结果,无一例是"消费"以动词的身份出现在"使+NP+V"的结构,这些调查结果中的"消费"都没有做动词,而是组成"消费者"或"消费结构"等定中结构。

由此,我们认为"消费"不是作格动词。

关于"使"字句的结构,可以归纳为"A使B+VP"的形式,关于A和B的语义性质,袁毓林(2002)已做过讨论。宛新政(2005)对100万字文艺语料调查的结果是,"使"字句的前段A的语义类大致按"抽象事物、具体事物、事件、空位、介宾短语"的顺序排列,"使"字句的中段B的语义类大致按"人、事物、事件"的顺序排列。

现在的问题是,如果我们用"使+NP+V"的句式作为作格动词的判断标准的话,那么该句式中的NP是什么样的语义类别?有何特殊规定?我们认为,可以不必特殊规定NP的语义性

---

① ?号表示该句不能说。

质,主要看动词在满足第一条标准的基础上,能否出现在"使"字句的格式中,因为"A 使 NP + V"的句式中,NP 不管是 [+ 有生] [- 有生],都不影响 NP 做"使事"的功能。如:

(35) 这种正确的理论引导,使学员完成了由普通青年向革命军人、合格军官的转变。(《人民日报》1996 年 5 月)

(36) 艰苦的环境使他们消除了隔阂,成为同舟共济、相互体贴的伴侣。(《读者》合订本)

(37) 是看着他痛苦挣扎还是药物使他麻痹获得一些短暂的安宁?(王朔《你不是一个俗人》)

(38) 通过露营地大门时,它突然飞起啄住了军旗的一角,扑动巨大的双翅使旗帜完全展开,看到这一景象的士兵热烈地鼓掌。(《读者》合订本)

"A 使 NP + V"的句式中,A 是"致事",A 可以略去,"NP + V"的句式还可以成立,试以例(35)和例(38)来说明:

(35) a. 这种正确的理论引导,使学员完成了由普通青年向革命军人、合格军官的转变。

b. 学员完成了由普通青年向革命军人、合格军官的转变。

(38) a. 通过露营地大门时,它突然飞起啄住了军旗的一角,扑动巨大的双翅使旗帜完全展开。

b. 旗帜完全展开。

2. 分析型使成式、形态型使成式和词汇型使成式

据 Comrie(1981/1989:209)认为使成结构有三种类型,并形成一个连续体,整个连续体的范围从分析型使成式到形态型使成式直到词汇型使成式。

分析型使成式的典型情形是表达使成概念和表达结果各有独立的谓语形式,例如英语 I caused John to go(我使约翰去了),或 I brought it about that Joh went(结果我使约翰去了),其中有

两个独立的谓语 cause（使）或 bring about（造成）［成因］和 go（去）［结果］。形态型使成式有以下两个特点：第一，使成谓语通过形态手段跟非使成谓语发生联系，如通过词缀，如土耳其语，在这种语言里后缀-t 和-d（r 后者有元音和谐变体）几乎可以附加到任何一个动词上得出对当的使成形式；形态型使成式的第二个特点是这种把使成谓语跟非使成谓语联系起来的方式是能产的。词汇型使成式，也就是指那些结果表达形式和宏观使成表达形式之间的关系毫无规律，因而只能做词汇处理而不能做任何能产过程处理的情形，这方面最典型的例子就是异干交替，如英语 kill 是 die 的使成式。

词汇型的致使（lexical causatives）和分析型的致使（analytical causatives）在描写语言学中有很大的不同，据 Lyons（1968：365）"词汇型的致使"暗含着"使役者"（causer）对"被使役者"（causee）有一个"直接的动作"（direct action）。

据 Davidse（1992：116）介绍，Fodor（1970）提到了词汇型的致使和语法型的致使，比如 kill 和 cause to die 是同义的，前者是语法型的致使，后者是词汇型的致使；前者一般表明了单事件的致使情况，后者一般表明了两个事件的致使情况，所以例（1）可以成立，例（2）不行。如：

(1) John caused Bill to die on Sunday by stabbing him on Saturday.

(2) * John killed Bill on Sunday by stabbing him on Saturday.

例（1）不可说，例（2）可以，正说明 Lyons（1968）的观点，kill 这种词汇型致使对于"被使役者"（causee）有一个"直接的动作"，所以 kill 的动作和结果不可能分 Saturday 和 Sunday 两天完成。

Shibatani（1976）把这种致使升华到一种极端，称为"可以控制的致使"（manipulative causation）：在这种情况下，被役者卷入到一种非意愿的实体中,使役者在身体上控制着被役者。[①]

Halliday(1985/1994:171)认为:我们会期望,将及物分析和作格分析这两种分析放在一起,就能发现这两种类型的小句是不同的,但事实上两者之间并没有明确的界限,这才是准确的情况。两者的一个不同点是,是否有一个带 make 的"分析式的致使"(analytic causative)。如我们可以说 the police made the bomb explode,但不能说 the lion made the tourist chase。但这一不同仍有许多不确定因素:比如"Mary made the boat sail、the nail made the cloth tear"和"the lion made the tourist run"有什么不同?这种不同在某些方面还是比较明确的,如果去掉句中的第二个参与者,看第一个参与者的角色变化了没有。在"the sergeant marched the prisoners/the sergeant marched"句对中,下一句是"警卫(the sergeant)行军(marched)",而在及物小句"the lion chased the tourist"中,就没有"the lion chased"这种解释的可能。像这种角色变换了的句子用"发动者(initiator)+动作者(actor)"比用"动作者(actor)+目标(goal)"好。这种物质过程中有一大类同族的使役式,或者可能是表属性的,如:the sun ripened the fruit/made the fruit ripen, her voice calmed the audience/made the audience calm,这些都可属于"发动(initiating)"类——如果我们说 the sun ripened, her voice calmed,其意义就从"make(ripe, calm)"变化为"become(ripe, calm)"了。

下面举汉语的三个动词来说明分析型的致使在确定作格动词中的作用。也就是说,当我们在用第一条标准确定作格动词时,并不能排除一些动作性很强的及物动词为作格动词,那么我们尝试用"使+NP+V"的句式来帮助确立作格动词,原因如

[①] 转引自 Davidse(1992:119)。

2.2.2.3 所示。

3. 用"使+NP+V"句式测试作格动词的好处

用"使+NP+V"的句式来确立作格动词的好处，可以突出作格动词的致使意义，把"洗、打倒、毁坏"之类的单纯的动作动词排除在作格动词之外。

【洗】

《现代汉语动词大词典》对"洗"的解释是：

洗：（1）<他动>用水或汽油、煤油等去掉物体上面的脏东西。

【基本式】施事（母亲、清洁工、小胡、学生）+洗+受事（外套、袜子、衣服、被子、门帘）：姐姐洗衣服了。| 姐姐把衣服洗出来了。| 姐姐衣服都洗完了。| 那些衣服姐姐都洗了。

【扩展式】：［与事］［同事］［结果］［基准］［数量］［工具］［材料］［原因］［目的］［时间］［处所］等等。

（2）<他动>照相的显影定影：冲洗。

【基本式】施事+洗+受事（胶卷儿）或结果（照片、相）：他洗了两个胶卷儿。

《现代汉语动词大词典》的基本式和扩展式没有列"姐姐洗衣服了"和"衣服洗了"的变换，这种变换也属于"NP_1+V+NP_2"和"NP_2+V"的变换，那么能否说"洗"也是作格动词呢？我们试以"洗"和"摇晃"对比，来说明是否作格的问题。

表面上看"洗"和"摇晃"似乎都可以处理成作格动词，但是我们不能仅从"NP_1+V+NP_2"和"NP_2+V"的变换来说明其中的 V 就是作格，因为"摇晃"和"洗"还是有很多句法表现的不同。

"洗"不能出现在"使+N+V"的结构中，而"摇晃"则可以，如：

(39) *姐姐使衣服洗起来。

(40) 地板的振动传到了墙壁,使全屋摇晃起来。(《读者文摘》)

(41) 然后她离开了梳妆台,走到窗前打开窗户,屋外潮湿的空气进来时,使窗帘轻轻地摇晃了一下。(余华《难逃劫数》)

"洗"可以出现在肯定和否定的祈使句中,如:

(42) 洗吧!

(43) 别洗了!

"摇晃"不能出现在肯定的祈使句中,至于能否出现在否定的祈使句中,语料库中也没能搜索出来,暂列为问号,如下所示:

(44) *摇晃吧!

(45) ?别摇晃了!

另外,"摇晃"还可以受"自己"等词的修饰,"洗"则不行,这涉及到确定作格动词的第三条标准,在2.2.3中将会详细讨论。如:

(46) a. 树枝不断地(一直)摇晃着。

b. 树枝自己摇晃着。

(47) a. *衣服不断地洗着。

b. *衣服自己洗着。

从"摇晃"和"洗"的对比来看,"摇晃"可以受"一直、不断"等表情状的副词修饰,而"洗"则不行。另外,从能否受"自己"来修饰的情况来看,"摇晃"可以受"自己"的修饰,说明"摇晃"可以不需要外力自动产生,而"洗"则不行。所以"洗"是动作动词,而"摇晃"可以当做作格动词看待。

那么是否可以说"洗"之类的动词产生"$NP_1 + V + NP_2$"和"$NP_2 + V$"的转换,是从句法里来的,而"摇晃"之类的作

格动词有着 "$NP_1 + V + NP_2$" 和 "$NP_2 + V$" 的转换，是从词库（lexicon）中派生的，因此，"摇晃"在词典释义中的解释会和"洗"不一样，下面的 3.2.1 节将会详细讨论"摇晃"一词。

【打倒】

"打倒"一词在现代汉语中大多是 $NP_1 + V + NP_2$ 的用法，如：

(48) 总理略作沉思后说道："耿飚同志，我送你三句话：一、人家要打倒你，不论怎么打，你自己不要倒！（石雷：《耿飚在党和国家的生死存亡关头》载《作家文摘》1994）

(49) 经过陈炯明叛变的教训，孙中山认识到要使革命胜利，依靠一派军阀打倒另一派军阀是不行的，必须寻找新的道路……（《中国儿童百科全书》）

(50) 我真切地感觉到，人不应该自己打倒自己，尤其是在逆境的时候。（《人民日报》1995 年）

(51) 惟独张国焘提出，不但要公开审蒋，而且要打倒南京政府。（《人民日报》1996 年）

"打倒"可以出现在"被"字句中，如：

(52) 他被打倒了，1969 年被赶到贺兰山下劳改。（《人民日报》1995）

"打倒"也有着少量的"$NP_2 + V$"的用法，如：

(53) 该死的张青海早该打倒了，我们都接受过他方式奇特却极其要命的处罚。（余华《在细雨中呼喊》）

(54) 老干部都打倒了，革命靠什么？（水静《李先念的大将风度与侠骨柔情》载《作家文摘》1993）

(55) 江青打倒了十几年，真有这个约法三章，约法人早就出来证明了。（叶永烈《江青与毛泽东结合内幕》载于《作家文摘》1993）

"打倒"出现在"NP_2+V"中的用法时,动词前后都有附加成分,如例(53)、(54)前有状语,例(55)后有时量宾语。

"打倒"一词在《现代汉语词典》的解释中也有使动的用法,如下所释:

【打倒】动 (1)击倒在地:一拳把他~|(2)攻击使垮台;推翻:~帝国主义!

《现代汉语规范词典》解释"打倒"两个义项都用了"使",如下所释:

【打倒】动 (1)打击使倒下:把对手~在地|(2)攻击使垮台;推翻:~帝国主义!

《现代汉语动词大词典》也是列了"打倒"的"他动"用法,如下所释:

打倒〈他动〉攻击使垮台;推翻。

【基本式】施事(人民、政党)+打倒+受事(侵略者、法西斯、封建主义、官僚主义):我们要打倒封建主义。

《现代汉语词典》、《现代汉语规范词典》和《现代汉语动词大词典》只列"打倒"的及物用法是正确的,因为它本身是一个二价动词,虽然它有少量的"NP_2+V"的用法,但它不是作格动词。"打倒"一词不能归为作格动词的关键原因是:"打倒"一词不能出现在"使+N+V"的结构中,调查了汉语中心的CCL现代汉语语料库,没有发现一例"打倒"出现在"使+N+V"这一结构中的。

【毁坏】

"毁坏"在现代汉语中只有"NP_1+V+NP_2"的及物用法,如:

(56)沙子感到露珠不仅毁坏了东山的面容,而且还毁坏了东山的眼睛。(余华)

(57) 这里的权力已经相当集中,并且更为严重的是,它阻挠农民的解放,毁坏农民的幸福,已成为农村的新的桎梏!(张炜)

如果"毁坏"有"NP₂+V"的用法,也大多是带标记的,动词前有一些修饰成分,如:

(58) 应城郡王花园大半已经荒废,但往年修建的小巧的亭台楼阁还没有毁坏。(姚雪垠《李自成》)

(59) 学生一生成败不足惜,朝廷大事如果毁坏,学生将无面目见故国父老,无面目再见皇上,所以心中十分沉重,特请先生见教。(姚雪垠《李自成》)

调查了汉语中心的 CCL 现代汉语语料库,发现"毁坏"一般不用于"使+N+V"的结构中,"毁坏"不充当这个结构中的独立的动词,有一些用例是"毁坏"充当这个结构中的名词的,如:

(60) 报告:80 年代末至 90 年代初期,由于少数不法分子非法盗掘,确使武功山的一些文物遭到毁坏。(《人民日报》1995 年)

(61) 许多地方由于竭泽而渔似的滥垦滥伐,使森林植被遭到大面积的毁坏……(《人民日报》1996 年)

正因为"毁坏"一词缺少"使+N+V"的结构的用法,因而它不是作格动词。

(三)确定作格动词的标准之三

黄正德(1990)曾讨论过,像"衣服洗了"不是作格句,原因有两点:第一,像"洗、写、吃"之类的动词在一般语言里都没有作格用法;第二,像"衣服洗了"这一类句子和一般的作格句语义上很大的不同,就是这些句子虽然没有明白指出施事者是谁,但却蕴含施事者的存在,如可说成"衣服,她洗了"。但真正的作格句却不蕴含施事者的存在。我们这里说"衣服洗了",如果不蕴含施事者的存在,可以受"自己"的修饰,但不能说"衣服自己洗了",因而"洗"也不是作格动词。

像"洗"之类的动词究竟是否作格动词,我们研究"洗"这类动词虽然有"NP$_1$+V+NP$_2$"和"NP$_2$+V"句式的转换,但是"洗"这个动作并不是由外力引起的,于是我们针对作格动词在"NP$_2$+V"句式中的表现,提出标准Ⅲ:

Ⅲ:看该动词能否受"自己"修饰,能否出现在"NP$_2$+自己+V了"的句式中,如果能出现在该句式中,则是作格动词;如果不能,就不是作格动词。

用标准Ⅲ确立作格动词,也可以排除像"洗"之类的动词。更为重要的是,标准Ⅲ可以把"开、关、化、暴露、灭"等动词包括在作格动词之列,因为这些动词可以出现及物和不及物的交替,但是不能出现在"NP$_1$+使+NP$_2$+V"的句式中,而以这类动词所构成的例句如"门开了"、"船沉了"、"扣子掉了"是不需要外力的介入就可实现的,状态可以"自行发生"。这些句子可以不隐含施事而存在,这类动词所带的论元也是域内论元。针对这类动词的作格性,我们发现它们大都能受"自己"修饰,如"门自己开了"、"事情自己暴露了"等,表明这些动作不需要外力的介入,表明某种状态的存在。

注意这一条标准是在满足第一条标准的基础上提出的,加上"NP$_2$+自己+V了"这条标准主要是为了测试状态的"自行发生",不需要外力的介入。

(四) 三条标准的满足次序

我们设立了这样三条确立作格动词的标准,简要概括如下:

Ⅰ.看该动词有无"NP$_1$+V+NP$_2$"和"NP$_2$+V"的同义句式的转换现象。

Ⅱ. 看该动词能否出现在使令句中，即这个动词能否出现在"使＋NP＋V"的句式中。

Ⅲ：看该动词能否受"自己"修饰，能否出现在"NP＋自己＋V了"的句式中。

这三条标准有没有满足的次序呢？有的，第一条标准是必须满足的，第二条、第三条是可选的。也就是说，作格动词必须满足两条或两条以上的标准，如满足第一条和第二条标准，或满足第一条和第三条标准。或者同时满足三条标准，如"改变、转变"等。

调查了孟琮、郑怀德等编的《汉语动词用法词典》中的1223个动词，发现共有下列123个动词满足第一条和第二条标准：

安定 败坏 爆发 便利 出动 成立 澄清 充实 纯洁 纯净 淡化 动摇 端正 断绝 饿 恶化 发挥 发展 繁荣 方便 分裂 分散 丰富 腐化 改变 改进 改善 感动 贯彻 贯穿 巩固 孤立 固定 规范 和缓 轰动 毁灭 活跃 缓和 缓解 涣散 荒废 荒疏 恢复 活动 集合 集中 激荡 激化 加大 加固 加快 加强 加深 加速 加重 坚定 减轻 减少 健全 降低 结束 解决 惊动 惊醒 开通 开展 夸大 扩大 扩充 满足 麻痹 迷惑 密切 明确 模糊 暖和 平息 平定 平整 普及 启动 清醒 溶解 溶化 软化 实现 缩小 疏散 疏松 提高 透露 统一 通过 突出 瓦解 完成 为难 委屈 温暖 稳定 稳固 消除 形成 削弱 延长 摇晃 摇动 转动 转变 增产 增加 增强 增长 展开 振奋 振作 震动 震惊 镇定 滋润 转变 壮大

符合标准Ⅰ和标准Ⅲ的作格动词有：

开、关、化、暴露、变、灭、消灭、毁灭、熄灭、着 zháo（3）①

---

① 表示"着"（zháo）的第3个义项——"燃烧，也指灯发光（跟'灭'相对）"。

这三条标准中，第一条标准是必须满足的，第二条和第三条标准是可选的，那么第二条标准和第三条标准是一种什么样的关系呢？

第二条标准和第三条标准是一种析取（disjunction）关系。按照《现代语言学词典》的解释："'析取'原为形式逻辑术语，现用于语言学好几个领域特别是语义学的理论框架，指将两个命题联系起来使其具有'或……或……'关系的过程或结果。析取关系通常可作相容的（inclusive）和不相容的（exclusive）两种理解。相容析取是，如果两个命题有一个为真或同时为真，析取式就为真；不相容析取是，只有当两个命题有一个为真（但不同时为真）时析取式为真。"我们这里确立的作格动词的第二条和第三条标准是相容的析取（inclusive disjunction）关系。因为第二条标准和第三条标准可同时为真。

第二条标准和第三条标准分别是针对作格动词在双论元句和单论元句的表现而设立的，即标准Ⅱ是针对作格动词在"$NP_1 + V + NP_2$"的句式中的表现而设立的，标准Ⅲ是针对作格动词在"$NP_2 + V$"的句式中的表现而设立的。确立作格动词这一小类，实际上也反映了这一类动词的论元结构的动态性，既可以带双论元，又可以带单论元。

也就是说，真正的作格动词必须满足两条或两条以上的标准。如满足第一条和第二条标准的作格动词，如"安定、败坏、爆发"等；或满足第一条和第三条标准的动词，如"开、灭"等；或者同时满足三条标准的作格动词，如"暴露、改变、转变"等。

作格动词的设立标准实际上是针对作格动词特有的语义特征而定的，作格动词既能由外界事物"致使"而生，又能自发产生，融合了"他变"和"自变"两种情况，为此我们设立了三条句式上的标准来衡量作格动词，期望我们所设立的形式上的标准揭示了作格动词的语义特征。

三、作格模型之一——"X 化"

作格动词并不少见,作格模型是一种能产的模型,下面来研究这种模型的个案——"X 化"。

(一) 关于英语的后缀-ize

Keyser & Roeper (1984: 390) 发现了作格模型 (formation) 的能产性,在科技英语和商务英语中,出现了大量的带后缀-ize 的构词,如:

(62) alkalinize alkalize Americanize anatomize
automatize capitalize centralize channelize
demagnetize demilitarize demobilize equalize
federalize generalize harmonize hybridize
……

在合适的情形下,这些词允许及物和不及物的动词形式,可以作为"作格化"(ergativize) 的一个证据,[①] 如:

(63) a. We generalized the solution.
b. The solution generalized.
c. We centralized the drpartment.
d. The drpartment centralized.
e. We demagnetized the recording head.
f. The recording head demagnetized.

但要注意不是所有的带-ize 后缀的词都有作格模式,如: authorize, characterize, dramztize, demoralize, sympathize, utilize, vis-

---

[①] Lemmens (1998: 92) 认为这种"作格化"是及物动词的作格化。

ualize 等词就不能应用作格规则。

(二) 汉语的"X 化"

李临定（1990：126）认为以"化"为词尾的动词往往也是内动词，如"僵化、硬化、退化、风化、磁化、钙化、转化、淡化、儿化、融化、软化、绝对化、机械化、老化、进化、蜕化"等。但是我们认为，以"化"为词尾的动词不一定都是不及物动词，有些词既可以做不及物动词用，还可以做及物动词用。

前面提到过汤廷池（2002）考虑了作格动词"化"的意义与用法，单纯动词"化"有使动及物用法和起动不及物用法，那么以"化"为后缀是否也能构成作格动词呢？这些问题需要具体进行讨论。下面以"恶化、淡化、腐化、软化、融化、激化、净化"等词为例，讨论"X 化"类词的作格性。

【恶化】

关于英语的 deteriorate，Levin & Rappaport（1995）认为它只能够表示内部的致使，但是 McKoon & Macfarland（2000）认为直觉并不能一致判定 deteriorate 是内部致使还是外部致使，因为 deteriorate 有时也可以有及物用法，如：The sea air deteriorated the steel work。

《现代汉语词典》认为"恶化"和"淡化"都有致使义和非致使义的交替，如下所释：

【恶化】(1) 情况向坏的方面变：防止病情～。(2) 使情况变坏。

我们认为汉语的"恶化"大部分出现于"$NP_2 + V$"的句式中，如：

(64) 秦可卿何止千日，而那激动人心的一时，眼看近了，近了，却又突然延宕，还不仅是延宕，到头年中秋过后，情势竟恶化起来！（刘心武《秦可卿之死》）

(65) a. 她的病情恶化，一天天衰弱下去，肚子却一天天大起来，行动越来越不方便。(巴金《怀念萧珊》)

例 (65) 中 "她的病情恶化" 在句式的变换上有下列表现：

(65) b. 她的病情恶化了→她的病情自己恶化了→*她恶化了病情

通过 (65b) 的变换，可以发现 "恶化" 是不能以有生的 "人" 为使因的。"恶化" 也可以带致使的原因，不过这个使因一般都是事物或事件，如：

(66) 科夫日前强调，国际社会应平等对待波黑各方，逮捕卡拉季奇只能是恶化波黑局势，而恢复对南斯拉夫的制裁则意味着葬送和平进程。(《人民日报》1996 年 6 月)

(67) 在两国经贸关系中，仍然存在一些人为因素，影响甚至恶化了美国高技术产品的对华出口的环境。(《人民日报》1996 年 5 月)

例 (66) 中 "恶化" 的 "致事" 是一个事件，是 "逮捕卡拉季奇" 这个事件，那么这个使因位于 "恶化" 前做主语，这就说明 "恶化" 在例 (66) 中的句式应该描写为 "X + V + NP$_2$"，这个 X 在例 (66) 中是一个 VP。例 (67) 中 "恶化" 的 "致事" 可以说是事物——"人为因素"。

鉴于 "恶化" 能出现在 "X + V + NP$_2$" 的格式中，考虑 "恶化" 是及物动词还是不及物动词呢？王俊毅 (2004) 认为 "恶化" 是一个 "一元不及物动词"，说这一类动词只能支配一个名词性成分，这个成分出现在主语位置上，其基本句式是：N + V。如 "粮食丰收了"、"我辞职了" 和 "病情恶化了"，我们这里想说明的是 "恶化" 与 "辞职"、"丰收" 不一样，"辞职"、"丰收" 永远是不带宾语的，而 "恶化" 可以带宾语，如 "无休无止的劳累恶化了病情"，因此 "恶化" 并不是一个典型的一元不及物动词，而是一个作格动词。

"恶化"还可以和"使"连用,构成"使 + N + V"的结构,如:

(68)结果,连续多年的思想改造运动,造成了当代文人性格的扭曲,也使一些人品行恶化。(《曾卓文集》第三辑)

(69)由于各种原因使生态环境恶化,昔日的沃野良田变成了不毛之地,终于形成了今日的65平方公里沙漠。

(70)日元大幅度升值,使许多日本出口型企业经营恶化,特别是汽车、机电产业。(《人民日报》1995年6月b版)

【淡化】

"淡化"可以是外部致使,而且这个外部致使可以是有生的"人",如:

(71)但米切尔并不照搬公式,她对她笔下的女主人公抱一种超脱公允的态度,既不热烈颂扬她的魅力,也不淡化或原谅她的缺点。(《作家文摘》1993)

"淡化"可以和"使"连用,如:

(72)对于嫉妒,有的人能克制自己不采取攻击性言行,控制它,适应它,使之逐渐淡化,甚至能够利用它转化为积极的竞争行为。(王登峰、张伯源主编《大学生心理卫生与咨询》)

(73)她认为只有现代科学技术进入管理阶层,才能使官僚体制淡化。(李国文《情敌》)

"淡化"还可以和"在"连用,如:

(74)我发现我不认识他们,随着五官的清晰毛孔的扩大扩大我觉得这一张张脸上熟悉的特征在淡化在消逝,变成一个个陌生的鼻子、眼睛和嘴组成一张张生疏的形象迥异的脸重重叠叠。(王朔)

【腐化】

"腐化"在《现代汉语词典》的解释是有着致使义和非致使义的交替的,如:

【腐化】动(1)思想行为变坏(多指过分贪图享乐):生活~|贪污~。(2)使腐化堕落;腐蚀②。封建余毒~了一些人的灵魂。(3)腐烂①:那具尸体已经开始~。

"腐化"的义项(2)和义项(1)的解释,分别是"致使"义和"非致使"义的配对,"致使"义对应于"NP$_1$ + V + NP$_2$"的句式,"非致使"义对应于"NP$_2$ + V"的句式,句法结构和语义结构呈现整齐的一致。如"NP$_1$ + V + NP$_2$"对应于的"致使"义:

(75)作品的产量很大,却有相当多是平庸的、粗制滥造的,甚至是腐化人的心灵、毒化社会空气的。(《人民日报》1996年12月)

(76)值得注意的是,国内外敌对势力沆瀣一气,提出"用金钱物欲来腐化这个政府","促进这个社会的演变"。(《人民日报》199606)

还有"NP$_2$ + V"的句式对应于"非致使"义的现象,如:

(77)可不能经济上去了,社会风气败坏了;生活富裕了,我们的干部腐化了。(《人民日报》1996.01)

(78)成克杰身为高级干部,滥用职权,大肆收受贿赂,腐化堕落,影响十分恶劣,受到严肃查处。(《人民日报》2004.04)

【软化】

《现代汉语词典》对"软化"的解释有四条义项,如下所释:

【软化】动(1)(物体)由硬变软:骨质~。(2)

（态度、意志）由坚定变成动摇；由倔强变成顺从：态度逐渐~。（3）使软化：~血管。（4）指用化学方法减少或除去水中钙、镁等的离子，使符合生产用水的要求。（《现代汉语词典》）

我们认为"软化"的义项（1）和（3）可以构成作格用法的作格句式和中介句式，而且义项（2）和（3）也可以构成作格用法，指"（态度、意志）由坚定变成动摇；由倔强变成顺从"时，"软化"不仅有"NP_2+V"的用法，而且有"NP_1+V+NP_2"的用法，如：

（79）估计英国在进一步软化其选举主张的同时，会以更大的耐心对待各种新建议。（《人民日报》1996.02）

（80）为了争取温和人士的支持，内塔尼亚胡最近也软化了对奥斯陆协议的立场，他认为这虽是一个"很坏的协议"，但他若……（《人民日报》1996.05）

（81）（3）在竞选中，他不失时机地软化对和平问题的立场，竞选成功后又许诺要继续和平进程，即是证明。（《人民日报》1996.06）

（82）（4）耿林的投降态度软化了娄红，她也坐到耿林的对面。（《比如女人》）

"软化"还可以出现在"NP_2+V"的句式中，如：

（83）（5）一些银行似乎也飘起来了，花钱大手大脚，内部管理软化，金融犯罪也时有出现，动辄损失成千上万。（《人民日报》1995.04a）

（84）（6）二是事权与财权不统一，预算约束软化，财力分散。（《人民日报》1996.10）

（85）（7）我完全软化了，像一摊被践踏的泥行将稀烂。（王朔《看上去很美》）

"软化"还可以出现在"使"字句中，如：

(86)（8）这种生活有种诱惑力，使人软化，甘心的软化。（老舍《文博士》）

正因为"软化"在指人的"态度、意志"时，有作格用法，所以我们认为《现代汉语词典》在编写该词的义项时，可以考虑到"软化"有"NP$_1$ + V + NP$_2$"的用法，最好在"软化"的义项（3）"使软化"的解释上，除"软化血管"的例句外，增添"软化立场"之类的例句，表明"软化"在指人的"态度、意志"时，也有致使义。这一点《现代汉语规范词典》就做得比较好，如：

【软化】（1）动（物质）由硬变软：蛋壳遇酸～。

（2）动比喻（意志、态度等）由坚定变为动摇：对方的态度已开始～。（3）动使软化：～血管｜～意志。（《现代汉语规范词典》）

【融化】

英语的 thaw 被列为外部致使，汉语的"融化"，虽然语言学当中有很多讨论，说它是一个作格动词，经过语料检索，发现"融化"有着"NP$_1$ + V + NP$_2$"和"NP$_2$ + V"的转换，而且"融化"还能出现在"使"字句中，并能受"自然"的修饰，如：

(87) 冰岛东部瓦特纳冰原区的一座活火山二日开始爆发，高温融化了冰层，造成河水暴涨。（《人民日报》1996）

(88) 到了5000米以上的地方，积雪自然不会融化了。（《中国儿童百科全书》）

(89) 有时如不急于需要，也可预先打一块冰下来，放在屋内，让其自然融化成水。（《读者》合订本）

(90) 他始终坚持马克思主义的实践观，使之融化在改革开放的全过程中，得到了生动的体现和发展。（《人民日

报》1996.03)

以上的例证说明"融化"是作格动词,但《现代汉语词典》的解释就只有一条义项:

【融化】 动 (冰、雪等)变成水。也作溶化。

也许"融化"的义项可以变成两条,如同下面的"激化"一样,尝试对"融化"解释如下:

【融化】 动 (1)(冰、雪等)变成水。也作溶化。(2)使融化:~冰层。

【激化】

"激化"在《现代汉语词典》的解释中有两条义项,如:

【激化】 动 (1)(矛盾)向激烈尖锐的方面发展:避免矛盾~。(2)使激化:~矛盾。

"激化"在语料中也确实有着 $NP_1 + V + NP_2$ 和 $NP_2 + V$ 的句式,如:

(91)这不仅解决不了自己的问题,反而会更加激化了冲突的情境,最终反而付出更大的代价,也在无形中增加了适应的困难。(王登峰、张伯源《大学生心理卫生与咨询》)

(92)薛秀兰和赵子玉夫妻感情不和,加上对待女儿的婚姻问题的分歧,家庭矛盾日益激化,以至于老两口成为仇人,见面非骂即打。(《作家文摘》1996)

"激化"也可以构成"使+N+V"的句式,如:

(93)不想一桩意外使事情迅速激化,易怒的福临简直是勃然大怒了。(凌力《少年天子》)

值得注意的是"激化"在当"使激化"义时,它的主语通常是一个小句或短语做主语,如:

(94)特别是失恋会增加他们对自己各个方面的消极看法,因而也就激化了适应中的问题。(王登峰、张伯源《大

学生心理卫生与咨询》）

（95）由于"理想自我"与"现实自我"的差距较大，也就更加激化了她对自己学习的担心，因此使她总担心自己发挥不出应有的潜能。（王登峰、张伯源《大学生心理卫生与咨询》）

【净化】

《现代汉语词典》对"净化"的解释如下：

【净化】动 清除杂质使物体纯净：~污水｜~城市空气◇~心灵｜~社会风气。（《现代汉语词典》）

"净化"一词，《现代汉语规范词典》对它的解释大致与《现代汉语词典》相同，如：

【净化】动 清除物体中的杂质，使纯净：~空气◇思想得到~。（《现代汉语规范词典》）

《现代汉语词典》着重说明词的本义和比喻义，《现代汉语规范词典》也是如此，二者还强调了"净化"的致使义，固然不错，而且"净化"的致使义还是主流，但语料中也出现了"净化"的"非致使义"用法，如：

（96）（1）但是经过儒家的解释，这些方面都［净化了］。（冯友兰、涂又光《中国哲学简史》）

（97）过去，我也是红尘里的一分子，后来自己［净化了］一阵，去适应我的丈夫——荷西。（《读者文摘》）

所以，可以说"净化"有一种"作格"用法的趋势，也可以看作是对"X化"格式的"趋同"。

"X化"类的词与作格规则综合考虑上面讨论的"X化"类的词，这些词"恶化、淡化、腐化、软化、融化、激化、净化"都有作格用法，体现了作格规则的能产性。为什么这一系列的词都有作格用法呢？虽然吴为章（1982）就指出"X化"词根和词缀之间暗含有结果和动作的关系，但我们认为这不是造成"X化"作格的主要原因，而是由于"X化"类的词表示了"状态的变化"，无独有偶，英语的后缀-ize 也表现了作格的特性，这可以说是语言共性的一种反映。

应该指出的是，并不是所有的"X化"词都有作格用法，比如："优化、毒化、绿化、强化、感化、丑化、退化"等就不具备作格用法。

"恶化"的反义词——"优化"，却不具备作格用法，"优化"在无标记的情况下，通常只有"$NP_1 + V + NP_2$"和"$V + NP_2$"的句式的用法，如：

　　(98) 从 1988 年下半年以来，他们在呼市教育科研所的指导下，开始整体优化教学改革，在全面提高学生素质、减轻学生负担方面做了大胆的尝试和探索。(《人民日报》1995 年 3 月 24 日第 4 版)

　　(99) 优化生产流程，变间断生产为连续生产（马忠普等：《企业环境管理》）

　　(100) 1986 年以后，通过发展星火项目，优化第一产业，调整第二产业，发展第三产业，实现了以农为主向以工为主的历史性转变。(《人民日报》19955 年 3 月 23 日第 2 版)

　　(101) 针对这一实情，我和大家反复研究，确定了工作的基本思路：夯实农业基础，优化工业结构，着力外向开拓，依靠科技进步，提高经济效益，保持适度增长。(《人民日报》1995 年 3 月 25 日第 8 版)

"优化"只有"$NP_1 + V + NP_2$"句式的用法，和它的语义表现也是一致的，如《现代汉语词典》对于"优化"的解释就只有一条义项，如：

　　【优化】 动 加以改变或选择使优良：～组合｜～设计

|～环境|～产业结构。

《现代汉语规范词典》对于"优化"的解释更加明了地强调致使义，如下所释：

【优化】动 使变为优秀、优等。～产业结构|～企业管理。

"优化"在有标记的情况下，可以出现"NP$_2$ + V"的句式转换现象，比如下面例子中的对举现象：

（102）2004年上半年北京别墅市场：供给明显减少品质更加优化。（《参考消息》2004年9月3日）

董为光（2004）指出，双音节形容词加上后缀"化"，并不能带使动宾语，而只能是具有"变成……"的语义。如："规范"，可以说"规范企业管理"；但"规范化"，只能说"企业管理规范化了"。其他如：多元化、多样化、科学化、大众化、庸俗化、合理化、白热化等都是。这种双音节形容词带上"化"，确实不能构成作格动词。如：

（103）而苏小妹用一个"扶"字，将轻风与细柳拟人化了，写出了细柳的纤弱形态；一个"失"字，写出了淡淡的月光中梅花隐隐约约的朦胧美景……（《中国儿童百科全书》）

（104）大象，觉醒的大象把殖民主义者推翻，使非洲人民要独立的概念形象化了。（《中国儿童百科全书》）

（105）蒂斯（1869－1954）的壁画稿《舞蹈》用一圈手拉手、概括化了的人体组成图形，给人以奔放的激情和欢快的韵律感。（《中国儿童百科全书》）

四、其他相关问题

(一) 非宾格动词与作格动词的区别

经常看到"非宾格动词"(unaccusative verb)和"作格动词"两个术语混用的情况,那么非宾格动词和作格动词到底有没有区别?它们在句法表现上有什么区别?各家学者是怎么看待的?

以 Perlmutter(1978)为代表的关系语法研究里使用"非宾格动词"这一术语,而在以 Burzio(1986)为代表的 GB 理论的研究框架里则采用"作格动词"这一术语。

很多学者并不区分"非宾格动词"和"作格动词",比如 Bussmann(1996)说:"非宾格动词"又名"作格动词",指的是诸如德语、荷兰语、意大利语或法语等主格语言中的一类不及物动词。非宾格(作格)的术语可以指语言类型的差别,作格(非宾格)语言中,单论元句的主语与双论元句的宾语使用相同的句法标记。

顾阳(1996)提到:"一般认为动词的大类划分为(1)及物动词(transitive verb);(2)不及物动词(intransitive verb)或非作格动词(unergative verb);(3)非宾格动词(unaccusative verb)或作格动词(ergative verb)或起动动词(inchotative verb)。"[①] 这里的"非宾格动词"是和"作格动词"等同的,"非宾格动词"实际上是相当于"非作格动词"来谈的。动词的大

---

① 关于"非宾格动词(unaccusative verb)"和"非作格动词(unergative verb)"的翻译,还有不同的译法,徐烈炯(1995)把 unaccusative verb 译为"非役格动词",把 unergative verb 译为"非通格动词"。

类是三分：及物、非作格、非宾格。

徐杰（1999）赞成 Burzio（1986）的观点，Burzio 接受并发展了 Perlmutter 的"非宾格假说"，认为不及物动词应分两类：一类是"夺格动词"（即 ergative verbs，又译"动者格动词"，又称 unaccusative verbs）；另一类是普通的不及物动词。这个分类虽然把"非宾格动词"译为"夺格动词"，但实际上"非宾格动词"和"作格动词"是等同的。

杨素英（1999）也讨论了汉语中非宾格和非作格动词两分的句法证据，也就是显性非宾格现象。此显性非宾格现象使得非宾格现象在汉语中主要是一个句法现象：非宾格动词的唯一论元可以在某些情况下出现在宾语的位置上，而非作格动词却不可能出现在宾语的位置上。

上述文献都没有论述非宾格动词和作格动词的区别，值得注意的是影山太郎（2001）举例说明了"非宾格动词"和"作格动词"二者的区别，如：

A traffic accident happened.（非宾格动词）

*The driver happened a traffic accident.

He opend the door.（作格动词）

The door opened.

影山认为非宾格动词和作格动词在句法上虽然具有"非宾格"这一共性，但是在语义结构上却存在着重大的差异。影山太郎（2001：147）把"open、break"等可以不改变形式直接转变为及物动词的不及物动词称为"作格动词"，把"occur、happen、appear"等没有对应的及物动词的不及物动词称为"非宾格动词"。

影山所列的非宾格动词①有：

be、appear、arise、occur、happen、disappear、vanish、emerge、elapse、exist、remain、erupt、ensue、arrive、thrive、flourish

作格动词有：

break、crack、crash、crush、shatter、split、tear、abate、alter、burn、dry、sink、change、close、decrease、diminish、explode、expand、increase、inflate、freeze、multiply、bounce、drift、drop、float、move、roll

非宾格动词和作格动词术语的差别，一方面是沿袭了哪一位学者的说法的问题；另一方面也折射了是着重于及物还是不及物的问题。前面已论述了 Perlmutter（1978）把不及物动词分为两类：非宾格动词和非作格动词。正如 Levin & Rappaport（1995：17）所说："非宾格动词主要聚焦于一些不及物动词的单论元表现出类似于宾语的性质，而不管表层结构中及物动词的主语。"而作格动词也关注动词在及物句中的表现。

我们认为在汉语中非宾格动词和非作格动词也是有所区别的，非宾格动词有着"V + NP$_2$"及"NP$_2$ + V"的转换，说明非宾格动词只有一个论元，没有"引发者"，是单论元动词。比如"停"就只有非宾格用法，只带一个论元：

(106) a. 停电了。
b. 电停了。

我们把汉语中类似于"停、来"之类的动词，称之为非宾格动词，它们一般只带一个单论元，同时有着"V + NP$_2$"及"NP$_2$ + V"的转换，如：

---

① 影山太郎把非宾格动词称为非对格动词，为了行文一致，我们把影山所说的"非对格动词"称为"非宾格动词"。

(107) 我觉得标语总还是时髦的，咱们不妨也来个两张，区区想贴在东西牌楼的有八个大字，"说自己的话，老实地"。(俞平伯《"标语"》)

(108) 盼望着，盼望着，东风来了，春天的脚步近了。(朱自清《春》)

(109) 那一年我三岁时，听得说来了一个癞头和尚，说要化我去出家，我父母固是不从。(《红楼梦》)

(110) 如今来了这么一个神仙似的妹妹也没有，可知这不是个好东西。(《红楼梦》)

"发生"一般只带一个论元，这个论元可以在动词前，也可以在动词后：

(111) 可是，在这里就发生问题了。就是男女们还分不分呢？(俞平伯《风化的伤痕等于零》)

(112) 排外这事情自然会发生的，假如真来欺侮咱们。(俞平伯《我生的那一年》)

"发生"前面可出现处所论元，构成存现句：

(113) 咱们国内近百年似乎发生了一桩大事。(俞平伯《随笔两则》)

"发生"若带"事情"之类的宾语时，就不会构成 NP$_1$ + V + NP$_2$ 的句式，因而"发生"是非宾格动词，而不是作格动词。但"他们发生了意外"、"意外发生了"却可以说，也许"发生"这个词正处于从非宾格动词向作格动词过渡的阶段。

下面详细讨论气象动词充当非宾格动词的情况，以及"断、沉"等非宾格动词的个案分析。

1. 气象动词

按照 Zhou（1990）的观点，有些气象（weather）动词只有一个论元，逻辑主语次范畴化（subcategorized）于宾语位置，如"下了雨"就是如此。《现代汉语词典》中"下^2"大约指的是动

第二章 汉语作格动词的判定

词的用法，其中"下²"的第（2）条义项：（雨、雪等）角落，可以有非宾格用法，而"下"做动词讲时，别的义项则不存在非宾格的用法，比如义项（1）：由高处到低处：~山｜~楼｜顺流而~。该义项就没有"下山了"和"山下了"的转换。而"下雨了"和"雨下了"则可以。同理，"出太阳"的"出"也应该是非宾格动词。

2. "断"

徐杰（1999）认为"断"是非宾格动词，我们也赞同，我们着重于讨论"断"的"V+NP₂"及"NP₂+V"句式的交替，先看"断"的"V+NP₂"用法，如：

（114）去年在全国推行金融资产"实名制"，令贪官污吏难筑金库，断了黑财。（《人民日报》1995年1月）

（115）送工人登岛的船因风浪急，两次都断了锚，第三次在渔民的帮助下方获成功。（《人民日报》1995年1月）

再看"断"的"NP₂+V"用法，如：

（116）但齐怀远如果无意或有意碰了他一下，譬如说摸了一下他的手，他脸上虽无变化，但被接触部位会倏地一颤，谈话也会戛然而止，似乎什么东西被从他们之间冷丁抽走了，线断了。（王朔《我是你爸爸》）

（117）煤气的供给幸而没有断，自来水却没有。（张爱玲《倾城之恋》）

（118）忽然嘎的一声，铁闩就断了，于是人们便蜂拥过去。（端木蕻良《记一二·九》）

"断"前有的可以加上"自己"修饰，如上面的例（118）可以进行下列变换：

（118）a. 铁闩断了 → b. 铁闩自己断了

"断"出现在"NP₁+V+NP₂"句式的用法中，是很受限制的，如：

(119) a. 所以牺牲救国同盟会上党中心区办事处的王兴让同志，在和我们用左手（因为他断了右臂）握了手……（卞之琳《长治马路宽》）

b. 他断了右臂→c 右臂断了→d 他的右臂断了≠e 断了他的右臂。①

(120) a. （父亲一死）家里的生活立刻就断了来源。（郭继懋1990年例）

b. 家里的生活立刻就断了来源→c 来源就断了→d 家里的生活的来源立刻就断了≠e 立刻就断了家里的生活的来源。

(121) a. 况且在事实上已经是如此，在我离开我的学校的两个星期以前，她就跟我断了音信。（关露《仲夏夜之梦》）

b. 她就跟我断了音信→c. 音信就断了→d. 她跟我的音信就断了→e. 就断了她跟我的音信。

(122) 正值最需要资金投入时，国家实行宏观调控，银行收紧银根，断了信贷渠道，机场所需资金怎么解决？（《人民日报》1995年7月）

注意在例（118）－（121）中，NP_1 和 NP_2 之间的领属关系。如"他断了右臂"中，"他"和"右臂"之间有一种领属关系，因而 NP_2 实际上是 NP_1 的一部分。再如（123）－（125）：

(123) 谁曾想，去年一场大病使他几乎断了重返田坛的念头。（《人民日报》1995年8月）

(124) 这次对他打击太大了，他断了婚念，更迷黄汤，整日醉醉醺醺，浑浑噩噩。（叶大春《三瘾录》，载《佳

---

① e固然能说，但是e和b的意思并不相同。b只是强调"他断了右臂"这种状态，而e从语感上说，觉得话没说完，要不就是作祈使句理解。

作》)

（125）见两方面都不肯让步，那么，清官难断家务事，有机会便溜了吧。（老舍《骆驼祥子》）

例（125）出现的"$NP_1 + V + NP_2$"用法，是俗语，也可以说是古代汉语语法在现代汉语语法里的遗留。

3."沉"

"沉"在《现代汉语动词大词典》中有内动与自动的区分，有如下解释：

沉：（1）＜①内动＞（在液体里往下落）。【基本式】当事（小孩儿、鸡、船、瓶子）+沉：船沉了。｜沉了一只船。＜②自动＞＜在液体里往下落＞。【基本式】施事（教练、青年、鲤鱼）+沉：潜水员慢慢沉下去了。（2）＜内动＞往下落（多为比喻义）。【基本式】当事（心、脸色）+沉：我的心都沉下去了。

比如"沉"在下列例子中是不涉及客体的，也是不自主的，我认为是一种内动，如：

（126）完全清醒之后还记得很真切，像被海潮打上岸来的两块木板，船已全沉了。（老舍《猫城记》）

（127）那人又将头转了回去，把被许多小石头压在河里的衣服提出来，在水面上摊平，然后又将小石头一块一块压上去，衣服慢慢沉到了水底。（余华《河边的错误》）

（128）到饥饿使他们不得不抱着疼痛的肚子滚起来的时候，太阳又将西沉了。（靳以《雄鸡的死亡》）

（129）沙滩仍是那么遥远，穿着点点彩色泳装的肉色人群无声无息地活动着，像另一个快乐尘世的人们，蓝汪汪的海水无情地隔开了我，万籁俱寂，我沉了下去。（王朔《浮出海面》）

我们认为现代汉语词典中的"沉"是非宾格动词，因为

"沉"很少出现带双论元的用法,上面所举的例(126)-例(129)都是带的单论元,有带所谓"双论元"的用例,如下面的例(130)-(132),但这些例子中的NP$_1$和NP$_2$之间有领属关系,如:

(130)她沉下脸,从墨镜后盯着我。(王朔《过把瘾就死》)

(131)苏小姐沉着脸不响,曹元朗才省悟话说错了。(钱钟书《围城》)

(132)三条船在海上被英海军包围,自动沉了两艘,第三条逃回德国,保险商究竟应否负赔偿责任?(萧乾《矛盾交响曲》)

因"沉"不大出现带双论元的用法,而又有着"V+NP$_2$"及"NP$_2$+V"的转换,所以把"沉"列为非宾格动词。

像"沉"这一类的词,它们所造成的"NP$_2$+V"的句式,还是更常见的,如:

(133)这时才有人议论:船沉了也是天意,或许洼狸镇再不该有船。(张炜《古船》)

(134)一条船沉了,但几年之后又有一条船出现了。(张炜《古船》)

"沉"的这种他动和自动用法的配对,其根源还在于"沉"在这些例子中有使动用法,《现代汉语词典》中解释"沉"的第3条义项为:

沉:(3) 动 使降落;向下放(多指抽象事物):~下心来|~得住气◇把脸一~。

此外,"沉"可以受"自己"的修饰,如:

(135)a. 船沉了。
　　　b. 船自己沉了。

我们初步考察现代汉语的"非宾格动词"有:

变 沉 产生 呈现 出 出现 存在 发（3、7）[1] 发生 断 降 来 落 散（sàn）死 停 停止 响 下（2）消失 谢（4）

（二）有致使义的动词不一定就是作格动词

也不是所有的含有"致使"义的动词都有作格的转换用法，比如"困扰"一词就是。"困扰"有"致使"义，《现代汉语词典》是这样解释"困扰"的：

【困扰】动 围困并搅扰；使处于困境而难以摆脱：游击队四处出击，~敌军｜这几天被一种莫名的烦恼所~。

"困扰"常和"使"连用，如：

(136) 王香火选择了道旁的青草往前走去，从而使自己的双脚不被烂泥困扰。（余华）

《现代汉语规范词典》和《现代汉语词典》的解释大致相同，就是例句不一样。我们认为"困扰"就只有致使义的用法，而没有非致使义的用法，在义项的解释上只需要"使处于困境而难以摆脱"就行了，即使要加上"围困并搅扰"的意义，这两个意义之间也不必用分号。"困扰"在句法上有"$NP_1 + V + NP_2$"的用法，而没有"$NP_2 + V$"的用法，如下面的例子就不能进行"$NP_1 + V + NP_2$"及"$NP_2 + V$"的转换：

(137) a. 这个对于别人来说再容易不过的问题，却困扰了她整整一夜。（毕永波《嫂子的葬礼》）

b. *她困扰了。

(138) a. 这个疑问曾经长时间地困扰着我。（余华）

b. *我困扰了。

---

[1] 这里的发（3、7）根据的是《现代汉语词典》(2005)的义项编排，下面的下（2）和谢（4）同。

(139) a. 这古城中做纸马匠的并不多,他们的重大贡献是为死者做"灵屋子",让后人抬着在青草萋萋的坟地焚化,以使亡故的老人在阴间不致被住房问题所困扰。(聂鑫森《天街》)

b. 我实在被这些梦困扰了。(余秋雨)

这说明"困扰"这一词的论元结构是"某事或某物困扰着(了)某人",或者是"某人被困扰了",那么"困扰"不能进行这种使动及物和起动不及物的交替,因而也就不是作格动词,虽然它含有致使义。

"粉碎"一词含有致使义,如《现代汉语词典》的解释:

【粉碎】(1) 形 状态词。碎得像粉末一样:茶杯摔得~。(2) 动 使粉碎:~矿石。(3) 动 使彻底失败或毁灭:~敌人的进攻。

"粉碎"做谓语时,经常出现的句式是"NP$_1$ + V + NP$_2$",没有"NP$_2$ + V"的句式,有"NP$_2$ + 被 + V"的句式,而且这个被动标记不能被去掉,否则句子不大能成立,如(142b)、(143b):

(140) 红军粉碎了国民党军队的围追堵截,于 1935 年 10 月胜利地结束了长征。(《中国儿童百科全书》)

(141) 苏军出兵中国东北粉碎了日本关东军主力。(《人民日报》1995 年 8 月)

(142) a. 进攻莫斯科的突击集团被击溃,德军从南北两面突击莫斯科的企图被粉碎了。(《人民日报》1995 年 5 月)

b. ? 德军从南北两面突击莫斯科的企图粉碎了

(143) a. 至四月十四日,日伪对我盐阜区历时近五十余天的大扫荡被彻底粉碎。(《人民日报》1995.07b)

b. ？日伪对我盐阜区历时近五十余天的大扫荡彻底粉碎。

"粉碎"一词在义项（3）中没有"$NP_1 + V + NP_2$"和"$NP_2 + V$"的交替，也可以说，该词没有致使和非致使的交替，所以，它不是作格动词。义项（2）中的"粉碎"根本就没有出现在"$NP_1 + V + NP_2$"的句式中，而是出现在定中结构中居多，或者出现在类似于"$NP_2 + V$"的句式中，如：

（144）江苏江阴市祝塘永欣低温设备厂最近研制成低温［粉碎机］系列产品。（《人民日报》1995 年 1 月）

（145）地直小学六年级学生郑兆东在挤公共汽车时，左腿被汽车轧成开放性［粉碎性骨折］。（《人民日报》1995年 3 月）

（146）北京市加气混凝土厂的一个试验车间，记者看到粗筛过的陈旧垃圾，［粉碎］后经原料输送带送进料仓，与其他原料一起搅拌后注入发泡池，便慢慢……（《人民日报》1995 年 2 月）

类似于"粉碎"这样含有致使意义的及物动词，还有"制造、拉拢、杀"等。《现代汉语词典》解释"制造"为："用人工使原材料成为可供使用的物品。"这里面含有使动用法，但却不能转换成 $NP_2 + V$ 的句式，只能形成 $NP_1 + V + NP_2$ 的句式，如"这家工厂制造了一批新型号汽车"。"拉拢"也是含有致使意义的及物动词，《现代汉语词典》解释"拉拢"道："为对自己有利，用手段使别人靠拢到自己方面来。""拉拢"也只能带两个论元，形成 $NP_1 + V + NP_2$ 的句式。《现代汉语词典》解释"杀"为："使人或动物失去生命；弄死。"但是"杀"只有及物用法。从上面所举的例子可窥见一斑，即作格和致使不是完全一致的，有致使用法的并不一定全具有作格用法。如果再分析一下"制造、拉拢、杀"这三个词的词义就可发现，"使"后都带有"关

系对象或关系事项",按照符淮青(1996:77)的解释是:

制造　用人工　使　原材料　成为　可供使用的　物品
　　　　d₁　　E₁　　D₁　　e　　　　　　E₂

拉拢　为对自己有利,用手段使别人　靠拢到自己方面来
　　　A　　　　　d₁　E_B　D₁　　E

杀　①使人或动物　失去　生命
　　　E_B　D₁　　E

具有作格用法的"安定、灭"的使动用法的解释在《现代汉语词典》中就和"制造、拉拢、杀"不一样,如:

【安定】(1)(生活、形势等)平静正常;稳定:生活~|社会秩序~(2)使安定:~人心。

【灭】miè (1)熄灭:火~了|灯~了。(2)使熄灭:~灯|沙土可以~火。(3)淹没:~顶。(4)消灭:灭亡:自生自~|物质不~。(5)使不存在;使消灭:~蝇|长自己的志气,~敌人的威风。

"安定、灭"中的使动用法中,"使"后面都没有带名词性成分,也就是义项的解释中都没有带"关系对象或关系事项"。义项(1)和义项(2)的配对,是中介句和作格句的交替。

我们调查了一下《现代汉语词典》,发现词典中有很多动词都只有"致使"义,没有"非致使义",因而动词没有"NP_1 + V + NP_2"和"NP_2 + V"的交替,所以不具备作格用法,如:

【妨碍】使事情不能顺利进行;阻碍:大声说话~别人学习|这个大柜子放在过道里,~走路。

【阻碍】(1)使不能顺利通过或发展:~交通|旧的生产关系~生产力的发展。(2)起阻碍作用的事物:毫无~。

【障碍】(1)挡住道路,使不能顺利通过;阻碍:~物。(2)阻挡前进的东西:排除~|扫清~。

第二章 汉语作格动词的判定

【招安】指统治者用笼络的手腕使武装反抗者或盗匪投降归顺。

【结案】对案件做出判决或最后处理,使其结束。

【拗】ǎo〈方〉弄弯使断;折:把竹竿~断了。

【提拔】〈轻〉挑选人员使担任更重要的职务。

【打扮】〈轻〉(1)使容貌和衣着好看;装饰:参加国庆游园,得~得漂亮点儿 | 节日的天安门~得格外壮观。(2)打扮出来的样子;衣着穿戴:学生~。

【制裁】用强力管束并处罚有不法行为的人,使不得胡作非为:法律~。

【摧残】使(政治、经济、文化、身体、精神等)蒙受严重损失。

【炒】chǎo 烹调方法,把食物放在锅里加热并随时翻动使熟,一般先要放少量的油:~菜 | ~鸡蛋。

【维持】使继续存在下去;保持:~秩序 | ~生活。

【排斥】使别的人或事物离开自己这方面:~异己 | 带同种电荷的物体相~ | 现实主义的创作方法并不~艺术上的夸张。

【缓冲】使冲突缓和:~地带 | ~作用。

【宣传】对群众说明讲解,使群众相信并跟着行动:~队 | ~共产主义。

【重创】使受到严重的损伤:~敌人。

【提纯】除去某种物质所含的杂质,使变得纯净:~金属 | ~酒精。

【戳】chuō(1)用力使长条形物体的顶端向前触动或穿过另一物体:一~就破。(2)〈方〉(长条形物体)因猛戳另一物体而本身受伤或损坏:打球~了手 | 钢笔尖儿~了。(3)〈方〉竖立:把棍子~起来。

【保存】使事物、性质、意义、作风等继续存在，不受损失或不发生变化：~古迹｜~实力｜~优良传统｜~自己，消灭敌人。

【冲淡】（1）加进别的液体，使原来的液体在同一个单位内所含的成分相对减少：把80度酒精~为50度。（2）使某种气氛、效果、感情等减弱。

【拦挡】不使通过；使中途停止：~住敌人的去路。

【疏导】开通壅塞的水道，使水流畅通：~淮河。

【刺激】（2）推动事物，使起积极的变化：~食欲｜~生产力的发展。（3）使人激动；使人精神上受到挫折和打击：多年的收藏毁于一旦，对他~很大。

【促使】推动使达到一定目的：~发生变化｜~生产迅速发展。

这些动词虽然含有"致使"义，而不具备作格动词的资格，说明作格和致使不是完全等同的。原因是这些单纯含有"致使"义的动词在句法上必须带宾语，只能构成"$NP_1 + V + NP_2$"的格式，而不能形成"$NP_2 + V$"的格式，因而不是作格动词。

最有意思的是，"发动"这个词，在语料库中检索，发现"发动"出现的句法格局绝大多数是"$NP_1 +$ 发动 $+ NP_2$"的形式，如例（147）、（148），也有"$NP_1 +$ 发动 $+ NP_2 + V$"的格式，如例（149）：

（147）这次挂历市场发生的可喜变化，说明只要党政领导高度重视，真正下决心，有关部门协同配合，发动和依靠群众，加强综合治理，挂历市场乃至整个文化市场的问题都是可以解决的。（《人民日报》1995年1月2日）

（148）村山说："今年时值战后50周年，我国将重新表示决心，以对过去深刻反省的心情，决不再发动战争，为创造世界和平而尽力。"（《人民日报》1995年1月2日）

（149）学校发动青年教师制订业务提高规划、目标和措施，由校、系负责选择导师。(《人民日报》1995年1月26日)

"发动"的释义《现代汉语词典》非常重视其"致使"义的表达，解释如下：

【发动】(1) 使开始：~战争｜~新攻势。(2) 使行动起来：~群众。(3) 使机器运转：天气太冷，柴油机不容易~。

但语料中也有1例，"发动"是出现在"$NP_2 + V$"的格式中的，这并不是"发动"所出现的典型句式，是一种临时用法。如：

（150）乡里规定，农民除经营好自己的责任田以外，按人头每人出工50个，全乡发动，推出26项基础建设工程，总共计划投工70万个，打一场改天换地、向荒山要财富的总体战。(《人民日报》1995年4月28日)

由此我们认为，"发动"是有"致使"意义的动词，但不是作格动词，因为该动词没有大量出现于"$NP_2 + V$"的格式中。

第三章 现代汉语的作格动词及其释义

我们全面考察了孟琮、郑怀德等编的《汉语动词用法词典》，对其中的1223个动词按照我们在第二章中定义的作格标准进行了评判，发现共有160个作格动词。在考察过程中，也仔细阅读了《现代汉语词典》、《现代汉语规范词典》、《现代汉语动词大词典》、《现代汉语语法信息词典详解》关于这些词条的相关内容，并对这些作格动词的释义做了理论上的探讨。

本章对160个作格动词进行了分类，分成四小类，这四类分别是：表"状态变化"的作格动词，表心理状态变化的作格动词，兼属形容词的作格动词和表"自身变化"的作格动词。每一子类都讨论其特点，并举例说明这些作格动词在句法语义上的特点，并且把作格动词的句法语义属性和词典释义联系起来，评价这些动词在释义模式上的得失，在辞书编纂上有一定的参考价值。

在对作格动词的释义描写中，我们发现对同一个动词的处理，《现代汉语词典》、《现代汉语规范词典》、《现代汉语动词大词典》、《汉语大词典》等都有不一致的地方。其中一个表现就是对作格动词的"致使义"和"非致使义"到底是处理成一个义项还是两个义项的问题上，很多词典都有体例不一致的地方。于是我们期望引进作格，希望我们对作格动词句法框架的研究，能够为语义分析提供支持，从而使人们在词典释义上更明确，也使得这些词的词典释义能更规范。

本研究涉及到句法框架同语义分析之间的联系，关于这二者之间关系的研究非常重要，Chomsky（1957）在《句法结构》中就指出："语法结构的形式化研究的另一个结果是，所揭示的句法框架能够为语义分析提供支持……我们的确发现，句法结构同意义之间有着许多重要的联系。这些联系可以成为一种更加宽泛的语言理论研究的一部分，该理论包括句法学和语义学以及它们的结合点。"所以，我们还尝试以作格动词的论元结构和句法语义结构的连接为出发点来探讨问题。同时也企图能通过本章的分析，对中文信息处理这类动词的释义时提供一点帮助。

一、作格动词的意义和分布

词的意义和分布之间是存在着密切的联系的。Lyons（1978：375）就指出："词的意义和它们的分布之间存在着一种内在的联系。"也就是说词的意义和词出现的语境、词的结合能力是密切相关的。词的某个意义是存在于一定的语境、一定的语法格式、一定的习惯用法中的，因此，我们认为把词的释义同词的这个意义出现的语境、语法格式、习惯格式结合起来是一种比较好的释义模式。

但是词义是一个非常复杂的问题，有词本身的意义，还有词和词在组合中产生的结构意义。Levin（1993：14）认为如果句法性质是由语义决定的这个假设被慎重考虑的话，那么下面的任务就是：第一，动词的意义决定句法行为到什么样的程度；第二，如果句法行为是可以预测的，那么动词意义的哪些成分可在相关的概括中凸显。如果这种方法是成功的，那么意义的相关成分的识别就是必要的。

作格动词是放在词库，还是放在句法里？我们认为，作格动词的词义就是"使成某个状态"，作格动词应放在词库里。正如

Levin & Rappaport（1995：22）所指出，词库的性质之一就表现在动词的论元表现和动词的语义类别相联系。放在词库里并标注特征后，很多动词的性质不用一个个地去学，而可以通过了解一类动词的特征而得到。

谭景春（2000）讨论了词义和结构义，认为词义是词本身具有的意义，结构义是结构本身表示的意义，是因词和词的组合而产生的。谭景春非常重视词在结构中的意义，并认为结构义可分为可类推的和不可类推的两种，不可类推的结构义在一定条件下有可能转化为词义。

据 Thompson & Hopper（2001），动词或谓词的意义与词汇－语法模式（lexico-grammatical）关联，论元结构也可以看作这种模式的一部分。

这种词汇－语法模式实际上反映了句法和语义的接口问题。王葆华（2003）总结道："研究词项之间关系的词汇语义学与在论元结构和 Jackendoff 概念语义学基础上发展起来的词汇语义学（词汇语义表达理论）在研究范围和研究视角方面存在着较大差异。从视角来看，前者研究主要是词项和词项之间存在的关系，后者主要研究的是动词的语义和动词的句法行为尤其是动词论元的句法表达（论元配置变化）之间的关系。"本书强调的主要是后者。

很多研究论元表达的学者注意到动词可以分为可以确认的语义类，意义相似的动词显示出相同的论元表达选择。

作格动词有着"$NP_1 + V + NP_2$"和"$NP_2 + V$"的两种句式的转换，那么出现在这两种句式中的动词的意义有无区别？这一类作格动词在词典的义项中是分为两个合适，还是一个合适？

我们观察动词在这两种不同的句式中引起的对立，看到他们由分布而引起使役动词意义的分化，认为这是一种内在的、有机的演变方式。所以认为作格动词的两种不同的句式通常代表着不同的意义，"$NP_1 + V + NP_2$"的句式中的动词常含有"致使"义，"$NP_2 + V$"的句式中的动词表示的是"状态"义，词典最好分两个义项比较合适，这样可以照顾到作格动词的两种句法表现。处理成两个义项，我们认为这样做可以把词的结构的意义贯彻在词典释义中，而且这些词是不可类推的，所以有必要在词典释义中加以说明。

据谭景春（2000）："不可类推的结构义词典释义中往往需要加以说明，因为不可类推的结构义规律性较差，无法用规律来说明哪些词可以充当该结构的组成成分或某一组成成分。人们靠一般的规律也不大容易理解或造出这些结构来，往往需要一个个地学习。所以词典有必要对这些'特殊用法'给予交代与解释。对这些结构义最好通过结构来解释，这样才能如实地反映语言事实。"我们赞同谭景春的观点，并指出现行词典在对"作格动词"这类词的处理上有前后不一致的地方，本章将详细讨论这些动词的词典释义。

在对现代汉语中的"改进、改善、改变、感动、震惊、惊动、安定、繁荣、方便"这些动词考察时，发现这些动词的意义和分布之间存在着内在的联系，这些动词的变换形式和词的致使意义有着紧密的联系，下面我们想对这一系列动词进行个案分析，讨论这些动词的分布环境，讨论这些动词的配位方式，最终和词典释义联系起来，试图把作格的理论贯穿到词典释义中，期望体现作格理论研究的实用价值。

下面我们具体考察这些动词：改进、改善、改变、感动、震惊、惊动、安定、繁荣、方便等。这些动词的句法语义特征，应该通过动词所带论元的数目、论元的论旨角色和论元结构、动词的时体标志、动词出现的特定句型等方面体现出来。我们知道，有些多义词的义项很多，为了能比较简洁地说明动词的及物性与作格性的区别，我们专门讨论和作格性相关的义项。

作格动词还需要进行再分类吗？据 Levin（1993：12），动词的意义有相当程度的预测能力，动词的意义和句法行为之间的联系不容忽视。为了能更好地预测动词的意义和句式之间的联系，我们详细考察了作格动词的细类。比如"感动"类、"改进"类、"安定"类、"开"类等动词同为作格动词，都可以进行"$NP_1 + V + NP_2$"和"$NP_2 + V$"的同义句式的转换，大多可以带上体标记"了"。但是，这四类动词的句法表现还是有不一致的地方，比如在能否构成"使 + N + V"的句式上，能否受"自己"的修饰上，再如在能否受程度副词"很"的修饰的问题上，在能否受"正在"修饰的表现上，以及句式的变换等诸多形式表现上，这四类有着自己各自的特点，所以我们认为需要对作格动词的内部进行再分类，以期考察这些作格动词的共性与个性。

所以，我们尝试根据意义和句法，对作格动词进行再分类：

（1）表状态变化的：改进、改善、改变、转变、发展、开展、开动、出动、转动、出版、缓解、削弱、增加、提高、断绝、形成、成立、摇晃。

（2）表心理活动的：感动、震惊、惊动、震动、为难、吸引、轰动、麻痹、迷惑。

（3）兼属形容词的作格动词：安定、繁荣、方便、败坏、开通、和缓、寒碜、孤立。

（4）表"自身变化"的作格动词：开、关、化、暴露、变、灭。

下面我们就分析第一类表状态变化的动词，研究这些动词的语法格式，讨论这些动词的词典释义的方式。

二、表"状态变化"的作格动词

(一) 动作、状态和状态的变化

Levin & Rappaport（1995）认为"原型的非宾格动词"表示"状态的变化"（change of state），比如英语动词"break, dry, open"等。作者认为，实际上致使性的选择也可以看成一种状态的变化。他们（1995：8）认为："非宾格动词与非作格动词在英语中缺乏词法规则，这种区分完全靠语义来决定。作者还指出 snore 被描绘成为具有动作性（activity），blush 可被解释为状态的变化（change of state），动作性和状态的变化关系到动词的分类。

我们也认为，作格的句子表达了一个事件的两个侧面，即状态与变化，动词既可以表示出一种自然的、无需依赖外部使因的、完全由内因主导的状态，又可以表示由某种外力致使的变化，作格动词就是集状态与变化于一身，表示"状态的变化"。下面讨论的一些词，如"改变、转变、改进、改善"等都是表示一种状态的变化的。

【改变】

"改变"出现于"$NP_1 + V + NP_2$"的句式，在语料中很常见，并且可以变换为"$NP_2 + V$"的句式[①]。如：

(1) a. 小林和小林老婆马上又改变了最初的决定，决定马上去买"爱国菜"，而且单位能报销多少，就买多少。（刘震云《一地鸡毛》）

[①] 有的 $NP_1 + V + NP_2$ 的句式还可以变换为 $NP_1 +$ 的 $+ NP_2 + V$ 的句式，如(1a)可变换为(1c)：小林和小林老婆的最初的决定马上又改变了。

b. 最初的决定马上又改变了。
　（2）a. 自夏启建立了奴隶主阶级统治的国家后，发展中的私有财产制度逐渐改变了原始公社的性质。
　　b. 原始公社的性质逐渐改变了。
语料中"改变"有很多 NP$_2$ + V 的用例，如：
　（3）儿童满 6 岁或 7 岁入学，即按年龄编在同一班级中，成绩合格，班级不改变，一年一年的升上来。（方富熹、方格主编《儿童的心理世界——论儿童的心理发展与教育》，北京大学出版社，1990《儿童心理》）
　（4）声誉动机随年龄的变化而改变。
　（5）她听到我的话时怔了一下，方向一下子改变了，这对她多少有点突然，尽管她心里还是有所准备的。
　（6）比如，当注意在两个客体之间分配时或当注意不稳定时，都只是注意的选择改变了。（方富熹、方格主编《儿童的心理世界——论儿童的心理发展与教育》，北京大学出版社，1990）
在语料中发现存在很多类似于（7）和（8）这样真实的例子，如：
　（7）现实生活中，有很多微妙的强化方式可以改变孩子注意的选择。（方富熹、方格主编《儿童的心理世界——论儿童的心理发展与教育》北京大学出版社，1990《儿童心理》）
　（8）风翼板的角度可以改变，始终正对风向，风吹着翼板，带动成群结队的平车奔跑……（《中国儿童百科全书》）
例（7）、（8）首先说明"改变"是有着 NP$_1$ + V + NP$_2$ 和 NP$_2$ + V 两种论元结构的，"改变"应该有两种结构安排，分别是带双论元的和带单论元的。其次，我们试着变换一下：让"改变"不受"可以"修饰，而是受"努力"修饰，"改变"就没有这两种句式的转换，只有 NP$_1$ + V + NP$_2$ 这种句式。如：

  （9）a. 县委要选拔那些德才兼备的年轻干部到贫困地区施展才华，**努力改变**贫困面貌。(《人民日报》1995 年 2 月)

   b. *贫困面貌**努力改变**。

因为"努力"是表意愿性的，而（9b）中的"贫困面貌"是没有施动力的，所以"努力改变"不能有 NP$_1$ + VP + NP$_2$ 和 NP$_2$ + VP 的转换。

"改变"也可以用于使令句中，如：

  （10）地转偏向力总有使物体改变其原来运动方向的趋势。(《中国儿童百科全书》)

  （11）现代的学术研究，使我们改变了这个看法，认为《老子》的年代晚于孔子很久。(冯友兰、涂又光：《中国哲学简史》)

  （12）这就使科技人员的价值观念改变了：能驾驭各个环节为本事，能为企业创造……(《人民日报》1995 年 5 月)

"改变"可以受"自己"修饰，如①：

  （13）随着经济的发展，少数民族总会自己改变某些习惯，这是很自然的，是社会进步的表现。(《人民日报》1996 年)

  （14）皮鞭没有抽到中国的脊梁上时，中国便永远是这样的中国，决不肯自己改变一根毫毛。(《读者文摘》)

《现代汉语动词大词典》将"改变"解释为"他动"：

   改变：<他动>更动。【基本式】施事（师傅、画家、

---

① "改变"受"自己"修饰时，一般是用在"NP$_1$ + VP + NP$_2$"的句式中，如例（13）和（14）。

飞机、图书馆)+改变+受事（计划、航线、时间）：国营企业改变了作息时间。

和《现代汉语动词大词典》的解释相同，北京大学汉语中心的《语义信息词典》对"改变"的配价解释也只有二价一种情况，如：

表 3.2-1 "改变"的语义信息

词语	拼音	义项编码	语义类	配价数	主体	客体	例句
改变	gai3 bian4	1	变化	2	人	具体事物/抽象事物	改变现状/劳动改变了一切/改变看书习惯不太容易

而《现代汉语词典》对"改变"的解释是列了如下两条义项的，这两条义项我们认为实际上是一个"内动"，一个"他动"①。义项（1）为内动，义项（2）为他动。义项（1）实际上显示了"改变"的配价是一价的情况，义项（2）实际上显示了"改变"的配价是二价的情况，如：

【改变】（1）动 事物发生显著的差别：山区面貌大有~丨随着政治、经济关系的~，人和人的关系也~了。（2）改换；更动：~样式丨~口气丨~计划丨~战略。（《现代汉语词典》）

我们认为《现代汉语词典》这样的解释是合理的，把"改变"处理成两个义项，分别和"改变"的两个论元结构相适应，一个是"改变"的"$NP_1 + V + NP_2$"的句法结构，对应于"改变"的致使义——"改换；更动"；一个是"改变"的"$NP_2 +$

---

① 注意：这里的"他动、内动"的说法是按照林杏光（1994）的说法。

V"的句法结构,对应于"改变"的非致使义——"事物发生显著的差别"。这样处理也便于计算机识别,"改变"这个动词的每个词元(lexical unit)分别和不同的句法结构相对应,所谓"词元",是指一个词与它的一个义项的组合,即:在一个意义上的词。在这种定义下,多义词实际上就是由若干词元构成的一个集合①。

【转变】

"转变"在语料中有"$NP_1 + V + NP_2$"的句式的用法,如:

(15)在从计划经济向市场经济转变的过程中,包钢转变了"有产量就有效益"的传统观念,树立起"有市场才有效益"的观念。(《人民日报》1995)

(16)它推动了国共两党的第二次合作,转变了中国时局。(《人民日报》1995)

(17)始祖鸟是怎样从地栖生活转变为飞翔生活的呢?(《中国儿童百科全书》)

"转变"在语料中也有"$NP_2 + V$"句式的用法,如:

(18)思想解放了,观念也随之转变了。(《人民日报》1995)

(19)政府在抓一条龙的过程中,它的职能就在不知不觉地转变了。(《人民日报》1996)

(20)"投资为开放,教育让一让"的旧观念,应该转变了。(《人民日报》1995年1月)

(21)1942年6月中途岛海战后,太平洋战区的形势开始转变。(《中国儿童百科全书》)

(22)西方经济向信息经济转变。(《人民日报》1995年

---

① 转引自 Fillmore, Ruppenhofer, Baker (2004),刘云、李晋霞译《框架网络与语义、句法联系的表征》。

1月)

"转变"不能和"着"连用,在语料中没有发现"转变着"的说法。

"转变"可以用在"使"字句中,如:

(23) 物的变化总是从量变开始,量变超过一定限度就引起质变,使旧事物转变成新事物;然后在新事物的基础上又开始新的量变,新的量变超过一定限度……(《中国儿童百科全书》)

(24) 引导外出打工人员回乡办厂,使"打工潮"转变成"创业潮"。(《人民日报》1996年10月)

(25) 倡导的"双学双比"(即学文化、学技术、比贡献、比成绩)活动,使广大妇女转变了观念,通过自身的努力,走上了一条自立、自强之路。(《人民日报》1995年9月)

"转变"可以和"把"字句、"将"字句连用,如:

(26) 通过光合作用,把环境资源中的二氧化碳、水及土壤中的养分转变为可食用的有机物质。(《中国儿童百科全书》)

(27) 里面的根瘤菌能捕捉空气中的游离氮,并将它们转变成氮肥。(《中国儿童百科全书》)

"转变"可以受"努力、致力"等表示意愿的词语修饰,如:

(28) 要努力转变经济增长方式,不断提高经济增长的质量和效益……(《人民日报》1995年1月)

(29) 致力转变经济结构。(《人民日报》1995年1月)

"转变"可以受"自己"修饰,如:

(30) 但从根本上说,振兴辽宁老工业基地,还要靠辽宁自己转变观念,面向市场,提高企业自身的经济效益。

(《人民日报》1995年9月)

"转变"能受"自己"修饰，说明使因的作用不明显，倒是动作的承受对象主导了动作的整个过程。

李临定（1990：130）认为"转变"有内动和外动的兼类用法。如：

> 转变：[内动] 社会风气已经~。[外动] 要~这种被动局面。

"转变"在《现代汉语词典》的解释如下：

> 【转变】zhuǎnbiàn 动 由一种情况变到另一种情况：思想~｜~态度。（《现代汉语词典》）

通过上述对"转变"一词的考察，我们发现"转变"和"改变"一样，应该有着作格用法，那么《现代汉语词典》对"转变"的解释应该和"改变"一致才对，最好设两个义项。如：

> 【转变】zhuǎnbiàn 动 （1）事物由一种情况变到另一种情况：观念~了。（2）使事物由一种情况变到另一种情况：~态度｜~时局。

《现代汉语动词大词典》对"转变"的解释是只有一种"他动"的用法，如：

> 转变：<他动> 由一种情况变到另一种情况。【基本式】施事（售货员、秘书、孩子）+ 转变 + 受事（局面、态度、立场、作风、方向）：他转变了态度。｜他态度已经转变了。

注意《现代汉语动词大词典》里的句式 $NP_1 + V + NP_2$ "他转变了态度"有 $NP_2 + NP_1 + V$ 的转换用法，即：

(31) 他转变了态度→他态度转变了

当"转变"所处的 NP_1 和 NP_2 之间有领属关系时，"$NP_1 +$

转变 + NP$_2$"句式可变换为"NP$_1$ + 的 + NP$_2$ + 转变"的句式。如：

(32) 包钢转变了"有产量就有效益"的传统观念→包钢传统的"有产量就有效益"的观念转变了。

【改进】

《现代汉语词典》对"改进"的解释有使动义，如：

【改进】 动 改变旧有情况，使有所进步：~工作｜操作方法有待~。(《现代汉语词典》)

《现代汉语动词大词典》对"改进"的解释如下：

改进：＜他动＞改变旧有情况，使有所进步。【基本式】施事(服务员、工人、商店、技术科) + 改进 + 受事(规程、工作、态度)：服务人员应该改进工作。｜服务人员应该把工作改进一下儿。(《现代汉语动词大词典》)

《现代汉语动词大词典》用举例的方法说明了"改进"的论元结构，但我们认为"改进"这个动词除了具有该词典所列举的配位方式外，还应该有 NP$_2$ + V 的结构，以及 NP$_1$ + 的 + NP$_2$ + V 的句式，如：

服务人员应该改进工作→工作改进了→服务人员的工作应该改进

考察"改进"在语料中的使用情况，发现"改进"有很多用于"NP$_1$ + V + NP$_2$"的句式中的用法，如：

(33) a. 以后几年，马可尼一边改进通信装置，一边增大通信距离。(《中国儿童百科全书》)

b. 通信装置改进了。

(34) a. 帕斯卡还通过上述实验，发明了注射器，改进了托里拆利的水银气压计。(《中国儿童百科全书》)

b. 托里拆利的水银气压计改进了。

(35) a. 教皇格里高利十三世在1582年改进了恺撒大帝创立的历法。(《读者文摘》)
 b. 恺撒大帝创立的历法改进了。
(36) a. 本有一种食用油的瓶子，由于瓶口改进了角度，油倒出后会自动回流，不会外溢，既干净又节约。(《人民日报》1996)
 b. 角度改进了。
 c. 瓶口的角度改进了。

例（33）中的"改进"的 NP_1 和 NP_2 分别是"马可尼"和"通信装置"，一个为"人"，一为"具体事物"，而且 NP_1 和 NP_2 之间没有领属关系，例（34）、例（35）也是如此。但是例（36）的 NP_1 和 NP_2 之间有领属关系，因而可以变换成 NP_1 + 的 + NP_2 + V 的句式。

"改进"用于"NP_2 + V"的句式中也有，如：

(37) 现在电力、房管、医院都制定了便民措施，服务态度普遍改进了，群众得到了实惠。(《市场报》1994)

"改进"可以受"使"修饰，如：

(38) 下半年在全公司展开了"抓管理、上质量、降成本、争效益"活动，使产品质量明显改进，总成本下降了1.6亿元。(《人民日报》1995年3月)

(39) 经多方努力，使企业成功地改进了工艺配方，产品达到合格标准。(《市场报》1994)

"改进"可以受"努力"等表示意愿的词语的修饰，如：

(40) 现在，中国的许多玩具厂都已努力改进了这些问题。(《市场报》1994)

"改进"可以受"自我"修饰，如：

(41) 我不反对自我改进。(《读者文摘》)

【改善】

《现代汉语词典》对"改善"的解释也有致使义,如:

【改善】动 改变原有情况使好一些:~生活｜~投资环境｜劳动条件日益~。(《现代汉语词典》)

《现代汉语动词大词典》对"改善"的解释如下:

改善:<他动>改变原有情况使好一些。【基本式】施事(病人、国家、单位、连队)+改善+受事(生活、关系、伙食、待遇、状况):食堂改善了伙食。｜食堂把伙食改善了。｜伙食食堂已经改善了。(《现代汉语动词大词典》)

《现代汉语动词大词典》的释义基本上是依据的《现代汉语词典》,但是《现代汉语动词大词典》标明"改善"的格框架时,把"食堂"理解为"施事",不如理解为"使役者(causer)"好。《现代汉语动词大词典》这样处理,也是由于受本身系统的局限,《现代汉语动词大词典》只列出了22个格,而这22个格中没有列出"使役者(causer)"这个格。

《现代汉语动词大词典》用举例的方法说明了"改善"的论元结构,但我们认为"改善"这个动词除了具有该词典所列举的配位方式外,还应该有 NP_2+V 的结构,以及 NP_1+ 的 $+NP_2+V$ 的句式,如:

(42)食堂改善了伙食→伙食改善了→食堂的伙食改善了

"改善"可以出现在使令句中,如:

(43)政府和公众纷纷捐款资助,使医院的设备和伤员的福利大为改善。(《中国儿童百科全书》)

其实,"改善"在语料中有大量的 NP_2+V 的结构,如:

(44)同时,经过涡轮机发电后的煤气,水分和粉尘都有所降低,煤气质量改善,更适宜供给居民做燃料。(《中

第三章 现代汉语的作格动词及其释义 159

国儿童百科全书》）

（45）中华人民共和国建立后，怒族地区生产不断发展，人民生活逐步改善。(《中国儿童百科全书》)

（46）我们国家的生产发展了，经济实力增强了，绝大多数人的生活改善了。(《人民日报》1995)

"改善"出现在"$NP_1 + V + NP_2$"和"$NP_2 + V$"两种句式中均可，比如发现了这样的例子，如：

（47）葛洲坝工程大大改善了长江航运条件，提高了长江航运能力。(《中国儿童百科全书》)

（48）同时，透气性和抗起毛的性能也大大改善。(《中国儿童百科全书》)

例（47）和例（48）中，"大大改善"既可以出现在"$NP_1 + V + NP_2$"句式中，也可出现在"$NP_2 + V$"句式中，是由于"大大改善"既可以表示动作，如例（47），也可以表示状态，如例（48）。如果换成"积极改善"，就只有"$NP_1 + V + NP_2$"的用法，如：

（49）以方将采取行动，积极改善巴勒斯坦人的经济状况。(《人民日报》1996)

（50）惠州建市后，积极改善投资环境，创造条件，吸引外资，一批国际上著名的大企业纷纷落户……(《人民日报》1995)

"改善"可以和"自我"连用，如：

（51）但现阶段财政还拿不出很多的钱，最终还要靠发展街道经济来自我改善。(《人民日报》1995)

（52）寒酸的住宅里，我明显感到，这人称无声美人的金发碧眼姑娘正在为自我改善而奋斗。(《读者文摘》)

【发展】

北京大学汉语中心的《语义信息词典》对"发展"的配价

解释认为只有一价这种情况，如：

表 3.2-2 "发展"的语义信息

词语	拼音	义项编码	语义类	配价数	主体	例句
发展	fā zhǎn	1	变化	1	抽象事物丨事件	发展工业/发展他入团/发展形势/形势发展对我们很有利/发展生产/生产发展了，社会才能进步/发展一下畜牧业/发展了几年成绩可嘉/限制发展

"发展"在《现代汉语词典》的解释方法有些类似于"改变"，没有明确列使动用法，也列了两条义项。如：

【发展】（1）事物由小到大、由简单到复杂、由低级到高级的变化：事态还在～丨社会～规律。（2）扩大（组织、规模等）：～新会员丨～轻纺产业。

"发展"和"改变"实际上在论元结构的配置上有两种配位方式：一种是二价的配位，即"施事+V+受事"；另一种是只出现一价。如：

(53) a. 国家大力发展轻纺产业。
　　　b. 轻纺产业发展了。

(54) a. 唉，有什么仙法能改变他的情况呢，从前不是有人已经对他讲过吗，这不是他一个人的问题，而是一大批人的问题啊。(高晓声：《"漏斗户"主》)
　　　b. 他的情况改变了。

"发展"可用于"使"字句中，如：

(55) 种植作物，驯养动物，并在生产实践中不断研究出种种工具和技术，使生产不断发展，物质产品日益丰富。

(《中国儿童百科全书》)

"发展"和"改变"又仅具有"$NP_1 + V + NP_2$"和"$NP_2 + V$"这种同义句式的转换现象,而且"发展"还可以用在"使"字句中。虽然"发展"和"改变"没有在词典中明确标明使动用法,但实际上,"发展"和"改变"从转换上来说,是有作格用法的。

【开展】

先看《现代汉语词典》对"开展"的解释,具体如下:

【开展】(1) 动 使从小到大发展;使展开:~批评与自我批评|~科学技术交流活动。(2) 动 从小到大发展:植树造林活动已在全国~起来。

我们认为"开展"的解释是照顾到动词的论元结构的不同而解释的,如:

(56) 其余省、直辖市也都在不同范围内以流动人口为重点人群开展了活动,估计今明两天服苗人数可达 7600 多万人。(《人民日报》1996 年 12 月)

(57) "美在家庭"竞赛活动已连续开展了几届。(《人民日报》1996 年 9 月)

(58) "中国质量万里行"活动已开展了 3 年。(《人民日报》1995 年 6 月)

(59) 每年举行一次全国妇女代表大会,总结经验,表彰先进,制订规划,使活动开展得有声有色,深受广大妇女的欢迎。

上面这四个句子中都不离"活动"和"开展"这两个词,例 (56) 是"$NP_1 + V + NP_2$"的句式,例 (57) 和例 (58) 是"$NP_2 + V$"的句式,例 (59) 是"使 + N + V"的句式。"$NP_1 + V + NP_2$"的句式对应于"开展"义项 (1) 的解释,"$NP_2 + V$"

的句式对应于"开展"义项（2）的解释。

【开动】

"开动"在《现代汉语词典》的解释中是有不大妥当的地方的，现在列举如下：

【开动】 动 (1)（车辆）开行；（机器）运转：~机车｜轰隆隆机器~了◇~脑筋。(2) 开拔前进：队伍休息了一会儿就~了。

这个解释的毛病在于义项（1）的解释就只侧重了动作的"自动"，而实际上"开动"一词也应该有着"他动"的用法，《现代汉语词典》在义项（1）的解释中，用括号标明了搭配成分，而且这个搭配成分都位于动词之前，这样的解释就会给人以误导，认为这些搭配成分都应该在动词之前。在语料中出现了很多"开动"不是以"机器"为主语的，而是以人为主语的。如在语料中出现的这样的句子：

(60) 像什么偷工减料，贿赂干部，偷税漏税，大家开动脑筋，一样样的仔细刨根，没有想不起来的。（老舍：《春华秋实》）

(61) 她开动了车床，不一会儿，递给他旋好的铜部件。（航鹰：《明姑娘》）

(62) 一早我就起来开动洗衣机，为全家洗衣服。（刘心武《白牙》）

上面的例（60）至例（62）是属于"$NP_1 + V + NP_2$"的句式，其实"开动"确实存在着"$NP_1 + V + NP_2$"及"$NP_2 + V$"格局的转换问题，语料中还有大量的"$NP_2 + V$"的句式，如：

(63) 列车开动了，她眼前的一切一切都变成了朦胧的色块，流动的线条……（王浙滨：《生为女人》）

(64) 船既不开动，天气又正热，挤在船上也会中暑发

痧。(沈从文:《老伴》)

(65) 引擎开动不久,就把汽缸盖打了个大洞!(杨旭:《荣氏兄弟》)

《现代汉语动词大词典》只把"开动"列为"他动",基本式是"施事(铣床工)+开动+受事(机器)",这样只列"他动"的解释也比较片面,没有注意到开动还有只带单论元的不及物的一面,如上面的例(63)至例(65)。

《现代汉语规范词典》在"开动"的解释上比较有道理,既有及物性例句,又有不及物性例句,在释义上注重了"致使"义的发掘,如下所释:

【开动】动 启动车辆、机器使运转:火车已经~ | ~机器 ◇ ~脑筋。

如果要把"开动"的致使义和非致使义分开,可以考虑列两个义项,如:

【开动】动 (1) 启动车辆、机器使运转:~机器 | ◇ ~脑筋。(2) 运转:火车已经~。

据李临定(1999),"开动"在句法上的特殊性是:它可以构成不及物动词句,也可以构成及物动词句。前者表示机器等开始运转的状态,后者表示人的动作行为。"不及物"的如:他一按开关,机器便开动起来 | 电动车都开动着呢。"及物"的如:工人开动了机器 | 他开动了拖拉机。应该说,李临定(1999)观察的现象是很敏锐的,我们这里从作格的视角来看"开动"一词,"开动"之所以会有"$NP_1 + V + NP_2$"及"$NP_2 + V$"格局的转换,还在于"$NP_2 + V$"句式中的 NP_2 有一个自我力量,使得 NP_2 能够自我发起,这就正符合我们前面所定义的"中介"句,只需要一个论元即可。这种自我发起的力量,表现在动词"开动"前可以加上"自己、自动"等词,比如"机器自动开起

来"。还需提出的是,即使"列车、船"不是自己开,但从隐喻的视角来看,"列车、船"也是自己行驶的,没有外力,因而从认知上我们可以解释为什么"开动"一词有作格用法。

【转动】

调查语料发现"转动"具有"$NP_1 + V + NP_2$"及"$NP_2 + V$"的转换用法,如:

(66) 小扣子转动着身子,眨动着一双大眼睛……(刘心武《黑墙》)

(67) 两人你一言,我一语,越吵越凶,苦于身子转动不得,否则早又拳脚交加起来。(金庸《鸳鸯刀》)

(68) "马上就好。"高晋转动镜头调着焦距调度着大家,"笑。"(王朔《玩儿的就是心跳》)

(69) 吴迪把磁带倒回来,按下键子,磁带开始转动,我们笑着注视方方的反应。(王朔《一半是火焰,一半是海水》)

下面主要分析《现代汉语词典》和《现代汉语动词大词典》中分析得不大合理的一些地方。

《现代汉语动词大词典》解释"转动"是按"转"两个不同的读音来解释的,如:

【转动】zhuǎndòng <他动> 转身活动;身体或物体的某部分自由活动。【基本式】施事(老人、秘书、孩子、爸爸)+转动+受事(脖子、地球仪、门把手、旋钮):孩子转动着那个地球仪。

【转动】zhuàndòng <内动> 物体以一点为中心或以一直线为轴作圆周运动。【基本式】当事(轱辘、风车、轮子、机器)+转动:轮子转动起来了。

《现代汉语词典》的解释不同于《现代汉语动词大词典》,例句的解释有和《现代汉语动词大词典》相违背的地方,如:

【转动】zhuǎndòng 动 转身活动;身体或物体的某部分自由活动:伤好后,腰部~自如。

【转动】zhuàndòng 动 (1) 物体以一点为中心或以一直线为轴作圆周运动:水可以使磨~。(2) 使转动:~轱辘把儿。

《现代汉语词典》中关于"转身活动;身体或物体的某部分自由活动"的释义,其例句"腰部转动(zhuǎndòng)自如"本是属于内动用法,和《现代汉语动词大词典》的"他动"用法不一样。

《汉语大词典》关于"转动"也有两个读音——zhuǎndòng 和 zhuàndòng,相关的释义如下:

【转动】zhuǎndòng 转身活动。丁玲《韦护》第三章:"只要他轻微的转动一下,她便惊醒了。"

【转动】zhuàndòng 物体以一点为中心或以一直线为轴作圆周运动。周而复《上海的早晨》第一部六:"一排排车有秩序地平列着,机器转动着,响声很高。"

对比一下三部词典,我们认为首先可以修订一下《现代汉语词典》中关于"转动(zhuàndòng)"的例句,义项(1)是"物体作圆周运动",举的例句却是使役句"水可以使磨转动",这个例句不是物体自己作圆周运动,其实"物体自己作圆周运动"这一点在语料中有很多,如前面的例(69)。再如:

(70) 内燃机车低沉地长啸一声,车轮转动了!(老鬼《血色黄昏》)

(71) 斯图加特的奔驰汽车工厂的装配线在不停地转动,车间洁净敞亮,没有多少噪音。(王蒙《春之声》)

其次,我们认为《现代汉语动词大词典》中关于"转动(zhuǎndòng)"的解释意义"转身活动;身体或物体的某部分自由活动",这一点固然没错,但是所举的例句却是"孩子转动着那个地球仪",并不是典型的"转身活动或身体或物体的某部分自由活动"义,所以,我们建议针对这个释义,更换例句。

我们思考的第三点是,《现代汉语词典》关于"转动(zhuàndòng)"的义项的解释有两条,实际上是符合作格的解释的,一个是有外力的,一个是没有外力的自行转动,因而我们修改《现代汉语词典》的例句后,调整如下:

　　　　转动 zhuàndòng（1）物体以一点为中心或以一直线为轴作圆周运动:车轮～了。（2）使转动:～轱辘把儿。

义项（1）是没有外力的自行转动,是"内动"用法,而义项（2）是有外力的使动用法。

"转动"可以构成使令式,如:

　　（72）当车子向西（向右）转弯时,则左侧的传动齿轮放落,使大齿轮向左转动,以抵消车子右转的影响。(当代《古代文化》)

"转动"可以受"自己"类动词修饰,如:

　　（73）站在某个地方自己转动几圈,停下来后会觉得周围的一切都在转动。(《中国儿童百科全书》)

【出版】

"出版"可以构成 NP$_1$ + V + NP$_2$ 的句式,如:

　　（74）他不会再出版新书,否则我真要破产了!(钱钟书《灵感》)

　　（75）他们出版了巴金的书,我所翻译的高尔基的《母亲》、倍倍尔的《妇女与社会主义》,也是在开明书店出版的。(李子云《"现在正是转轨时期"——夏衍访谈录》)

"出版"也可以构成 NP$_2$ + V 的句式,如:

　　（76）1979年7月,长篇小说《第二次握手》正式出版,新华社为此专门发了消息,全国掀起了抢购《第二次握

手》热潮。(效雄、知了《张扬不再"第二次握手"》)

(77) 1928 年 2 月 1 日,译著《浮士德》出版了。(魏奕雄《郭沫若永远的恋人——安娜》)

(78) 迟教授的专著终于出版了。(航鹰《地毯》)

NP$_2$ 位于动词前时,可以不加"被",如:

(79) 1929 年 4 月,第一本诗集《我的记忆》出版,其中《雨巷》成为传诵一时的名作,他因此被称为"雨巷诗人"。(1919-1949\1\散文)

(80) 初期小说结集为《竹林的故事》于 1925 年出版。(1919-1949\1\散文)

然而,《现代汉语动词大词典》却只列了"出版"的他动用法,而没有考虑到 NP$_2$ + V 句式的用法,如:

出版 <他动> 把书刊、图画等编印出来。【基本式】施事(老梁、出版社)+ 出版 + 结果(杂志、专著):他出版专著了。|他专著都出版了。|专著他也出版过。

结合语料中"出版"的 NP$_1$ + V + NP$_2$ 和 NP$_2$ + V 句式的用法,我们认为词典编纂中可以列出这两种用法。不能把 NP$_2$ + V 句式理解成 NP$_1$ + V + NP$_2$ 的被动式,因为 NP$_2$ + V 句式可以根本不出现施事。对比一下"出版"和"买"构成的 NP$_2$ + V 句式,发现这两个动词还是很不同的,"买"在语料中大多出现于 NP$_1$ + V + NP$_2$ 的句式中,也有 NP$_2$ + V 句式的:

(81) 母亲们一月不进店铺,一进店铺又是这个便宜应该买,那个不贵,也应该买。(萧红《小城三月》)

(82) 芭蕉花买来了,但是花瓣是没有用的,可用的只是瓣里的蕉子。(郭沫若《芭蕉花》)

例(81)的"买"是用在对比说明中,例(82)的 NP$_2$ + V 句式是用于述补结构中。

曹秀玲(1997)对比了"我买了鲁迅的书"和"鲁迅的书

我买了",认为前一句只是陈述一个客观事实,而后一句由于受事在 V 前,解码时人们把它同与之处于同一个聚合群中的其他项相对照,已形成心理定势。曹秀玲认为与 V 后受事结构相比,V 前受事结构显然处于劣势的语序。我们认为曹秀玲对于"买"构成的受事结构的分析是合理的,但我们并不认为"出版"构成的 $NP_2 + V$ 句式也是由 $NP_1 + V + NP_2$ 经过思维定势而来。对比一下:

(83) a. 鲁迅的书买了。
　　　b. ?鲁迅的书终于买了。
　　　c. 鲁迅的书我买了。
(84) a. 译著《浮士德》出版了。
　　　b. 译著《浮士德》终于出版了。
　　　c. 译著《浮士德》他出版了。

(83a) 没有 (84a) 自然,(83b) 几乎不能说,(84b) 则非常自然,(83c) 非常自然,而 (84c) 和 (83c) 对比则显得有些冗余。通过句式变换,我们认为"出版"根本就不需要施事一定出现,而"买"若出现受事结构,则是从有施事的句子中推导出来的,所以"出版"这个词有着和"买"不一样的分布特征,所以把"出版"这类词从"买"这类词中分离出来,列为作格动词,理由就是这类动词不需要施事的介入就可以完整地表达意思,不需要像"买"一样潜意识里补出施事才能理解句义。

"出版"可以受"使"字句的修饰,如:

(85) 领导的大力支持使这本书出版了。
(86) 天才加勤奋,使他一连创作出版了二十七部诗集和其他著作。(闻毅《不停开采文坛"金矿"的严阵》,载《作家文摘》1996)

另外,"出版"也可以做定中短语中的中心成分,如:

第三章 现代汉语的作格动词及其释义　　169

(87) 我再重复一句,《外国文学名著辞典》的出版,是合乎时宜,并适应现实需要的。(曾卓《文学长短录》)

【缓解】

"缓解"一词的用法,确实有着"NP$_1$ + V + NP$_2$"和"NP$_2$ + V"的同义句式的转换情况,如:

(88) 简短的宣布,也许便能缓解心里的那份难过。(刘心武《心里难过》)

(89) 很多出版社设立了学术著作出版基金,在一定程度上缓解了学术著作出版难的状况。

(90) "这只能暂时缓解一下她的心力衰竭,病还得住院治疗,全面检查:透视、验血、做心电图、查基础代谢……以后的事儿还多着呢!(霍达《穆斯林的葬礼》第八章)

(91) 可现在,疼痛已经缓解,一下子来了那么多平常请也请不来的重要人物,有点兴奋得忘情了,总算大家仍旧把他当回事的。(李国文《涅磐》)

(92) 所以她希望金一趟来看匾——只要看了这些匾,他的心病就能缓解,就不会作神弄鬼儿地犯糊涂。(陈建功、赵大年《皇城根》)

"缓解"可以出现在使令句中,如:

(93) 说"不管有什么问题,想办法解决,生产不能停",每听到这些,总使我们焦虑的心情顿时缓解几分。(《人民日报》1995)

(94) 最近采取一系列的有力措施,使部分贫困居民缓解了部分困难。(《人民日报》1996年9月)

(95) 时间可以使肝缓解血液中的酒精,使血液中的酒精量降到醉酒度之下。(《读者文摘》)

"缓解"还能受"努力"等表示意愿的副词修饰,如:

(96) 建设一批对国民经济全局有重要影响、在路网上

起骨干作用的大干线,努力缓解铁路运输紧张状况。(《人民日报》1996)

正因为"缓解"一词有着这种"NP$_1$ + V + NP$_2$"和"NP$_2$ + V"的两种句式的用法,因此这种句式的意义反映在"缓解"的词义的解释上,也有致使义和非致使义的交替,如《现代汉语词典》对"缓解"的解释:

【缓解】 动 (1) 剧烈紧张的程度有所减轻;缓和:病情~ | 展宽马路后,交通阻塞现象有了~。(2) 使缓解:~市内交通拥堵状况。

我们认为是"缓解"的句法分布决定了"缓解"一词的释义。类似的还有"缓和"。

【削弱】

韩礼德(1985/1994)认为"weaken"有作格用法,如"my resolve weakened/the news weakened my resolve."

汉语的"削弱"也可以有作格用法,如:

(97) 多年的混战给中原人民造成了巨大的灾难,同时也削弱了西晋王朝的统治。(《中国儿童百科全书》)

(98) 企业包袱、负债过重、设备陈旧削弱了企业的竞争力;缺少竞争力又无力抛下包袱、更新改造,而且债务……(《人民日报》1995年1月)

(99) 税制改革后,税收日趋"中性化",税收的调控功能似乎削弱了,因为新的增值税不能像老的产品税那样可以按政府意图对不同产品……(《人民日报》1995年5月)

(100) 长平之战断送了赵国45万大军,使赵国的实力大大 [削弱]。(《中国儿童百科全书》)

"削弱"《现代汉语词典》有致使义和非致使义的解释,因此"削弱"的释义和作格用法是一致的,如下所释:

【削弱】动（1）（力量、势力）变弱：几名主力队员离队后，球队实力有所~。(2) 使变弱：~敌人的力量。

【增加】

和"缓解"一样，"增加"也有着"$NP_1 + V + NP_2$"和"$NP_2 + V$"的两种句式的转换用法。先看"增加"带双论元的句子，如：

(101) 于是，我们踊跃种植棉花，有的还增加了种植面积。(《人民日报》1995年3月)

(102) 李岚清说，各级政府都要尽最大努力增加对教育的投入。(《人民日报》1995年3月)

"增加"也有只带单论元的句子，如：

(103) 复次，如果有一种办法使企业为社会保险上缴比例减少，这自然会使企业的这部分成本减少，从而利润相应增加。(《人民日报》1995年3月)

(104) 从1970年至1990年期间，美国按四口之家平均收入计算的贫困线标准有明显提高，但生活在贫困线以下的人数及其占全部人口的比重，也明显地增加了。(《人民日报》1995年3月)

(105) 海峡两岸人员往来不少，贸易增加，虽然一波三折，但还是向前发展的。(《人民日报》1995年3月)

对"增加"一词的处理，《现代汉语词典》和《现代汉语动词大词典》有不一致的地方，先看《现代汉语词典》的解释，如下：

【增加】动在原有的基础上加多：~品种｜~抵抗力｜在校学生已由八百~到一千

由上面解释可以发现，《现代汉语词典》只列举了"增加"的一价用法，而《现代汉语动词大词典》则列了两条义项来解

释"增加"的用法,一条"他动",一条"内动",如下所释:

增加①＜他动＞在原有的基础上加多。【基本式】施事(经理、父母、董事会、政府)+增加+受事(人手、钱、定额、工资、热量):经理又增加了点儿工资。l 经理工资又增加了点儿。l 工资他又增加了点儿。②＜内动＞在原有的基础上加多。【基本式】当事(数量、饭量、体重、压力)+增加:体重增加了。

应该说,《现代汉语动词大词典》把"增加"列为两条义项,是比较全面的,但是值得商榷的是第二条义项"内动"中,不一定是"当事(数量、饭量、体重、压力)+增加",也可以是"利润、贸易"等的增加,如上面的例(103)、例(105)。

我们思考的是为什么《现代汉语词典》对"增加"的处理和对"缓解"不一样呢?根据语料和《现代汉语动词大词典》的处理,我们认为《现代汉语词典》应该把"增加"处理成两条义项,解释为:

【增加】动(1):事物在原有的基础上加多:贸易~l 比重也明显~了。(2)使加多:~了种植面积。

【降低】

"降低"在《现代汉语规范词典》中有致使义和非致使义的配对,如下所释:

【降低】❶动下降(跟"提高"相对,②)同):质量~l 价格~。❷动使下降:~录取分数线l ~成本。

而《现代汉语词典》在处理"降低"时,把"下降"和"使下降"列在同一个义项中:

【降低】动下降;使下降:温度~了l ~物价l ~要求。

我们认为"下降"和"使下降"这两条义项分开来列比较好，就如同《现代汉语规范词典》一样，因为这两条义项毕竟对应了两种不同的句式。

【提高】

"提高"有带双论元的句子，如：

（106）中央经济工作会议提出，今年经济工作任务之一，就是要大力提高国民经济增长质量和效益。（《人民日报》1995年3月）

（107）这一举措不仅有效地维护了个体劳动者的合法权益，而且大大提高了党和政府在他们心目中的威望。（《人民日报》1995年3月）

"提高"也有只带单论元的句子，如：

（108）可停靠的大轮船也就越多，港口的吞吐能力也就提高了。（《中国儿童百科全书》）

（109）全年完成造林面积5900千公顷，国家林业重点工程建设步伐加快；森林防火、病虫害防治和资源管理保护工作继续加强，森林覆盖率提高到13.9%。（《人民日报》1995年3月）

（110）工业经济效益有所提高。（《人民日报》1995年3月）

（111）经过一个消化和自行研制的阶段，中国衡器行业的整体水平大大提高。（《人民日报》1995年3月）

"提高"出现在使令句中，如：

（112）发展优质苗木，使近年来我国造林绿化的成活率大大提高。（《人民日报》1995年3月）

"提高"后带上数量词或数量短语做宾语，如：

（113）用χ射线照射青霉素产生菌而育成青霉素高产菌，使青霉素的产量提高了约1000倍。（《中国儿童百科全

书》)

(114) 统计等部门初步建成了计算机业务与管理系统,工作效率比传统方式提高了30%以上。(《人民日报》1995年3月)

"提高"在《现代汉语词典》的解释中,只说明了使令义,解释如下:

【提高】 动 使位置、程度、水平、数量、质量等方面比原来高:~水位丨~警惕丨~技术丨~装载量丨~工作效率。(《现代汉语词典》)

【降低】 动 下降;使下降:温度~了丨~物价丨~要求。(《现代汉语词典》)

这里需指出的是:《现代汉语词典》对"提高"的解释和"降低"不一致,"降低"有"下降"和"使下降"两种意义,而"提高"就只列了致使义。我们认为"提高"和"降低"应该有平行用法。

《现代汉语规范词典》对"提高"的解释也是和"降低"不一致,试比较:

【提高】 动 往上提,使比原来高(跟"降低"相对):~劳动效率丨产量~了一倍。(《现代汉语规范词典》)

【降低】(1) 动 下降(跟"提高"相对,(2)同):质量~丨价格~。(2) 动 使下降:~录取分数线丨~成本。(《现代汉语规范词典》)

虽然,《现代汉语规范词典》明确指出了"提高"跟"降低"相对,但是二者的解释并不平行,也许是没有注意到这一类词的特点。

"提高"在《现代汉语动词大词典》中的解释只有"他动"

用法，解释如下：

　　提高 <他动>使位置、程度、水平、数量、质量等方面比原来高。【基本式】施事（战士、学生、公务员、技术员）+提高+受事（效率、能力、自觉性、水平、产量）：小张提高了办事效率。｜小张把办事效率提高上去了。

《现代汉语动词大词典》只列举"提高"的他动用法，是不大全面的，因为在语料中出现了"提高"的"$NP_2 + V$"的用法。

"提高"有着作格和中介的配对用法，而"提名"则没有。俞士汶等（1998/2003：600）标注了"提高"和"提名"的语法信息，二者的区别主要体现在两点：一点是在能否"单作谓语"上，"提高"可以，"提名"则不行；还有一点是"提高"有 ABAB 的重叠式。"提高"所举的例句格式与"提名"不同，俞士汶等的解释如下所示：

　　【提高】 ~警惕/~了水平/成绩~了/~幅度/国民收入~了

　　【提名】 ~了三个人/~小王当班长/群众~/~人数/他被~了/奥斯卡奖，他被~过两回/只要够格的人都可以~

为什么"提高"有"$NP_1 + V + NP_2$"和"$NP_2 + V$"的同义句式的转换，而"提名"则没有呢？原因可能还是"提高"和"提名"的构词方式不一样，"提高"是动结式，而"提名"则是动宾式，动结式比较容易形成 $NP_2 + V$ 的句式。

【断绝】

"断绝"一词，在《现代汉语词典》中只例释了一种句式的用法，只有 $NP_1 + V + NP_2$ 的用法，如下所示：

　　【断绝】 动 原来有联系的失去联系；原来连贯的不再连贯：~关系｜~来往｜~交通。

《现代汉语词典》中 3 个例句只表现了一种格局，即 $NP_1 + V$

+NP₂ 的格局，在语料中"断绝"有 NP₁ + V + NP₂ 的格局，如：

(115) 为了这事，他竟和许多朋友都断绝了书信往来，内心似乎没有以前的快乐了！（谢冰莹《我认识的亚子先生》）

(116) 他和他的夫人晓芙自由结了婚，他的父母也曾经和他断绝过通信，后来念到生了孙子，又才宽恕了他。（郭沫若《十字架》）

(117) 于8月底边，送他们上了归国的火车，领到了第一次的自己的官费，我就和家庭，和戚属，永久地断绝了联络。（郁达夫《海》）

但语料中"断绝"也存在着 NP₂ + V 的格局，如：

(118) 所有八个伙伴已在川边死去……消息当然从此也就断绝了。（沈从文《老伴》）

(119) 他在学生时代，一月专靠着几十元的官费还可以勉强糊口养家，但如今出到社会上来，连这点资助也断绝了。

"断绝"可以和"使"连用，构成使动句，如：

(120) 再说，各地的战争使货物断绝了来源；他既没法添货，又不像那些大商号有存货可以居奇……（老舍《四世同堂》）

(121) 有一次竟拿起裁纸刀向胡适掷去，最终使胡适与曹断绝关系。（《读者文摘》）

《现代汉语动词大词典》里解释"断绝"倒是有"内动"与"他动"两种用法，但是解释"内动"时，举的基本例句有待斟酌。如下所示：

断绝（1）＜内动＞原来有联系的失去联系；原来连贯的不再连贯。【基本式】当事（关系、音讯、生机、来源）+断绝：音讯一直断绝着。（2）＜他动＞使原来有联系的失去联系；原来连贯的不再连贯。【基本式】施事+断绝+受事：我军断绝了敌军的给养。

这里有待斟酌的是"音讯一直断绝着"中"断绝"带的是"着"这个助词，这在语料中不常见，而且单说也比较别扭。因为"断绝"是没有持续段的，是"点动词"，动作一开始即结束，所以带"着"似乎不大妥当，在CCL语料库中也没有查到"断绝着"的说法。

另外，《现代汉语动词大词典》区分"他动"和"内动"，实际上是"致使"义和"非致使"义的联系，这种区分很明确，比《现代汉语词典》的解释要清楚，《现代汉语词典》就没有强调致使义。

《现代汉语规范词典》倒是注明了致使义，但是还是有一个小问题，就是分号前后的两个释义区别不大，如：

【断绝】 动 中断关系，不再往来；使连贯的事物中断：~外交关系｜交通~。

所以，鉴于"断绝"这个词的用法符合作格的诊断式，因此在释义过程中也干脆设立致使义和非致使义两项，如：

【断绝】 动 （1）使连贯的事物中断：~外交关系。（2）原来有联系的失去联系；原来连贯的不再连贯：交通~。

【产生】

"产生"在《现代汉语词典》中的解释如下：

【产生】 动 由已有事物中生出新的事物；出现：~矛盾｜在中华民族悠久的历史中，~了许许多多可歌可泣的英雄人物。

"产生"可以有"$NP_1 + V + NP_2$"的结构，如：

（122）但她就是产生不了爱马拴的感情。尽管马拴热心

地三一回五一回常往她家里跑,她总是躲着不见面,急得她父亲把她骂过好几回了。(路遥《人生》)

(123) 这种拥挤的生活,使人们的心理高度紧张,容易产生疲劳。(《中国儿童百科全书》)

(124) 厌氧菌大量分解有机物,就产生了沼气。(《中国儿童百科全书》)

(125) 尤其是一些有过失恋体验的大学生对异性容易产生偏见(王登峰、张伯源主编《大学生心理卫生与咨询》)

根据袁毓林(1992),"感情、意见、想法、偏见"可以看成表示某种观念/情感的二价名词。"产生感情"中的"产生"可以理解为"变成有"(change to hold)。

(126) 我从内心产生羡慕。他们没有负担,他们的前途坦落,心理健康,充满欢愉。(柏扬《丑陋的中国人》)

(127) 他突然产生了这样的思想:假若没有高明楼,命运如果让他当农民,他也许会死心塌地在土地上生活一辈子!(路遥《人生》)

(128) 每个子系统只有在系统整体内按一定功能,有机协调的组织起来时,才能产生高一级水平的活动方式和整体效益。(马忠普等《企业环境管理》)

(129) 国家排污收费制度本身只是给企业造成了整治污染的外部环境和经济压力,并对企业以牺牲环境发展生产,追求单纯经济效益产生了制约作用。(马忠普等《企业环境管理》)

(130) 同时由于许多高息揽储单位都采取回扣、暗记和假账等手法,账务不公开,很容易产生贪污问题。(《人民日报》1995年3月)

"产生"出现于"NP$_2$+V"的格式中,如:

(131) 弄清系统的发展过程——该系统是如何产生的;

它经历了哪些阶段;它的发展趋势是什么。(马忠普等《企业环境管理》)

(132)创造者不断将想象的触角向内收缩,在一个狭小的空间营造织结,绚丽是绝不能产生的。(张炜《伟大而自由的民间文学》)

(133)一部部非人力所及、几乎被误解为神灵所赐的伟大史诗产生了——这样的史诗竟然出产于不同的大陆,需要几代人去整理和发掘。(张炜《伟大而自由的民间文学》)

(134)于是,一种对自己命运的奇怪的念头在脑子里产生出来。(张贤亮《绿化树》)

"产生"用于使令句中,如:

(135)随着我国经济的飞速发展,研究信息传播技术和手段的不断提高,特别是新传播媒体的出现,使信息传播方式产生了新的飞跃,该所正是在这种背景下成立的。(《人民日报》1995)

(136)把人生哲理和热烈诗情相结合,从而使他的作品产生一种激动人心的力量。(胡采《在和平的日子里》转引自《汉语大词典》)

"产生"在《现代汉语动词大词典》中处理成"他动",解释如下:

产生＜外动＞由已有事物中生出新的事物;出现。【基本式】当事(榜样、人们、他俩)+产生+结果(后果、力量、感情、分歧):两个人产生了隔阂。

"产生"在北京大学汉语中心的语义词典中,解释如下:

表 3.2-3 "产生"的语义信息

词语	拼音	义项编码	语义类	配价数	主体	客体	例句
产生	chan3 sheng1	1	创造	2	抽象事物	抽象事物	产生影响/产生原因/矛盾产生了/产生变化/我们中间正在产生着新的开拓者/领袖产生在群众之中

语义词典的解释中,如果配价数确定为2,那么主体的语义角色定为"抽象事物",是不大妥当的,因为"产生"的主体有很多是具体事物,如例(122)等。

下面比较一下"产生"在《现代汉语词典》和《现代汉语规范词典》处理中的异同:

【产生】 动 由已有事物中生出新的事物;出现:同事之间关系处理不好就会~矛盾 | 在中华民族悠久的历史中,~了许许多多可歌可泣的英雄人物。(《现代汉语词典》)

【产生】 动 从已有事物中生长出新的事物,新现象;出现:体育界~了许多世界冠军 | 一种依恋的情感在他俩之间~了。(《现代汉语规范词典》)

《现代汉语词典》的例句都是"$NP_1 + V + NP_2$"的格式,而《现代汉语规范词典》就注意到了"产生"的 $NP_2 + V$ 的用法,举了一例:"一种依恋的情感在他俩之间产生了"。这样举例比较全面,照顾到了各种句式的用法。

【形成】

"形成"在语料中有一种及物用法和不及物用法的交替,先看 NP$_1$ + VP + NP$_2$ 的用例：

（137）我知道，下连半年来，同志们逐渐形成了对我的信任。（石言《秋雪湖之恋》）

（138）学生掌握了知识经验，形成了观点和信念，还不等于他们能按照教育者提出的要求去做。（方富熹、方格《儿童的心理世界——论儿童的心理发展与教育》）

（139）随着生产力的发展，社会分工越来越细，形成了众多的行业。[阴法鲁、许树安《中国古代文化史》（三）]

再看符合 NP$_2$ + VP 的用例，如：

（140）军阀割据的局面形成了。（《现代汉语动词大词典》）

（141）一个新的决心却在警报期间在我心里慢慢形成。（茅盾《腐蚀》）

（142）在这懒惰苟且的两年里，这部书闪闪烁烁地形成了；其实它的结论早就形成了，只在著书的时候，他才开始思索。（路翎《财主的儿女们》）

"形成"也可用于使令句中，如：

（143）悠久的养牛历史，使这里的农民形成了传统的养殖习惯和养殖技能……（《人民日报》1995.01a）

（144）丰富的生活经历和版画艺术的深厚造诣，使他形成自己独有的书风：奔放而凝重，泼辣而浑厚。（《人民日报》1995年1月）

（145）这些措施使全市形成了开展爱国主义教育活动的良好氛围。（《人民日报》1995年2月）

（146）全局范围内有关加快发展新思路、新途径的"解放思想大讨论"，使人们形成一个共识：煤矿要以煤为主，多种经营……（《人民日报》1995年2月）

"形成"经常用于定中短语的中心成分，如：

(147) 这分性格的形成,便应当溯源于小时在私塾中逃学习惯。(沈从文《我读一本小书同时又读一本大书》)

(148) 妇女道德的形成,与游侠者的道德观大有关系。(沈从文《凤凰》)

综合上述关于"形成"的语料的考察,我们认为《现代汉语词典》(1996)在对"形成"解释的用例上应增添有代表性的例子,先看《现代汉语词典》(1996)的解释:

【形成】通过发展变化而成为具有某种特点的事物,或者出现某种情形或局面:~鲜明的对比。

这个解释没有把"形成"符合 NP_2+V 句式的用例表现出来,列举出来。值得一提的是:《现代汉语词典》(2005)第5版就增添了例句,如下所释:

【形成】动 通过发展变化而成为具有某种特点的事物,或者出现某种情形或局面:销售网已经~│~鲜明的对比│~难以打破的僵局。

《现代汉语动词大词典》对于"形成"的解释就比较全面,列了两项:

形成(1)〈外动〉通过发展变化而成为具有某种特点的事物。【基本式】当事(孩子、作家)+形成+结果(性格、风格):那作家形成了独特的写作风格。(2)〈内动〉出现某种情形或局面。【基本式】当事(局面、形势)+形成:军阀割据的局面形成了。

应该说《现代汉语动词大词典》把"形成"处理成外动和内动是比较合理的,只是在义项(2)的解释中,其中的格框架标明的是"当事+形成",我们认为有疑义,既然义项(1)是"当事+形成+结果",义项(2)是当事不出现,应该是"结果+形成"。

"形成"与英语的 germinate 有相似处,英语的 germinate 是一个内部致使的动词,有着及物和不及物两种用法,如《牛津高阶英汉双解词典》所释:

germinate v [I, Tn] (cause sth to) start growing (使某物)发芽,萌芽:The cabbages germinated within a week. 白菜一星期内就发芽了。To germinate cabbages, beans, etc 使白菜、豆子等发芽。

【实现】

"实现"一词《现代汉语词典》和《现代汉语规范词典》的解释基本一样,但是《现代汉语规范词典》多了一条例句,现把《现代汉语词典》和《现代汉语规范词典》的解释分别列举如下:

【实现】动 使成为事实:~理想。(《现代汉语词典》)

【实现】动 使(理想、计划等)成为事实:~四个现代化|我的理想终于~了。(《现代汉语规范词典》)

关键是《现代汉语规范词典》多的这一条例句,实际上反映了"实现"可以进行"$NP_1 + V + NP_2$"和"$NP_2 + V$"句式的转换,那么到底该不该把"实现"的非致使义反映在词典中?这就是值得深思的问题。为了在解释上避免矛盾,如《现代汉语规范词典》中释义是有致使义,然而例句"我的理想终于实现了",却不含有致使义,所以,我们认为"实现"最好还是列两条义项。

"实现"可以出现在使令句中,我们调查了一下"实现"出现在"使 + NP + V"的结构中的情况,发现"使 + NP + 实现"的结构中,NP 的语义类别大致有"抽象事物、具体事物、人、处所"等四种情况,下面分类说明:

1. NP 为"抽象事物"的"使"字结构,如:

(149) 不仅为国家产生了新的重要的知识产权,也使成果实现了产业化,能很快进入市场,推动我国软件开发产业向工业……(《人民日报》1995年5月)

(150) 日本经济的迅速发展,给农业发展带来了好处,例如使生产实现了机械化、化肥化等,但同时也使日本家庭农业结构的问题……(《人民日报》1995年1月)

(151) 这片广阔的良田,更使上虞市的水产业实现了一个飞跃。(《人民日报》1995年1月)

(152) 先后开展了"把生产难点作重点"、"扩大市场促销售"等活动,使党委工作实现了三个突破:一是政工队伍建设有突破;二是政工内容有突破,即围绕生产经营开展政治、理论和现代科学文化教育;三是政工方法上有突破……(《人民日报》1995年1月)

2. NP为"具体事物"的"使"字结构,如:

(153) 电视多路广播新技术使电视机实现了多功能和多用途,满足人们对电视多样化的要求。(《中国儿童百科全书》)

3. NP为"人"的"使"字结构,如:

(154) 驻马店地区通过开办农民住院医疗保险,使投保农民实现了住院有补偿,农民露出了欣慰的笑容。(《人民日报》1995年2月)

(155) 4年时间解决现有的300万贫困农牧民的温饱问题,再用3年时间使他们逐步实现脱贫致富。(《人民日报》1995年3月)

4. NP为"处所"的"使"字结构,可以去掉"使"变成

存现结构，如：①

(156) a. 山东淄博电业局强化电力为农业、农民、农村经济发展服务，使全市实现了村村户户通电，而且不断降低农村生活照明电价……（《人民日报》1995年1月）

b. 全市实现了村村户户通电。

(157) a. 约以两国将严格遵守和平条约，使两国边界地区实现和平、稳定与经济发展。（《人民日报》1995年1月）

b. 两国边界地区实现和平、稳定与经济发展。

(158) 呼吁中东和平进程有关各方抓住机遇，争取中东和谈取得突破，以便使中东地区早日实现"真正和持久的和平"。（《人民日报》1995年3月）

【成立】

"成立"在《现代汉语词典》中有两条义项，没有出现"他动"的用法，如：

【成立】动 (1)（组织、机构等）筹备成功，开始存在：1949年10月1日毛主席在天安门庄严宣布中华人民共和国~。(2)（理论、意见）有根据，站得住：这个论点理由很充分，能~。

但是，在实际语料中，"成立"是有"他动"的用法的，如：

(159) 尤其是里面的一小部分同学，她们立刻成立学生

---

① "实现"出现在"使"字结构"使+NP+VP"中，NP为表"范围"的处所词语，说明这个致使结构中，"被使者"是处所词语，并不影响"实现"的致使义的表达。另外，我们认为"使"字结构除了表现致使义外，还在时态上显示一种将来时的倾向，如例(158)不能变换成存现结构，说明时态上不适应，别的例句如例(156)、(157)也显示了这一点。

会，带领我们去游街、讲演、喊口号。(丁玲《我怎样飞向了自由的天地》)

(160) 师生一致，立刻成立了一个后援会。(唐弢《三迁》)

(161) 别的大村子都成立了村公所、各救会、武委会，刘家山却除了县府派来一个村长以外，谁也不愿意当干部。(赵树理《小二黑结婚》)

"成立"当然有带单论元的情况，而且这种 NP$_2$ + V 的句式是非常常见的，如：

(162) 1935 年底参加上海文化界救国会。1936 年中国文艺家协会成立，被选为理事。(《郑振铎简介》)

(163) 现在的城市中确实常见争夺的现象，但争夺不是城市的要素，城市不必借争夺而成立；倘欲与世隔绝，就是在乡间，也是难能的。(孙福熙《猫山之民》)

所以，我们认为词典编纂中应该把"成立"的使动用法列为一条，或者像"形成"一样增加一条解释——通过筹备使组织、机构等存在，这样比较符合"成立"有 NP$_1$ + V + NP$_2$ 的语言事实。

实际上，《现代汉语动词大词典》也已经注意到了"成立"有着"他动"的用法，专门列了一条"他动"的义项，如：

成立（1）＜他动＞（组织、机构等）筹备成立，开始存在。【基本式】施事（人们、学生、公司、李村）＋成立＋结果（宣传队、组织、学校、协会）：他们成立了话剧团。｜话剧团他们成立了。（2）＜内动＞（理论、意见）有根据、站得住。

这里只谈义项（1）中的他动用法，基本式表明了是"施事＋动作＋结果"，而"结果"是属于该书中的"客体"格，所以，"成立"有着典型的 NP$_1$ + V + NP$_2$ 的用法，《现代汉语动词大词典》在这个词的处理上，注意得比较好，但值得注意的是例句改过来了，而释义还是用的《现代汉语词典》的释义，释义没有体现出"他动"的用法。另外，《现代汉语动词大词典》应该注意在例句的变换上可以有更多的变换法，如"他们成立了话剧团"除了有"话剧团他们成立了"的说法外，还有"话剧团成立了"的说法，该词典没有注意这一点，自始至终没有出现直接由"受事＋动词"的例句，也许是没有认识到"成立"有这样一种 $NP_1 + V + NP_2$ 和 $NP_2 + V$ 的交替用法。

"成立"和"设立"是一组同义词，试看《现代汉语词典》对"设立"的解释中，应用了"成立"这个词解释，如：

【设立】 动 成立；建立（组织、机构等）。～监察小组｜新住宅区～了学校、医院和商店。

我们把"成立"和"设立"可以对比一下，就会发现"设立"没有 $NP_2 + V$ 的句式的用法，一般是 $NP_1 + V + NP_2$ 的表现，如：

（164）道光以后，中外通商日趋频繁，为了便于稽查和征收进出口货税，清政府设立了通商海关。［阴法鲁、许树安《中国古代文化史》（三）］

（165）有限责任公司成立后设立分公司，应当由公司法定代表人向公司登记机关申请登记，领取营业执照。（《中华人民共和国公司法》）

有意思的是例（165）中，同样是有 NP_2 和 V 两个结构成分，"成立"的 NP_2 位于 V 之前，"设立"的 NP_2 位于 V 之后，可见"设立"的直接宾语只能位于动词之后，"设立"没有作格用法，"成立"可以。

"成立"还可以出现在使令句中，如：

（166）白崇禧采纳了这一建议，使八路军桂林办事处如

期成立,全国进步文化人顺利地旅居桂林……(《人民日报》1995年9月)

下面讨论"确立"一词,"确立"和"设立"有类似的地方。

《现代汉语词典》关于"确立"的解释是:

【确立】稳固地建立或树立:~制度|~信念。

"确立"出现在 $NP_1 + V + NP_2$ 的句式中是主要的,如:

(167)从作品到人,再从人到作品,我们就是这样地分析问题,这样地寻找感觉,汇合着经验,确立着原则。(张炜《羞涩和温柔》)

(168)这次革命结束了法国的封建专制制度,确立了资本主义制度,并推动了十九世纪欧洲许多国家的资产阶级革命。(《现代汉语词典》)

"确立"一般是不出现在 $NP_2 + V$ 的句式中,如果出现,也是有条件的,比如出现在否定句、"难易句"中,如:

(169)由于大学阶段学业尚未完成,事业尚未确立,经济上也尚未独立,大学生即使谈恋爱也是成功率不高的,因为一切尚在不稳定之中,所以在大学中并不提倡恋爱。(王登峰、张伯源主编《大学生心理卫生与咨询》)

(170)他们一方面对自己的专业或某一科目不感兴趣,但却不允许它有一个哪怕是"中等水平"的成绩,否则就会觉得自己的价值难以确立。(王登峰、张伯源主编《大学生心理卫生与咨询》)

"确立"若出现在 $NP_2 + V$ 的句式中,动词前面有已然体的出现,另外,"确立"还可出现在包嵌的子句中,如下所示:

(171)在长沙马王堆汉墓出土的周代古医籍中,有《足臂十一脉灸经》、《阴阳十一脉灸经》等帛书,反映了当时经络学说已基本确立。[阴法鲁、许树安《中国古代文化

(172) 生产资料私有制的社会主义改造已经完成，人剥削人的制度已经消灭，社会主义制度已经确立。(《中华人民共和国宪法》)

(173) 科举制度自唐朝确立时起，考场的各种舞弊便已出现。[阴法鲁、许树安《中国古代文化史》(三)]

对比一下"确立"和"成立"在构成 NP$_2$ + V 句式的限制上，我们就发现"确立"所受到的限制要多一些，有时体方面的限制，有语气上面的限制，如肯定否定等语气，总之，"确立"前面的修饰成分越多，构成 NP$_2$ + V 句式的可能性越大，可以把"确立"带单论元的出现环境概括为 NP$_2$ + Adjunct + V，Adjunct 指附接语。而"成立"可以直接出现在 NP$_2$ + V 的句式中，而"确立"出现在 NP$_2$ + V 句式中是有很多条件限制的，因此我们在这里暂不把"确立"列为作格动词。"设立"不能出现在 NP$_2$ + V 句式中，"确立"出现在这种句式中受到限制，这些分布不允许的情况说明"设立"、"确立"必须得有施事的加入才行。

【消除】

"消除"在《现代汉语词典》中的解释如下：

【消除】动 使不存在；除去（不利的事物）：～疾病｜～隐患｜～隔阂。(《现代汉语词典》)

《现代汉语规范词典》也是只列一条义项，如：

【消除】去掉（不利的事物）；使不复存在：险情已经～了｜～误会。

对比《现代汉语词典》和《现代汉语规范词典》对"消除"的解释，发现《现代汉语规范词典》在例句的编排上考虑了"消除"的"NP$_2$ + V"的用法，这样的解释更全面一些。

"消除"可以出现在使令句中,如:

(174) 但必须逐步扩大和吸收东欧国家加入该组织,并要使俄罗斯消除疑虑。(《人民日报》1995年2月)

(175) 这种无言的交流使我们之间的陌生感消除了许多。(《市场报》1994年2月)

【激荡】

"激荡"的释义有致使义和非致使义两种,而且这两种意义对应于动作义和状态义,试看《现代汉语词典》的解释,如:

【激荡】 动 (1)因受冲击而动荡:海水~|感情~。
(2)冲击使动荡:~人心。

"激荡"的这种解释和用法符合作格的用法。

"激荡"出现在使令句中时,不是简单的"NP_1+使+NP_2+V"句式,而是"使"字后出现了两个NP,构成如"NP_1+使+NP_2+NP_3+V"句式,如:

(176) a. 这本影集使我思绪激荡,浮想联翩。(肖华《往事悠悠》连载之六)

(177) a. 江泽民主席的讲话,使驻香港部队官兵心潮激荡,久久不能平静。(《人民日报》1996年2月)

例(176)a、例(177)a可以说是"NP_1+使+NP_2+NP_3+V"的句式,但是我们发现NP_2和NP_3之间有配价关系,NP_2是支配性名词,而NP_3是从属性名词,支配性名词和从属性名词共现才符合配价要求,因而出现了类似于例(176)和例(177)的"NP_1+使+NP_2+NP_3+V"结构,实际上NP_2和NP_3之间有语义上的联系,NP_2和NP_3之间可以加"的",例(176)a、(177)a可以变换成:

(176) b. 这本影集使我的思绪激荡,浮想联翩。

(177) b. 江泽民主席的讲话,使驻香港部队官兵的心潮激荡,久久不能平静。

【摇晃】

"摇晃"可以出现双论元句和单论元句的配对,如:

(178) a. 不过这也不怎么疼,一来是咳嗽就像风摇树那样一个劲摇晃着她,容不得她使劲,二来脸上汗爬水流,手打上去老是打出溜。(李陀《七奶奶》)

　　b. 她摇晃着。

(179) a. 夏季早晨的凉风正精神抖擞地摇晃着满树绿叶,他从存车处推出自行车来,走出了医院大门。(张承志《北方的河》)

　　b. 满树绿叶摇晃着。

　　c. 满树绿叶摇摇晃晃。

例(178)句中"摇晃"的是"她",这里"致使者"或"引发者"位于动词"摇晃"之前,"咳嗽"是使因。(178a)与(178b)两句是作格句和中介句的配对,(179)a与(179)b两句也是作格句和中介句的配对,(179)c句中"摇晃"的重叠式描写一种状态,a、b句的配对说明"摇晃"有作格用法。"摇晃"这一词带单、双论元都可的情况,在语料中比较普遍。

先看"摇晃"带双论元的作格句子,如:

(180)"这个,"龚大平摇晃着统计表,问道,"准备兑现吗?"(张一弓《赵镢头的遗嘱》)

(181)钟其民感到有人在身后摇晃他的椅子。(余华《难逃劫数》)

(182)宝珠抱住瑞珠的腰,摇晃她,越发气喘吁吁……(刘心武《秦可卿之死》)

(183)我使劲摇晃他的肩膀……(刘心武《看不见的朋友》)

(184)"我干吗眼儿热呀?!"她摇晃着头说,"你到底

看见了什么?"(老舍《骆驼祥子》)

我们注意到"摇晃"带双论元时,"摇晃"后带的时体助词一般是"着"。

"摇晃"后带"了"时,"摇晃"一般带的是单论元,如下面的例(185)至(187),如果带的是两个名词NP$_1$、NP$_2$,则NP$_1$和NP$_2$之间有领属关系,如例(188):

(185)床摇晃了一下,她看到丈夫站了起来,头将塑料雨布顶了上去。(余华《夏季台风》)

(186)那两条粗壮的胳膊一挥,他宽大的身体就剧烈摇晃了。(余华《祖先》)

(187)他战栗,摇晃了一下,在床边坐下了,但没有放开手里的皮箱。(曾卓《悲歌》)

(188)他摇晃了一下头,让自己醒回现实来。(《读者文摘》)

"摇晃"不带"了"时,也可带单论元,如:

(189)辛楣进来,像喝醉了酒,脸色通红,行步摇晃,不等鸿渐开口,就说:"鸿渐,我马上要离开这学校,不能再待下去了。(钱钟书《围城》)

(190)她走去时的背影摇摇晃晃,两条腿摆动时很艰难……(余华《夏季台风》)

"摇晃"可以出现在"使"字句中,如:

(191)然后她离开了梳妆台,走到窗前打开窗户,屋外潮湿的空气进来时,使窗帘轻轻地摇晃了一下。(余华《难逃劫数》)

(192)"呵"了一声,丈夫果断地将伞合上,但那合上的吧嗒声格外响亮,使他们两个人都摇晃了一下。(刘心武《黄伞》)

"摇晃"出现在"将"字句中,如:

(193) 起身后,一望朝日未升,云霞还是淡淡的,室中稍有白光,开了电灯,晨风飕飕的,似乎将灯影也摇晃起来,记得离家时,深深地惆怅呵!(陈学昭《献给我的爱母》)

鉴于"摇晃"在语料中的作格用法,我们认为"摇晃"的释义应和"感动"的释义对应起来,可以有"使摇摆"的含义和用法。因此我们质疑《现代汉语词典》(1996)对"摇晃"这一词条的解释:

【摇晃】:摇摆:灯光~|摇摇晃晃地走着

《现代汉语词典》(1996)的疏忽是,只给出了带单论元的中介句的用法,未给出带真宾语的用法。例句没有给出带真宾语的用法是不大妥当的,因为在语料中这种情况很常见。

因此,在词典的解释中,如果只为"摇晃"列一个动作义的义项,就不能涵盖状态义,例如"树枝不断地摇晃"可以是没有外力推动的。如果只为"摇晃"列一个状态义的义项,就不能涵盖动作义,如例(3)至例(6)。因此根据"摇晃"的作格用法,最好将该词设为两个义项。所以,《现代汉语词典》(2005)很及时地修改了"摇晃"的解释:

【摇晃】: 动 (1) 摇摆:烛光~|摇摇晃晃地走着。(2) 摇动①:~~奶瓶。

我们把"摇动"的义项①列举如下:

【摇动】 动 (1) (-//-)摇东西使它动:摇得动|摇不动|用力~木桩。

《现代汉语词典》(2005)区分"摇晃"的两个义项是很有必要的,实际上这两个义项代表了动作义和状态义的区别。再比如:

(194) a. 我使劲摇晃那块石头,但那块石头纹丝不动。

　　　　　b. *石头摇晃了,但纹丝不动。

　a 句能够说得通,b 句不行,说明 a 句中的"石头"可以不动,"摇晃"只是动作义,而 b 句的"摇晃"是一种状态义,所以不能不动。另外,"摇晃"可以受"一直、使劲"的修饰,但"感动"是不行的。

　参照"激荡"的动作义和状态义的词典释义,"摇晃"也应该列为致使义和非致使义更明确,我们试着将"摇晃"的释义改动如下:

　　　【激荡】:动 (1) 因受冲击而动荡:海水~|感情~。
(2) 冲击使动荡:~人心。

　　　【摇晃】:动 (1) 摇摆:烛光~|摇摇晃晃地走着。
(2) 使摇摆:龚大平~着统计表。

　李临定(1990:130)认为"摇晃"有内动和外动的兼类用法。如:

　　　摇晃:[内动] 地震时,桌子~了起来。[外动] 你别~桌子。

　"摇晃"的这种作格用法,英语中也存在类似的用法,Farsi(1974)举了下面一对例子进行分析①,如:

　　　(195) It swng.
　　　(196) He swng it.
　　　(197) It oscillated.
　　　(198) *He oscillated.

　影山太郎(2001:166)认为 swing/oscillate 是同义的,但是在这里重要的是区分物理性的外界认识和语言化了的动词意义的不同。swing 作为作格动词,如果是钟摆、秋千、手臂等可以自

---

① 转引自影山太郎(2001)。

己 swing 等物体,其功能为不及物。相反,oscillate 的意思是"to swing back and forth with a steady, uninterrupted rhythm/稳定地不间断地有节奏地前后摇晃",表示有特定规律的摇摆,一般来说,要在外部诱发这种摇摆是困难的,所以 oscillate 很难有及物用法。无独有偶,汉语的"振动"通常也是只有不及物用法,如:

(199)窗外的白雪,好像白棉花一样飘着;而暖炉上水壶的盖子,则像伴奏的乐器似的振动着。(萧红《永远的憧憬和追求》)

(200)我的肩背所斜倚着的木壁零零的振动。(孙福熙《乡思》)

语料中也有"振动"带宾语的用法,但"振动"的主语和宾语大多具有领属关系,如:

(201)"鸪——咕,鹁鸪鸪——咕",听着麻雀在檐前打闹,听着一个大蜻蜓振动着透明的翅膀,听着老鼠咬啮着木器,还不时听到一串滴滴答答的声音,那是珠子灯的某一处流苏散了线,珠子落在地上了。(汪曾祺《晚饭花》)

(202)【忒儿】<方>象声词,形容鸟急促地振动翅膀的声音。(《现代汉语词典》)

应该说,"振动"的这种不及物用法是符合《现代汉语词典》的解释的,《现代汉语词典》的解释如下:

【振动】物体通过一个中心位置,不断作往复运动。摆的运动就是振动。也叫振荡。

"摇动"和"振动"相反,"摇动"是有动作延及方向的,只有及物动词的用法,"摇动"可以有两个论元 NP_1 和 NP_2,但是不能出现"NP_2+摇动"的句式。如:

(203)a. 只见老头儿摇动一只签筒,让张全义抽出一根竹签。(陈建功、赵大年《皇城根》)

b. *一只签筒摇动。

(204) a. 刮起了风，天香楼外的大槐树摇动着只剩残叶的枝条，把夜的黑波搅动得如同大海中的浊浪……（刘心武《秦可卿之死》）

　　　　b. ？只剩残叶的枝条摇动着。

【摇惑】

"摇惑"在《现代汉语词典》的解释中有一种致使义和非致使义的配对，如下所释：

【摇惑】（1）动摇迷惑：人心～。（2）使动摇迷惑：～人心｜～视听。

"摇惑"在语料中有单论元和双论元交替出现的情况，如：

(205) 曾以此言戒劝康有为，乃不思省改，且更私聚数百人，在辇毂之下，立为保国会，日执途人而号之曰："中国必亡，必亡！"以致士夫惶骇，庶众摇惑。（柯劭等《清史稿》）

(206) 且责进忠，词甚厉。左右以摇惑军心，怂进忠毙之。（柯劭等《清史稿》）

(207) 王曰："杜元铣与方士通谋，架捏妖言，摇惑军民，播乱朝政，污朝廷；身为大臣，不思报本酬恩，而又诈言妖魅，蒙蔽欺君，律法当诛，除奸佞，不为无故耳。"（《封神演义》第6回）

"摇惑"在现代汉语中不大常用，主要还是古代汉语的用法。所以"摇惑"在现代汉语词典中没有"使＋NP＋摇惑"的句式的出现。

（二）表状态变化的作格动词的特点

表"状态变化"的作格动词有下列特点：

1. 这类动词在句法上有着"$NP_1 + V + NP_2$"和"$NP_2 + V$"的句式转换。

第三章　现代汉语的作格动词及其释义　　197

2. 这类动词可以出现在"NP_1 + 使 + NP_2 + V"的句式中，如：

(208) 现代的学术研究，使我们改变了这个看法。

(209) 后来，人们又发明了木活字和金属活字，使活字印刷得到了改进。

(210) 政府和公众纷纷捐款资助，使医院的设备和伤员的福利大为改善。

(211) 当车子向西（向右）转弯时，则左侧的传动齿轮放落，使大齿轮向左转动，以抵消车子右转的影响。

(212) 发展优质苗木，使近年来我国造林绿化的成活率大大提高。

(213) 再说，各地的战争使货物断绝了来源。

(214) 这些措施使全市形成了开展爱国主义教育活动的良好氛围。

(215) 屋外潮湿的空气进来时，使窗帘轻轻地摇晃了一下。

(216) ……动、植物图案，通过手刮的方式，亲自"印"到书中留出的空白中，使儿童开动脑筋，从阅读中得到无穷的乐趣。(《人民日报》1996)

(217) 最近采取一系列的有力措施，使部分贫困居民缓解了部分困难。

(218) 但是，由于长期滥用农药，使环境中的有害物质大大增加，危害到生态和人类，形成农药污染。(《中国儿童百科全书》)

(219) 往车或船上装货时，要把重货物放在下面，轻货物放在上面，使重心降低。(《中国儿童百科全书》)

3. 这些动词后常加上时体助词"了"，构成"NP_1 + V + 了 + NP_2"和"NP_2 + V + 了"格式。如"改变、改进、改善、发展、开展、开动、出动、转动"等词都是可带"了"的,这时这些动词明显地表示"状态的变化"。

在这里值得一提的是:现代汉语里能实行"$NP_1 + V + NP_2$"和"$NP_2 + V$"同义句式转换的动词有一个时体特征,即动词 V 在带"了"时,很容易实行这种转换,这一点王晖辉(2002)已指出。王晖辉(2002)考察了汉语使用频率最高的 796 个动词进入 $NP_1 + V + NP_2$,以及在保持动名语义格关系一致的情况下转换成 $NP_2 + V$ 句式的不同情况,发现大致有六种情况:Va、Vb、Vc、Vd、Ve、Vf。文章证明,$NP_2 + V$ 是一个凸显动作的结果和 NP_2 行为变化的句式,"动后" NP_2 移位到"动前"倾向于是一个话题化的过程。吕叔湘提到的两个汉语句子格局中的"Y——动词"是王晖辉文中的 $NP_2 + V$ 这个格式,格局"X——动词——Y"是王晖辉文中的 $NP_1 + V + NP_2$ 这个格式。文中所谈到的 Vb 类动词实际上是作格动词,可进入 $NP_1 + V + NP_2$ 格式中,且 NP_2 是 V 的受事;NP_2 并且可以移位到动词前构成 $NP_2 + V$ 格式,此时,NP_2 的句法角色是主语,V 则是不带其他句法标记(如趋向、结果、处所补语等),大部分 V 只需要带虚化的完句标志"了"即可。如:

(220) 水手们沉了船——船沉了
(221) 他灭了火——火灭了
(222) 中国队大败南朝鲜队——南朝鲜队大败
(223) 妈妈开了窗户——窗户开了
(224) 人民军队解放了长沙——长沙解放了
(225) 他的离去减弱了支队的实力——实力减弱了
(226) 警察疏散了人群——人群疏散了
(227) 撞机事件恶化了中美两国的关系——中美两国的关系恶化了
(228) 我方的宣传瓦解了敌人的阵势——敌人的阵势瓦

解了

(229) 德军依靠电台动摇盟军的军心——盟军的军心动摇了

(230) 政府加重了农民的负担——农民的负担加重了

(231) 康熙平定了边疆的叛乱——边疆的叛乱平定了

石定栩(2003)在《汉语动词前受事短语的句法地位》一文中提到:"作格动词句和无标记被动句描述的是同一种情况:受事短语出现在动词前面,充当句子的主语,但句中并没有被动标记。不过,由于国外的句法学家一般都认为句子中只有一个主语,而且哪个成分成为主语取决于题元角色的排序,所以这两类句式还有一个极为重要的决定性特征,即施事短语或者其他排序高于受事的成分不在句子中出现,也不可能出现。作者认为:"要真正搞清楚受事短语出现在动词前所受的限制,还是要全面分析,从语法的各个组成部分及其相互作用中去寻找线索。比如定指标记及时体的差异等因素都应考虑。"

也许动词在表现其作格性的时候,体现了人类语言的共性,都是和完成体、过去时分不开的。像前面调查的作格动词大多是在带"了"时,能实行"$NP_1 + V + NP_2$"和"$NP_2 + V$"同义句式的转换的。前面已经列表说明了表心理活动的作格动词、表状态变化的作格动词以及兼属形容词的作格动词常带"了",这里只举两个例子来说明,比如"改变"、"缓解"就是在动词 V 带"了"时,最容易实行上述所说的同义句式的转换。如"他改变了工作作风"和"工作作风改变了",以及"这个故事缓解了紧张气氛"和"紧张气氛缓解了"。

在考察汉语的作格现象时,发现作格除与动词有关外,还与动词的体有很大的关系,尤其是完成体的运用。比如上一节所举的例子中这类"$NP_2 + V$"的格式中的 V 大部分都带了完句标志"了",表示动作的达成(achievement)。所以文章注意到了与完成体相关的"了"的应用,把"了"看成动词的屈折变化也可以。动词的体对作格句有影响,进而也影响到动词的语义特征,使动词趋向于非自主。马庆株(1992)说道:"动词的体对自主义位有重大的影响。自主动词在表示非完成义的将来的动作和经常性动作的时候,强烈地表现出自主的语义特征;当后面加上表示完成的后缀'了'表示完成了的动作时,语义上就很难说它是自主的抑或是非自主的了。能表示动作变化遗留状态的动词,如'开、摔、挂、变、洒、堵'等作为光杆动词单说时是自主的;加上表示完成的后缀'了'以后,自主性就模糊了。"所以,"门开了"就是典型的非宾格句。"了"的[完成]的语义特征使"开"这个自主动词弱化,陈述一种状态。从另外一个角度讲,"开"这个词可以体现为"动态功能"和"静态功能"两种功能。

黄正德(1990)认为用在存在句和表示完成貌的"有"是一种具有"作格"性质的助动词。

但是关于汉语的"了"的体的性质是一个很复杂的问题。首先,存在"了$_1$"和"了$_2$"的问题,按照《现代汉语八百词》的观点:"了$_1$"用在动词后,主要表示动作的完成。如动词有宾语,"了$_1$"用在宾语前。"了$_2$"用在句末,主要肯定事态出现了变化或即将出现变化,有成句的作用。如动词有宾语,"了$_2$"用在宾语后。我们主要探讨的是"了$_1$"。

各家对"了"的完成体的性质的认识很不一致。"了"是表示"完成"体还是表示"实现"体尚存争议。比如刘勋宁(1988)讨论词尾"了"的语法意义时指出:"能不能带'了'的语义限制在于动作或性状是否成为事实,而不在于这个动作或性状是否处于'完成线'上。"我们这里不想卷入这场讨论,初步认定"了"的完成体的性质。

值得注意的是,作格动词在"$NP_2 + V$"这个句式中,动词

V 即使不带"了",也常采用别的虚词或词汇形式表示完结的概念,如:

(232) 周章之顷,船开矣,此虽民船而汽舟拖之,汽舟者摩托也。(俞平伯《古槐梦遇》)

(233) 有的疼痛已经缓解。

4. 这一类表状态变化的作格动词很多能受"努力"等表示意愿的形容词或动词修饰,如:

努力改变　　努力转变
努力改进　　努力改善
努力发展　　努力开展
努力缓解　　努力增加
努力降低　　努力提高

和"努力(地)"共用的作格动词,大多出现在"(NP$_1$)+V+NP$_2$"的句式中,如:

(234) 尽管食品制造业近来一直努力改进减肥食品的口味,但减肥餐的味道仍较一般食品略逊一筹……(《市场报》1994)

(235) 所有企业都要眼睛向内,努力转变经营机制,搞好内部管理,加强领导班子建设。(《人民日报》1995)

(236) 要努力增加化肥总量,保证市场供应。(《人民日报》1996)

(237) 建设一批对国民经济全局有重要影响、在路网上起骨干作用的大干线,努力缓解铁路运输紧张状况。(《人民日报》1996)

上面这些动词受"努力"的修饰,是侧重于动词的"动态性",能受表示强烈意愿的"努力"这个词的修饰,出现在"NP$_1$+V+NP$_2$",说明此时这些动词的动作性很强。

5. 有一些表状态变化的动词能受"自己"或"自我"修

饰，如"改变、改进、改善、转变、发展、开展、转动"等词都可以。

6）这类动词出现在"NP₂ + V"的句式中，有一部分词能够带上数量词语做补语，如带上"许多"做补语，表明状态的改变是一个"量变"的过程，如：

（238）声污染、化学污染，各种各样的污染，使我们这个星球在品质上已经改变了许多。（张炜《激情的延续》）

（239）桂枝为看护这个平凡的人，不知不觉的改变了许多。（老舍《蜕》）

（240）妈妈从大陆回到台湾以后，无论外形与性格都改变了许多。（《读者文摘》）

除了"改变"能带上"许多"做补语外，还有一些表状态变化的动词能带上"许多"做补语，如：

改变了许多　　改进了许多
改善了许多　　转变了许多
缓解了许多　　削弱了许多
增加了许多　　降低了许多
提高了许多

还有一些表状态变化的作格动词不能受"许多"的修饰，但是却能带上"时量宾语"，表示状态的变化的过程。试以"发展"为例进行说明：

（241）因为，他在东南亚和香港已经顺利地发展了两年，并且成为当地的明星。（《人民日报》1995年5月）

（242）泰瑞和我的关系稳定地发展了一年多。（《读者文摘》）

那么我们发现还有一些作格动词和"发展"一样，常带上时量宾语①，如：

发展了两年　　开展了两年
开动了两小时　出动了两天
出版了两年

表状态变化的作格动词的"量变"的特点，有的动词如"发展、开展、改变、改善、缓解"等可以用 Dowty（1991）的"渐增的客体"（incremental theme）来说明，所谓"渐增的客体"是原型受事的衍推（entailments）。Dowty 用动词 mow 来说明，在 mow the lawn 中，割草坪这个活动可以映射到这个事件的各个部分。当一半的草坪被割完时，这个事件完成了一半；当整个的草坪被割完时，整个事件完成了。

关于上面讨论的作格动词，有的带上"许多"或时量宾语时，如"泰瑞和我的关系稳定地发展了一年多"句中，动词"发展"的论元"泰瑞和我的关系"也许可以理解为一个"渐增的客体"。有的动词带时量宾语，并不是指动作持续的时间，而是指动作完成后所持续的时间，如"开动、出动、出版"，那么这些动词所带的论元，就不是一个"渐增的客体"。

Levin & Rappaport（1995：175）认为"渐增的客体"充当的论元大都经历了直接的变化。然而，渐增的客体和经历了直接变化的论元并不是等同的。一些经历了直接变化的论元并不与 Dowty 的"渐增的客体"吻合，就像 rise 和 dim 是无终体（atelic）动词，本身就是有方向的动作，这些动词所描述的事件也没有清楚的终点。而像汉语的"形成、实现、断绝"就是动作一开始即完成，经历了变化，然而"经历了变化"的客体却不是渐增的，成为了"点动词"，所以这些动词不能和"许多"搭

---

① 但是"形成"不能带上时量宾语，因为"形成"是属于郭锐（1993）所说的"点结构"的动词，动作一开始即完成。

配,严格地说,是"许多"不能做这些词的补语。

附:现代汉语中表"状态变化"的作格动词词表

败坏 爆发 出动 出版 成立 淡化 断绝 恶化 发挥 发展 分裂 分散 腐化 改变 改进 改善 贯彻 贯穿 化 轰动 缓和 缓解 荒 荒废 荒疏 恢复 活动 集合 加大 加固 加快 加强 加深 加速 加重 减轻 减少 激荡 激化 降低 结束 解放 解决 解散 惊醒 聚集 开 开动 开通 开展 亏 夸大 扩大 扩充 灭亡 平息 平定 泼^{1}① 启动 溶解 溶化 软化 折(zhé) 实现 缩小 疏散 提高 透露 统一 通过 退 瓦解 完成 消 消除 泄漏 形成 削弱 延长 引爆 摇晃 摇动 转 转动 转变 增产 增加 增强 增长 展开 转变

注意词表中,很多作格动词的结构是动结式,这种动结式的复合词实际上是动结式的句法结构凝固在词法中,这些作格动词属于已经演变为词典词的动结式,这也反映了"今日的词法就是昨天的句法"的观念。

三、表心理状态变化的作格动词

(一) 心理活动动词与状态变化动词

心理活动动词中也有表示状态变化的,但是心理活动的表状态变化的动词和一般的表状态变化的动作动词还是有区别的,下面以心理活动动词"感动"和一般的表状态变化的动作动词"摇晃"为例进行说明。

我们把"摇晃"和"感动"分单论元和双论元来讨论:

带单论元时:

---

① 泼^1,指《现汉》中"用力把液体向外倒或向外洒,使散开"这一义项。

"摇晃"是"(人或物[包括无生物、人或它们的部件]的)一种外部状态"。

"感动"是"(人的)某种心理状态"。

带双论元时:

"摇晃"是"(人或其他外部力量)对某对象施加以使之处于某种特定外部状态的动力",这是作为动作动词的定义。如果做作格动词,则是"(人或其他外部力量)对某对象施加动力使之处于某种特定外部的状态"。

"感动"是"(外界现象)刺激人使之处于某种心理状态"。

可见,心理活动动词侧重于一种心理状态,而一般的表"状态变化"的动词则表示一种外部状态即可。下面具体分析一下表示心理活动的作格动词。

【感动】

调查"感动"在语料中的分布情况,我们发现"感动"所带的论元数目可以是两个,也可以是一个。下面先来讨论"感动"带两个论元,形成"$NP_1 + V + NP_2$"的句式的情况:

(1) 他的坚强毅力和刻苦精神,感动了校长和老师,在大家的帮助下读完中学后,他带着同学们为他凑的……(《中国儿童百科全书》)

(2) 眼泪感动不了父亲,眼泪不能喂饱了弟弟,她得拿出更实在的来。(老舍《骆驼祥子》)

(3) 青年志愿者的行动感动了民工。(《人民日报》1995年1月)

(4) 曹先生的话能感动他,小福子不用说话就能感动他。(老舍《骆驼祥子》)

"感动"也可以带一个论元,形成"$NP_2 + V$"的句式,并且这唯一的论元还是有生的名词性成分,句子中可以不出现

"被"、"为"等被动标记，可以说是用主动的形式表示被动的意思，如：

(5) a. 学校校长感动了，破例同意接收一名30岁的小学生。(《人民日报》1995)

　　b. 学校校长被感动了，破例同意接收一名30岁的小学生。

(6) a. 又说，某次某次签合同，对方就是不拍板，后来看我连喝三大碗，感动了，立马签了字。(《人民日报》1995)

　　b. 对方就是不拍板，后来看我连喝三大碗，被感动了，立马签了字。

(7) a. 有良知的人们感动了！(《人民日报》1995)

　　b 有良知的人们被感动了！

(8) a. 妈妈知道儿子未偿的宏愿后，深深地感动了。(《读者文摘》)

　　b. 妈妈知道儿子未偿的宏愿后，深深地被感动了。

上面(5) a 和 b 是同义句式，(6) a 和 b、(7) a 和 b、(8) a 和 b 也分别是同义句式。

"感动"这个心理活动动词可受程度副词或指代词修饰，如：

(9) 我听了很感动，就决定捐100万元给中华农业科教基金。(《人民日报》1995)

(10) 我这时心里异常感动，恨不得对着这庄严的月夜膜拜。(方令孺《琅琊山游记》)

(11) 我在病榻上接到这封小简，十分高兴感动，那时正是杜鹃的季节，绿荫中一声声的杜宇，参和了忆旧的心情，使我觉得惆怅，我复她一信。(冰心《我的良友》)

(12) 其实，影片的内容并不重要；让老人们那么感动

的，是学生们一片真诚的爱心。(《人民日报》1995年3月2日第11版)

"感动"后可以带"了、着、过"等时体标记，这种语法标记使得"感动"这个动词区别于形容词。

"感动"一般不受"在/正在"的修饰，我们检索了一下CCL语料库中的"正在感动"的说法，发现语料中几乎没有"正在感动"的说法，唯一的一例也可以说是病句，不知所云，如：

(13)？数次来访的西安交大学生会主席方孜说："那些磨盘小学、炕头小学，不都是我们农村孩子迫切需要而且正在感动很多人的吗？"(沙琳《情系陕北苍生》载《作家文摘》1997)

"感动"带"得"字补语，如：

(14)民众的沉痛呼声把老实的戎专员感动得红了眼睛。(卞之琳《长治马路宽》)

"感动"可以做宾语，如：

(15)看见这些站在机器旁边的工人的昂头自如的神情，我从心底生出了感动。(巴金《机器的诗》)

"感动"可以出现在使令句中：

(16) a. 那寂寞的一挥手使你感动吗？(何其芳《独语》)

　　　b. 你感动吗？

(17)他在秋菊闹离婚的那个法庭上的一番自白使观众感动得落泪。(《人民日报》1995)

有些动作动词能出现在使令句中，如"跑"等，但是"跑"出现在"使+NP+VP"的句式中，与"感动"出现在使令句中，有很大的不同，"跑"出现在"使"字句中，一定不能是光杆动词，一般带上了结果补语，而"感动"则可以以光杆动词

的身份出现在"使"字句中,试比较例(16)至例(19):

(18) 她以不记名次的方式与成年选手同场竞技,用最新的跑法,不仅使跟跑的两名国手跑出了前所未有的好成绩,她自己也跑出了最好水平,令国手们汗颜。(卜庆祥《"马家军"称雄世纪》载《作家文摘》1993)

(19) 虽然是不多的几只,可是清亮的鸣声使大家都跑到院中,抬着头指指点点,并且念叨着:"七九河开,八九……(老舍《正红旗下》)

"感动"可以出现在"把"字句与"被"字句及"为"字句中,用"把、被、为"等介词引出另一个参与者,如:

(20) 这个简单的,并不十分乐观的回答,把文城的百姓感动得落了泪。(老舍《火葬》)

(21) 我们到达那村庄时,正是"四围山色中,一鞭残照里",老百姓这里那里到处在打场,我不是画家,却也被这幅辛勤、生动的景色所感动,使我联想起米兰的油画《秋收》。(陈学昭《过同蒲路》)

(22) 我为他坦率的傲然的口吻所感动,同时却觉得需要一个才20岁的青年来保护,好像自尊心受了伤似的有些不好意思起来。(陈学昭《过同蒲路》)

从"感动"的分布情况来看,"感动"可以带两个论元,也可以带一个论元,可以出现在使令句中,这些分布情况是和"感动"一词的语义相关的,即"感动"含有致使义。"感动"一词在《现代汉语词典》的解释是:

【感动】(1) 形 思想感情受外界事物的影响而激动,引起同情或向慕:看到战士舍身救人的英勇行为,群众深受~。

(2) 动 使感动:他的话~了在座的人。(《现代汉语词典》)

"感动"的这两种用法的配对非常符合作格的句式的转换用

法，即非常符合"NP$_1$ + V + NP$_2$"及"NP$_2$ + V"格局的转换。如果以"他的话感动了在座的人"为例说明这种句式转换，这句可变换为"在座的人感动了"。另外，指出《现代汉语词典》和《现代汉语规范词典》对"感动"的词性标注的不同，《现代汉语词典》把"感动"归为形容词和动词的兼类，《现代汉语规范词典》则把"感动"的两个义项都列为动词。据郭锐（2002：192），当一部分动词也满足"很［不］~"这一点时，为了把形容词与能受"很"修饰的动词分开，用合取性标准"*（很［不］~＜宾＞）"加以区分。《现代汉语词典》也许就是根据这样的标准确立了"感动"就是形容词和动词的兼类。

【感动】（1）动 受外界事物的影响而引起内心激动：看了电影《上甘岭》，我~得流下了眼泪。（2）动 使感动：白衣天使救死扶伤的崇高精神深深~了我们。（《现代汉语规范词典》）

像"感动"这一类词的论元个数可以是2个，即"感事"（experiencer）和"客体"（theme），"感动"的论元个数也可以只有1个，即"感事"。"感事"如例句中的"在座的人"，"感事"是必须出现的；"客体"可以出现，也可以不出现，例句中"他的话"为客体。"感动"若带两个论元时，前面一个是客体，后面的一个论元是感事。这样，我们把"感动"所带论元的配位方式标示为：

感动－（1）［论元数：2］［客体：［语义类：事物或事件］，感事：［语义类：人］］

－（2）［论元数：1］［感事：［语义类：人］］

"感动"的两种句式的转换也可以说明"感动"是典型的作格动词，一个是"引发者"出现，一个是"引发者"不出现。北京大学汉语中心的《语义信息词典》对"感动"的配价解释是：

表 3.3-1 "感动"的语义信息

词语	拼音	义项编码	语义类	配价数	主体	客体	与事	例句
感动	gan3 dong4	1	心理活动	1	人			受感动/感动了大家/这个场面太感动人了

我们觉得这个表不能反映"感动"的论元结构，首先表中只说明了论元个数为 1 的情况，论元个数为 2 的情况，表中根本就没有反映出来。而且要注意的是论元个数为 2 时，一个是"客体"，一个是"感事"，而且这两个论元的排列有先后顺序，"客体"在前，"感事"在后。

为什么要标明"感动"的配位方式有两种情况呢？我们试以"感动"和"打动"进行对比说明，"打动"就只有一种配位方式，类似于"感动"的第（1）种配位方式，缺乏"感动"的第（2）种配位方式：

打动 – ［论元数：2］［客体：［语义类：事物或事件］，感事：［语义类：人］］

也就是说，"打动"只有"NP$_1$＋V＋NP$_2$"的句式，如：

(23) 有的愿出巨资买走他的配方生产技术，可金钱未能打动他的心。(《人民日报》1995 年 3 月)

(24) 他的满腔热情打动了很多导演，大家都称赞他是一个不可多得的好拍档。(《作家文摘》1993)

如果"打动"只出现一个论元，必须带上"被"或者"为……所"的标记，如：

(25) 她完全被影片主人公蒙蒙的生活经历打动了，她觉得自己无法抗拒这个角色的诱惑，觉得自己……(《作家文摘》1995)

(26) 从激越的言谈中感觉到，他们确实被老区的精神打动了。(《人民日报》1995 年 8 月)

(27) 当丘吉尔看到结果时，他丝毫不为自己的表现所打动，并由此断定，电视对他没有用。(《读者》合订本)

对比一下"感动"带单论元的情况，就会发现"感动"与"打动"的不同，"感动"出现在"NP$_2$ + V"的句式中时，可以不带被动标记，再把前文的例（5）列举如下：

(5) a. 学校校长感动了，破例同意接收一名 30 岁的小学生。(《人民日报》1995)

　　b. 学校校长被感动了，破例同意接收一名 30 岁的小学生。

"感动"一词因为有一个致使作用，所以有很多生成派的学者认为"感动"前有一个致使的"轻动词"，轻动词通过 v' 和 VP 向自己的名词性主语指派主格格位，如图所示[①]：

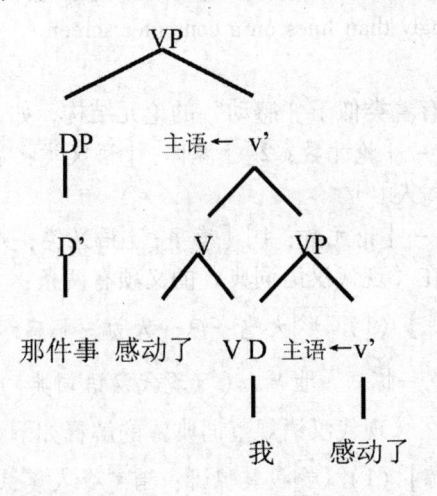

```
              VP
           /      \
         DP      主语 ← v'
         |         /    \
         D'       V     VP
         |        |     / \
       那件事   感动了  V D 主语 ← v'
                       |   |
                       我  感动了
```

[①] 该图来自于何元建 2005 年 3 月 29 日在北京大学所作的报告。

英语中的"感动"的表达和汉语不一样，英语一般是用 move、impress 的被动语态和 affect、touch 的主动形式，对比一下：

(28) a. 这件事感动了上帝，他就派了两个神仙下凡，把两座山背走了。(CCL汉英双语语料库)

b. God *was moved* by this, and he sent down two angels, who carried the mountains away on their backs.

(29) a. 专家说，尽管伊妹儿代表着所有的科技进步，但经典的纸情书仍然具有其特殊的意义，纸上的墨迹要比电脑屏幕上的线条更能强烈地感动许多人。(CCL汉英双语语料库)

b. In spite of all the technological advancement that e-mail represents, classic love letters on paper still have a special meaning, the experts say. Ink on paper simply *affects* many people more strongly than lines on a computer screen.

【震惊】
"震惊"有着类似于"感动"的论元结构，如下所示：

震惊－［论元数：2］［客体：［语义类：事物］，感事：［语义类：人］］

震惊－［论元数：1］［感事：［语义类：人］］

"震惊"在《现代汉语词典》的义项有两条：

【震惊】(1) 形 大吃一惊：大为～｜感到十分～。(2) 动 使大吃一惊：～世界。(《现代汉语词典》)

"震惊"在《现代汉语规范词典》的解释如下：

【震惊】(1) 形 极其惊讶：消息令人震惊。(2) 动 使震惊：～中外。(《现代汉语规范词典》)

《汉语大词典》解释"震惊"的用法也有两条义项，如：

【震惊】(1) 震动而惊惧。沙汀《酒后》:被一点人所共知的道理震惊得啼笑皆非。(2) 使震动而惊惧。艾芜《漫谈三十年代的"左联"》:"这一段惨痛的文艺历史,正和林彪、'四人帮'残害作家一样,震惊了世界。"(《汉语大词典》)

"震惊"一词的词义的概括,《现代汉语词典》和《汉语大词典》的概括有异曲同工之处,就是一个有致使用法,一个没有,很符合我们所说的作格和中介的交替用法。如(30)是致使用法,(31)是中介用法,如:

(30) 这个消息震惊了全家,王光美亲自接过电话询问处理措施……(刘先琴、郭家宽《风风雨雨刘平平》,《作家》1994)

(31) 果然,李浩森喜不自禁,他拿出一张百元的钞票拍在那张牌上,众人震惊,都望着陆建设……(池莉《你以为你是谁》)

"震惊"一般不和表进行的"在/正在"连用,也不和"着"连用。①

"震惊"也可以受"那么"修饰,如:

(32) 小非将出国的事告诉刘果后,刘果已经不那么震惊了,他只是呆呆地沉默两天,之后对小非说,你去吧……[曾明了《宽容生活》(3)]

"震惊"也可以出现在使令句中,如:

(33) a. 自己做饭,从不回柏老那儿,也不愿见他——

---

① 但语料中也有个别例子出现"震惊着"的情况,如:另外一个阶级,在震惊着,颤抖着,收敛着。他们亲眼看见田大瞎子,像插在败土灰堆里的、一面被暴风雨冲击的破旗,倒了下来。(孙犁《风云初记》)例句中的"震惊着"的出现,是和"颤抖、收敛"的一种对举的用法。

这个消息刚开始使我震惊,后来才多少有些理解。(张炜《柏慧》)

　　　　b. 我被震惊了。

作格动词"震惊"用于"使令句"和非作格动词"笑"用于使令句,语义上是有区别的,对比一下例(33)和例(34):

　　(34) a. 小花脸使我们笑,并非因为他有幽默,正因为我们自己有幽默。(钱钟书《写在人生边上》)

　　　　b. *我们被笑了。

"震惊"可以出现在"被"字句中,如:

　　(35) 栖被她们的事震惊得心都发抖了。(方方《桃花灿烂》)

　　(36) 于是我又被另一种"雷同"给震惊了。(张炜《柏慧》)

"感动"与"震惊"都不能出现在祈使句中,说明"感动"和"震惊"是非自主的,如:

　　(37) a. *感动吧!
　　　　b. *震惊吧!
　　　　c. *别感动!
　　　　d. ?别震惊!

"震惊"和"感动"还有不同的地方,即"震惊"前后可以带上表示"范围"的处所名词。如:

　　(38) 圣保罗那一弹,震惊了大西洋两岸。(萧乾《银风筝下的伦敦》)

　　(39) "刘思佳卖煎饼"震惊了自由市场。(蒋子龙《赤橙黄绿青蓝紫》)

　　(40) 各个牢房全都震惊了,犯人们扒在各自牢门口,凝神注视着眼前发生的情景。(童乃元《陈治平"红-黑-红"的曲折一生》,载《作家》1994)

第三章　现代汉语的作格动词及其释义

我们认为，北京大学汉语中心的《语义信息词典》对"震惊"的配价解释要比上面所说的"感动"合理，列了两个义项，存在的不足是"震惊"带两个配价时，"语义类"不是单纯的表变化，而是"使变化"，而且针对义项（1）和义项（2）所举的例句雷同，这也不尽合理。如：

表 3.3-2　"震惊"的语义信息

词语	拼音	义项编码	语义类	配价数	主体	客体	与事	例句
震惊	zhen4jing1	1	变化	2	抽象事物丨事件	人丨空间		震惊世界/感到震惊
震惊	zhen4jing1	2	心理活动	1	人		感到震惊	

既然"震惊"列为两个义项，那么"感动"也应同样对待，我们认为"震惊"的论元结构也应同"感动"一样，都是比较典型的作格动词。如：

震惊 −［论元数：2］［客体：［语义类：事物］，感事：［语义类：人］］

震惊 −［论元数：1］［感事：［语义类：人］］

《现代汉语动词大词典》对于"感动"与"震惊"的解释很不一致，列举如下：

感动〈他动〉思想或感情受外界的影响而激动，引起同情或向慕。【基本式】施事（事迹、语言、情节、精神、行为）+ 感动 + 受事（听众、妓女、犯人、绅士、大家）。如：这个故事感动了很多人。

震惊〈自动〉使大吃一惊。【基本式】施事（消息、新闻、暴行、凶杀案、表演）+ 震惊 + 范围（世界、中外、

全国、体坛)。如：这个消息震惊了全国。(《现代汉语动词大词典》)

"感动"在《现代汉语动词大词典》中标注为他动用法，而"震惊"标为自动用法，这个自动用法的解释是不完善的，《现代汉语动词大词典》接着又举例道："＜在美国＞这些兵马俑震惊了每个参观者。"该例中的"震惊"就不是自动用法，例子中的"这些兵马俑"我们认为还是一个引发者，是一种作格用法。

现代汉语中的"感动"与"震惊"有致使用法，已在《现代汉语词典》中明白无误地标示出来，如"感动"的第二个义项是"使感动"，"震惊"的第一个义项是"使大吃一惊"。这种致使是直接在词汇意义中体现的致使，我们称之为"词汇致使"(lexical causatives)；还有一种致使是通过单独的词来表示的致使，比如通过"使、叫、让、令"来表现的致使关系，我们把这种致使叫做"迂说(periphrastic)致使"。Jackendoff(1990：150)也谈到了像 break Y 和 kill Y 是词汇致使，而类似于 cause Y to break 和 cause Y to die 是迂说致使。

现代汉语中的"震惊"与"感动"用作中介时，这类动词前可以加"很"，如：

(41) a. 每个参观者很震惊。
　　　b. 每个参观者很感动。

我们认为"感动"与"震惊"这类动词出现作格和中介的交替用法，出现这种"客体＋动词＋感事"与"感事＋动词"的交替，还是因为"感动"与"震惊"具有致使用法，其实这种心理活动的动词出现致使的用法是常见的。英语中也有类似情况，如 surprise 在句子中也是一种"客体＋surprise＋感知"的格局，如：

(42) a. A meteorologist has done some estimates and the results might *surprise* you. (双语平行语料库)

　　　　b. 一位气象学家做了大概的估算,结果可能会让你大吃一惊哦。
　　(43) a. That wouldn't *surprise* administrators at Alfred University. (双语平行语料库)
　　　　b. 对这种情况,阿尔弗雷德大学的行政总管并不感到奇怪。
上述两例中的 surprise 的致使者分别是无生命的客体——the result 和 that,(42) a 和 (43) a 中 surprise 后的论元是"感知者"(或叫感事)——you 和 administrators。这种格局和中文的"震惊"带两个论元时,论元结构一样。
　　据 Jackendoff(1990:141):"感知动词介绍了新的致使领域(fields of causation)。"该文还列举了像 please-like 之类词的交替,如:
　　(44) a. X pleases Y.
　　　　b. X displeases Y.
　　　　c. X (suddenly) frightened Y.
　　　　d. X strikes Y as crazy.
　　　　e. X matters to Y.
　　(45) a. Y likes X.
　　　　b. Y fears/hates X.
　　　　c. Y regards X as crazy.
　　例(44)和例(45)这些心理动词反映了语法关系的倒置(reversal)现象,这种现象源于语法角色在概念上的区分。
　　"感动"与"震惊"这两个心理活动动词,能出现作格用法,主要还是和这些词的词汇概念结构相关,"感动"与"震惊"都可以表示使人进入某种状态,有一个"x 促使 y 进入某种状态"的过程,可以概括为"(外界现象)刺激人使之处于某种心理状态",这是一种作格性的解释。

英语中的 astonish 也应该有致使用法，如：

(46) a. Yet their accomplishments *astonished* him.
b. 但他们的能力令他震惊。

【惊动】

"惊动"似乎也有类似于"震惊"的论元结构，如下所示：

惊动－［论元数：2］［客体：［语义类：事物］，感事：［语义类：人］］

惊动－［论元数：1］［感事：［语义类：人］］

在语料中调查到"惊动"的用法，发现"惊动"大多是带两个论元的，如：

(47) 敲门的声音惊动了他。（罗广斌、杨益言《红岩》）

(48) 他的背影和人十分相似。我父亲站起来，枪口向他伸去，可能是碰到了树枝，发出的响声惊动了他。（余华《祖先》）

"惊动"在实际语料中确实有只出现一个配价的情况，如：

(49) 邻居都惊动了，有房门泻出灯光，开门探了一下头，嘟嘟哝哝地又掩上了门。（王朔《过把瘾就死》）

(50) 阿裴张开了嘴，陡然间，她"哇"的一声，放声痛哭了起来。邵卓生和护士都惊动了。（琼瑶《月朦胧鸟朦胧》）

(51) 地壳在群众的脚步下惊动了！（《人民日报》1995）

(52) 铁道部惊动了交通部惊动了！中央军委和国务院也惊动了！（1996年5月4日《文汇读书周报》李鸣生：《中国人送美国卫星上天》）

"惊动"所带的两个论元的论旨角色是［客体］＋V＋［感事］，如果是把"感事"放在"客体"前的双论元结构——［感事]＋V＋[客体]，语料中也有，但大多带了标记，比如"惊动"前加"不、没"等否定标记：

(53) 她并不惊动在西间卧室睡眠未醒的丈夫，自己轻轻地起身，到卧室东边的"水房"去。（霍达《穆斯林的葬礼》）

(54) 她不惊动闯王，自己发下口号之后，到慧梅的帐中看看，见她睡得很熟，又去看看老医生，看看张鼐，看看黑虎星的妹妹和女兵们，个个都睡得很熟。（姚雪垠《李自成》）

(55) 我没惊动他，免得他难堪。（叶蔚林《割草的小梅》）

"惊动"可以和"使"连用，构成"使＋N＋惊动"的句式，如：

(56) 然而他的最大本领还在他之可惊天动地而不使人惊动。（孙福熙《地中海上的日出》

"惊动"不和"在"连用，在北京大学汉语中心的语料库（CCL）中没有检索到"在惊动"的说法。"惊动"也极少和"着"连用。①

"惊动"常出现在"把"字句中，如：

(57) 把整个村子里的人都惊动了，都跑来看。（余华）

(58) 这一下子，把那些受灾受难的人们惊动了。（欧阳山《苦斗》）

"惊动"也可以出现在"被"字句中，如：

(59) 床上的病人被惊动了。（曾卓《悲歌》）

---

① 在CCL语料库的检索中也只出现了一例，如："奶奶有的是干女儿，由着她们每天晚上轮着番地接也就是了，母亲只惊动着，听说是老太太回来了，赶忙到上房里请安，别的也没有什么要她出力的事。"（林希《小的儿》作家文摘1995A）

《现代汉语词典》(1996)关于"惊动"的解释是:

【惊动】举动影响旁人,使吃惊或受侵扰:娘睡了,别~她。

《现代汉语词典》(2005)关于"惊动"的义项增加了一条,如下所示:

【惊动】 动 (1)举动影响旁人,使吃惊或受侵扰:娘睡了,别~她。(2)客套话,表示打扰、麻烦了别人:不好意思,为这点小事~了您。

北京大学汉语中心的《语义信息词典》对"惊动"的配价解释是:

表3.3-3 "惊动"的语义信息

词语	拼音	义项编码	语义类	配价数	主体	客体	与事	例句
惊动	jing1dong4	1	心理活动	2	具体事物|事件	人|动物		惊动了别人/惊动了领导出来调停/避免惊动,这件事谁也没说

《现代汉语动词大词典》对于"惊动"的解释也只列举了"他动"的用法,如:

惊动<他动>举动影响旁人,使吃惊或受侵扰。【基本式】施事(声音、语言、来客、车辆、孩子)+惊动+受事(学生、同事、动物、父亲、居民):这种声音惊动了街道两旁的居民。

《现代汉语词典》、《语义信息词典》和《现代汉语动词大词典》把"惊动"的配价都安排为2,这是因为"惊动"出现在双论元句中比较多,出现在单论元句中的比例还是比较少的。我们这里分析"惊动"这个词,主要因为"惊动"一词有着类似于"感动、震惊"的论元结构,也有着类似于"感动、震惊"的作格用法。虽然可以说"惊动"的一价用法是由二价用法衍生出来的,但是"惊动"一词出现在"$NP_2 + V$"的句式中确实存在,也许会越来越多。

【震动】

"震动"在语料中有"$NP_1 + V + NP_2$"的用法,如:

(60)这次起义震动了全国,不久就爆发了武昌起义。

(61)这件事深深地震动了曲寨村党支部。(《人民日报》1995 年 11 月)

(62)正当我情绪极为消极的时候,"麦客"的生活深深地震动了我。(肖华《往事悠悠》连载之四:我和张艺谋的友谊与爱情)

(63)前线告急,震动朝廷。(《中国儿童百科全书》)

"震动"也有"$NP_2 + V$"的用法,如:

(64)观看表演的人们震动了,想不到军训会如此有效地增强孩子们的集体意识和纪律观念。(《人民日报》1996)

(65)乡里县里震动了,省里震动了。(《人民日报》1995 年 5 月)

(66)每当进球时,球场内外鼓乐齐鸣,欢呼声四起,整个城市都震动了。(《人民日报》1995 年 8 月)

(67)秦廷震动,急忙调兵遣将,由章邯率领,向起义军反扑。(《中国儿童百科全书》)

"震动"可以受"十分"的修饰,

(68)照片在画报上刊登以后,在当时文坛十分震动。(孙琴安《毛泽东与五大书法家》,载《作家文摘》1994)

(69)宝庆接到来信,心情十分震动。(老舍《鼓书艺

人》）

"震动"可以受"在"的修饰，如：

(70) 孟良觉得大地在震动，树叶在发抖。（老舍《鼓书艺人》）

"震动"可以用于使令句中，如：

(71) 护理人员的仁爱之心，更使我震动。（《人民日报》1995年2月）

(72) 这件事使整个欧洲大为震动，于是后来就取缔飞行服上用纽扣和金属拉链，并代之以用尼龙链……（《读者文摘》）

"震动"这一词的语义也有致使用法和非致使用法的配对，《现代汉语词典》对此的解释是：

【震动】(1) 动 颤动；使颤动：火车～了一下，开走了｜春雷～着山谷。(2)（重大的事情、消息等）使人心不平静：～全国。

《现代汉语词典》把"颤动；使颤动"义合在一个义项中，和"震惊"的处理不一样，我们对此存疑。为什么"震惊"处理成两个义项，而"震动"处理成一个义项呢？我们觉得处理成两个义项比较一致。如"震动"在《现代汉语动词大词典》里就解释成两个义项：

【震动】(1) <内动>颤动。【基本式】当事（身子、窗户、大地）+震动：窗户震动了一会儿。(2) <他动>使颤动。【基本式】施事（火车、炮声、响雷、喊声）+震动+受事（大地、房屋、山谷）。如：火车震动着大地。(3) <他动>（重大的事情、消息等）使人心不平静。【基本式】施事（事迹、事情、文章、消息、话语）+震动+受事（职工、人心、世界）。如：这件事震动了每个人的

第三章 现代汉语的作格动词及其释义

心。

我们发现《现代汉语动词大词典》里的"他动"和"内动"的交替用法,很符合作格动词的用法,如:

(73) 火车震动着大地。(他动)

(74) 大地震动了。(内动)

孟琮等的《汉语动词用法词典》也大致将"震动"的意义这样解释,不同的是该书将"震动"一共只列了两个义项,把《现代汉语动词大词典》里的(1)、(2)两个义项合为一个,这种做法本质上是和《现代汉语词典》一样的,如:

【震动】(1) 颤动;使颤动。【一般功能】[名宾] 炮声~着大地 [动时量] ~了一下儿 [了着过] 火车~了一下儿就开走了【名宾类】[致使] 春雷~大地【动趋】~上。(2)[重大的事情、消息等] 使人心不平静。

北京大学汉语中心的《语义信息词典》对于"震动"是这样解释的:

表3.3-4 "震动"的语义信息

词语	拼音	义项编码	语义类	配价数	主体	客体	与事	例句
震动	zhen4 dong4	1	变化	2	具体事物|抽象事物|过程	具体事物|抽象事物		震动全国

以上解释有不合理的地方,明明标的配价数是2,却在例句中只出现一个配价,即"全国"。还有一个不足之处是没有说明"震动"的使动用法,所以我们思考还是把"震动"这一类既可以有使动,又可以不出现"引发者"的情况,列为两个义项处理比较合适,就像《现代汉语词典》和《现代汉语动词大词典》的解释一样,这样处理配价情况都可以标示得很清楚。

志村良治（1993）从复音节动词中选出可以认为是表示动作及其结果的动词，开列于后。其中也包括动词的并列连用，意在扩大列举的范围，以供参考。这些用例包括：

感动（《世说新语·伤逝》，《阿阇世王经》上）
震动（《世说新语·方正》）
惊动（王建《和蒋学士新授章服》）

这主要是为了说明"感动、震动、惊动"历史上可以处理成动结式，是"因感而动"等。

【为难】

"为难"用在双论元中的情况，动词前面的论元一般指人，如：

(75)"你别为难他了，"父亲笑着对密司宋说，"你看，汪经理来请你了。"（张贤亮《灵与肉》）

(76)她轻声说："他们会不会为难雁容？仰止，你看能不能撤销这个告诉？"（琼瑶《窗外》）

"为难"也有用在单论元中的情况，如：

(77)"这就不好办了。"牛大姐为难了，"让我们自己掌握可就没准儿了。"（王朔《编辑部的故事》）

"为难"用在使令句中，如：

(78)我知道我在这儿住下一定会使他们为难——吃没吃的，住没住的；她刚回来，也需要收拾一番。（张贤亮《肖尔布拉克》）

(79)他说："你开了她准也开，她不会让你那么为难的。"（刘心武《如意》）

(80)"我不了解，怎么说呢？这不是逼尼姑上轿，有意叫人为难吗？（周而复《上海的早晨》）

"为难"可受"很"等程度副词修饰，如：

(81)两个中国人用单音节的汉话抑扬顿挫地说了半天，

第三章 现代汉语的作格动词及其释义

汉斯在一旁也听不懂,但从表情上看出来两个中国人都很为难。

"为难"可带上时量宾语,如:

(82)只待我去请假,为难半天,斟吟半天,最后作体贴开明状鬼鬼祟祟地批准我——宁肯混到下班!(王朔《过把瘾就死》)

"为难"不能和"着"连用,在 CCL 中没有发现。

"为难"可以和表进行的"在/正在"连用,如:

(83)他正在为难,听见大门开锁声,原来是姐姐怕他俩遇上雨,追到邮局去送雨衣……(航鹰《明姑娘》)

(84)正在为难,门儿开了,莫大年满面红光的走进来。(老舍《赵子曰》)

"为难"在《现代汉语词典》的解释不是"致使"义和"非致使"义的配对,但也是标明了两个义项之间的对立,如:

【为难】wéinán (1)〔形〕感到难以应付:~的事丨叫人~。(2)〔动〕作对或刁难:故意为难。

"为难"的这两个义项实际上是形容词和动词的两种解释,《现代汉语词典》(2005)就把义项(1)处理成形容词,义项(2)处理成动词。①

《汉语大词典》中"为难"一词列了三个义项,如下所释:

【为难】(1)发难;起事。(2)作对;刁难。《韩非子·说林下》:"韩赵相与为难。"巴金《家》三五:"我决不再为难他。"(3)难以应付;难办。《红楼梦》四十六回:"有一件为难事,老爷托我,我不得主意。"杨朔《熔炉》:

---

① 我们把"为难"处理成心理活动动词,心理活动动词和形容词本来就有一些相似之处,不过心理活动动词能带宾语。

"你还有什么为难的事,大家都能替你办。"

【迷惑】

"迷惑"在《现代汉语词典》的解释中,有"致使"义和"非致使"义的配对,如:

> 【迷惑】míhuò (1) 形 辨不清是非,摸不着头脑:~不解。(2) 动 使迷惑:花言巧语~不了人。

和"迷惑"这个词的语义相匹配,"迷惑"这个词有着"NP$_1$ + V + NP$_2$"和"NP$_2$ + V"的句式变换。

"迷惑"可用于双论元句中,如:

(85) 他的这套把戏迷惑一些人,网罗了一批信徒。(《中国儿童百科全书》)

(86) 李登辉口口声声以了解民众的需要作为施政目标,这些话似乎可以迷惑一些人。(《人民日报》1995年6月)

(87) 由于王明打着共产国际的旗号,他的这些错误主张一度迷惑了一些同志,但受到毛泽东、刘少奇等同志的坚决抵制……(《人民日报》1995.07b)

"迷惑"用于单论元句中,如:

(88) 现代生活的一切,猛然涌到了他的面前,他迷惑了,而且流连忘返了。(李锦华《来自艾滋病重疫区的报告》,载《作家文摘》1994)

(89) 她的笑,她的说话,她的举动,全是叫心里的情芽生长的甘露;她在那儿,你便迷惑颠倒;她在世上,你便不能不想她!(老舍《二马》)

(90) 果贩们对此迷惑不解,他们不住地问记者:这么多苹果为什么没人买?(《人民日报》1995年12月)

(91) 有人感慨,有人迷惑:当前失业大军浩浩荡荡,莫不是机器之罪?(《人民日报》1995年1月)

(92) 史剧《海瑞罢官》在上海出笼，随即全国各大报纷纷转载，人们在[迷惑]，在猜测，这是否预示一场大的政治风暴即将来临？（项小米《彭门女将》（连载之二），载《作家文摘》1995）

"迷惑"可以受"很"的修饰，如：

(93) 勾引者装着很迷惑的样子摇摇头说他从未听到过这样的名字他显然想抵赖下去。（余华《偶然事件》）

"迷惑"用于使令句中，如：

(94) 已走到小厅里了，那些磨损的漆木椅还是排在条桌的两侧，桌上还是立着一个碎胆瓶，瓶里还是什么也没有插，使我们十分迷惑：是闯入了时间的"过去"，还是那里的一切存在于时间之外。（何其芳《哀歌》）

"迷惑"可以和"着"连用，如：

(95) 那种随意的动作似乎迷惑着我们……（金宇澄《上海小说家三人》，载《作家文摘》1997）

(96) 我知道他心中迷惑，我也迷惑着呢。（姜丰《爱情错觉》（连载之四），载《作家文摘》1995）

(97) 我若不是神志素来健全的人，一定要疑心她是已被花精迷惑着了。（袁昌英《行年四十》）

"迷惑"可以和"在"连用，如：

(98) 也有人说，马教练不过在迷惑对手，到底谁上阵，只有比赛时才可见分晓。（《人民日报》1996年3月）

(99) 以为妻子是在迷惑他后来他才明白她同时与几个男人私通。（余华《偶然事件》）

【麻痹】

"麻痹"用在双论元句中，如：

(100) 露天冰冷的空气麻痹了嗅觉。（毕淑敏《预约死亡》）

(101) 大款生活麻痹人的情感，曹春生好久没流泪了。（沙琳《"大款"卖肾》）

(102) 我要麻痹他的警惕性，然后夺下叉子，拼个痛快！（王小波《绿毛水怪》）

(103) 我不能思考，她犹如一房屋巨大的雷达，无时无刻不在捕捉我的脑电回波，我只能像一具行尸走肉一样麻痹着自己……（王朔《橡皮人》）

"麻痹"用在单论元句中，如：

(104) 亨特醉了，麻痹了，睡去了。（霍达《穆斯林的葬礼》）

"麻痹"可以和"着"连用，如前面的例（4），但"麻痹"不能和"在"连用，CCL语料中也没有发现。

"麻痹"能受"很"、"十分"等程度副词的修饰，如：

(105) 我没发现他当时有什么思想活动，满池热水已经把他的身体泡得十分麻痹，脑子也昏昏沉沉，即便有所感触大概也被瘫气般捂脸斥鼻的热浪冲淡了。（王朔《看上去很美》）

(106) "他们平时都是把枪挂在车板壁上，敞着怀，大意得很，因为他们错认为这铁路是他们的了，沿线都驻着他们的军队，所以他们很麻痹，事实上过去的票车上，他们也没出过事。"（知侠《铁道游击队》）

(107) 银环乘势说："我过去太麻痹啦，现在过敏点好。我们应该马上离开这里，今夜若没有动静，小燕明天跟我联系一下，咱们想法把周伯伯的事办妥当喽。"（李英儒《野火春风斗古城》）

"麻痹"可用在使令句中，如：

(108) 几乎使我的脑筋麻痹。（琼瑶《烟雨濛濛》）

(109) 是看着他痛苦挣扎还是药物使他麻痹获得一些短

暂的安宁?(王朔《你不是一个俗人》)
"麻痹"用在关系从句中,如:
　　(110) 过去我坐在自己的座位只能听到窗外树上知了麻痹知觉的长鸣和偶尔驶过的一辆汽车的喇叭响。(王朔《看上去很美》)
"麻痹"一词在《现代汉语词典》(1996)的解释是:
　　【麻痹】(1) 神经系统的病变引起的身体某一部分知觉能力的丧失和运动机能的障碍。(2) 失去警惕性;疏忽:~大意。(《现代汉语词典》1996)
《现代汉语词典》(1996)没有能考虑到"麻痹"的作格用法,在释义中,只解释了"麻痹"的"$NP_2 + V$"用法,而没有注意到"麻痹"的"$NP_1 + VP + NP_2$"句法表现,后来,《现代汉语词典》(2005)就比较全面的解释了"麻痹"的作格用法,释义如下:
　　【麻痹】(1) 动 身体某一部分的感觉能力和运动功能丧失,由神经系统的病变而引起。(2) 形 失去警惕性;疏忽:~大意。(3) 动 使麻痹,~敌人。(《现代汉语词典》2005)
"麻痹"做动词时,是表心理的,也可以说是心理活动动词。"吸引"这个动词也可以说是表心理的,既然"麻痹"和"吸引"同为心理活动动词,而且二者都有着"客体+动作+主体"的论元结构,那么二者的区别在哪里呢?通过我们的研究,发现"吸引"只能出现在双论元的句式中。如:
　　(111) 这块磁石碎了,也就没有谁能再吸引他这块顽铁了。(李健吾《希伯先生》)
　　(112) 它们的绒线球似的大尾巴,它们的可爱的小黑眼睛,它们颈项上的小铃子吸引了我的注意。(巴金《静寂的

园子》)

(113) 黑夜与冷湿威逼着我，侵蚀了我的心胸；我的呼吸不能舒展，我的腰不能伸直，孤独使我变成畏怯而软弱，我感觉没有向前的毅力，前面的明灯不能吸引我，我要因可怕的威胁而瘫倒了。(关露《秋夜》)

(114) 有一团火焰给人们点燃了，那么美丽地发着光辉，吸引着我们，使我们抛弃了一切其他的希望与幻想，而专一地投身到这火焰中来。(丽尼《鹰之歌》)

(115) 就因为这一点赌博的哲学，这里吸引了无数聪明人和糊涂人。(柯灵《罪恶之花》)

因为"吸引"不能出现在单论元句式中，因而"吸引"不具备作格用法。

这里需要补白的是：《现代汉语动词大词典》对"吸引"的解释是"他动"，这一点没错，但是"他动"中标注的格关系却有待商榷，《现代汉语动词大词典》的解释如下：

> 吸引<他动>把别的物体、力量或注意力引到自己这方面来。【基本式】施事（国家、姑娘、宣传画、戏剧、书）+吸引+受事（顾客、外资、视线、注意力、野生动物）：那个故事很吸引人。｜那个故事把人们深深吸引住了。

以上的解释中，"基本式"是"施事+吸引+受事"，举的例句却不是这个格式，如"那个故事很吸引人"，很明显的是，"那个故事"不是施事，"人"也不是受事，"吸引"应该和"感动"一样，是"客体+吸引+感事"。

（二）表心理活动的作格动词的特点

从上述的个案分析中，如对"感动、震惊、震动、为难、气、麻痹、迷惑、动（心）"等动词的分析，发现这一类动词之所以能有作格的表现，是因为这些动词有一种心理上的致使义

(psychological causatives)，这种致使义已经通过词典的义项解释的分析中可看得出来，这一类词在义项解释上有着致使义和非致使义的配对，在句法上有着"$NP_1 + V + NP_2$"和"$NP_2 + V$"的形式表现，句法和语义相匹配。

这一类的作格动词有着自己的语法特征，如下所述：

1. 可以用在使令句中。

2. 可以受程度副词或指示代词修饰，如受程度副词"很"或指示代词"这么、那么"的修饰，如前面所举的"十分感动"、"那么感动"。[①]

3. 这一类心理活动动词一般是表状态（state）的，一般不和表正在进行时的"正在"搭配，如不能说：

*正在感动　*正在吸引　*正在气
*正在震惊　*正在麻痹　*正在动心

"正在感动"、"正在震惊"、"正在气"等不能说，原因是"感动、震惊、气"属于状态谓词，进行时（progressive）和状态谓词（stative predicates）一般是不相容的[②]，英语中也有类似的情况，如 Grimshaw（1990：114）所举的例子：

(116) a. *Many people are believing this hypothesis.
　　　b. This hypothesis is (*being) believed by many people.

---

① 注意这里的心理活动动词，如"感动"等，因为能够受"很、十分"等程度副词的修饰，而且不能说"很感动他"，即不能出现在"很~<宾>"的格局中，因而俞士汶等的《语法信息词典》把"感动"处理成动词和形容词的兼类，我们这里把"感动"归为表心理活动的作格动词，而不归为"兼属形容词的作格动词"这一类，是就"感动"类动词的语义来谈的，这样把"感动"类心理活动动词独立来谈，能够谈得更清楚。

② 但也有一些作格动词例外，可以受"正在"修饰，如"正在为难"可以说得通：她正在为难，老王敲门了。（周而复《上海的早晨》）

c. They are discovering new ways to fight pollution.

d. New ways to fight pollution are being discovered.

这里英语中的状态动词 believe 不可以用进行时，而动作动词 discover 则可以和进行时连用。

4. 这一类动词在构成 $NP_1 + V + NP_2$ 的句式中有一个特点，就是 NP_2 大多是人，NP_1 一般是客体，从名词的"生命度"的等级以及题元阶层来看，表示"人"的论旨角色应该位于"客体"之前，然而事实相反，是因为这个动词具有一种心理上的致使义。正是这种语义上的特点决定了心理活动的作格动词的转换方式。

表心理活动的作格动词可以有"$NP_1 + V + NP_2$"和"$NP_2 + V$"的同义句式的转换，却不能由 $NP_1 + V + NP_2$ 变换为 $NP_2 + NP_1 + V$ 这种句式。比如"眼泪感动不了父亲"就不能说成"父亲眼泪感动不了"；再如：

(117) 这女孩子的纯真热情深深感动着道静≠道静这女孩子的纯真热情深深感动着→道静被这女孩子的纯真热情深深感动着

(118) 这个消息震惊了全家≠全家这个消息震惊了→全家被这个消息震惊了

(119) 这次起义震动了全国≠全国这次起义震动了→全国被这次起义震动了

但是，像"吃"这一类的及物动词却可以有 $NP_1 + V + NP_2$ 转换为 $NP_2 + NP_1 + V$ 的句式，如：

(120) 我吃苹果了～苹果我吃了

(121) 我洗衣服了～衣服我洗了

下面把表心理活动的作格动词的句法形式归纳成一个表，如：

表 3.3-5　表心理活动的作格动词的句法分布

	NP$_1$ + V + NP$_2$	NP$_2$ + V	NP$_2$ + NP$_1$ + V	"了"	"着"	"在/正在"	"很、十分"	用于使令句中
感动	+	+	−	+	+	−	+	+
震惊	+	+	−	+	−	−	+	+
惊动	+	+	−	+	−	−	−	+
震动	+	+	−	+	+	+	+	+
为难	+	+	−	+	+	+	+	+
迷惑	+	+	−	+	+	+	+	+

需要说明的是，如果语料中只出现了个别的案例符合某种情况，表中一般还是标"−"，比如"惊动"和"着"的结合，只是极个别的情况，那么"惊动"和"着"的结合就标"−"。

探讨表心理活动的作格动词是很有意义的，了解这些作格的心理活动动词有助于阐发这些动词的句法表现，把这些作格的心理活动动词和非作格的心理活动动词区别开来，如"高兴"，就没有作格用法，因而这一类的词就没有及物和不及物的交替。还需强调的表格中这一类表心理活动的作格动词的句法表现是这类动词的特征，有的动词就不具备这个特性，如"吓唬"，《现代汉语词典》有致使义的解释：

吓唬＜口＞ 动 使害怕；恐吓。

"吓唬"有"别吓唬我了"的说法，但却没有"我吓唬了"的说法，这种句法表现和"吓唬"只有致使义是一致的，正因为"吓唬"只有致使义，所以"吓唬"只有"NP$_1$ + V + NP$_2$"的用法，而没有"NP$_2$ + V"的用法。

另外，由"吓唬"引出的一个问题是："吓唬"不能受程度副词"很"的修饰，不能说"很吓唬"，但从语义上看，"吓唬"

却又属于表心理的活动动词,到底该不该把"吓唬"列为心理活动动词?这就存在问题,我们暂且把它列为心理活动动词。"惊动"也是这种情况。

"惊动"前不能加"很",不能说"很惊动",我们也暂且把"惊动"列为心理活动动词。

附:现代汉语中表"心理状态变化"的作格动词词表

动摇 恶心 感动 涣散 惊动 麻痹 迷惑 为难 委屈 振奋 振作 镇定 震动 震惊

四、兼属形容词的作格动词

符合"$NP_1 + V + NP_2$"和"$NP_2 + V$"的转换的词,除了上面介绍的表状态变化的动词和表心理活动的作格动词外,还有一类动词比较特殊,那就是像"安定、繁荣、方便"等这一类的动词,也有着这种句式的转换现象,还可以进入"使 + NP + V"的结构。谭景春(2000)指出"密切、坚定、严肃"等词在下列动宾结构中具有结构义:

密切干部与群众的关系
坚定信念
严肃法制
清洁环境

上述这一组词的结构义是"使",它存在于这种动宾结构中,如果改变它们的语序,不仅不能表示"使"的意义,而且连整个结构合不合法都成了问题。正因为像"密切、坚定、严肃"等词具有"致使"义,而且跨属动词和形容词两大类,所以下面专门来考虑这类兼属形容词的作格动词。

（一）兼属形容词的作格动词表示进入了某种状态

兼属形容词的作格动词是从一种状态进入到了另一种状态。赵元任（1968/1979：310）提到了像"饿、通、饱、塞"之类的状态动词，认为这类动词与形容词相近而又不同。因为状态动词常常含有从另一状态进入这状态的意思，所以常常跟着助词"了"。

"饿"这个动词确实可以进行"V + NP$_2$"和"NP$_2$ + Adj."的转换，如"饿他三天"和"肚子很饿"，而且"饿"在《现代汉语词典》的解释中，有两条义项：

【饿】（1）形 肚子空，想吃东西（跟"饱"相对）：饥～｜～虎扑食｜肚子很～。（2）动 使挨饿：牲口多拉几趟不要紧，可别～着它。

"饿"的两条义项是致使义和非致使义的配对，不同于前面的"改变"等表状态变化的作格动词，"饿"是从一种状态进入到了另一种状态。

像"饿、安定、繁荣、方便"这一类的动词是兼属形容词的作格动词，它们有一些共性就是能够受程度副词"很"的修饰，也能带上完成体"了"。下面列举一些兼属形容词的作格动词来进行分析。

【孤立】

"孤立"在《现代汉语词典》的解释中有下列三条义项：

【孤立】（1）形 同其他事物不相联系：湖心有个～的小岛｜这个事件不是～的。（2）形 不能得到同情和援助：～无援。（3）动 使得不到同情或援助：～敌人。

从《现代汉语词典》的字面解释来看，（2）和（3）是致使义和非致使义的配对，正好对应于"NP$_1$ + V + NP$_2$"和"NP$_2$ + Adj."的句式。如：

（1）他们还派出骨干，开着车到下边的几个野外作业营地，一一做工作；并根据谈话对象的不同情况，分别许愿和收买；遇到难以影响的人物，就下大力气拉拢，送礼品、请客吃饭；如果仍不成功，就最大限度地孤立和威胁对方。（张炜《柏慧》）

（2）打比方吧，好比苏联十月革命，群众也发动了，士兵也争取了，临时政治也孤立了，最后还得打了下冬宫。（王朔《给我顶住》）

"孤立"的这种"NP$_1$ + V + NP$_2$"和"NP$_2$ + Adj."的转换还适用于NP$_2$是一个表示人的名词范畴，如：

（3）杨健依靠工人阶级，团结一切可以团结的力量，包括守法的民族资产阶级和已经坦白交代自己五毒不法行为的资产阶级（如马慕韩等），资本家的家属（如林宛芝等）和工程技术财会人员（如韩云程、勇复基和郭鹏等），利用矛盾，实行分化，孤立徐义德，形成"五反"的统一战线，有什么不对的地方？（周而复《上海的早晨》）

（4）"只要群众发动起来，形成'五反'统一战线，徐义德就孤立了。"（周而复《上海的早晨》）

"孤立"可用于祈使句，如：

（5）夏顺开认真地对慧芳说："别孤立我们小雨呀，孩子嘛，心灵和友谊都是纯洁的，这会儿就分等，伤心呐。你不让小芳和小雨玩，我们小雨回去都哭成泪人了。"（王朔《无人喝彩》）

"孤立"可用于使令句中，如：

（6）只是马慕韩没有表示赞成，他本来想在政府面前表现一番，拥护花司的措施来提高自己的政治地位，遭到以徐

义德为首的反对,他也不好再坚持,那样会使自己的处境更孤立。(周而复《上海的早晨》)

"孤立"在构成单论元句时,词性为形容词,受程度副词"很"的修饰,如:

(7)一是法国恢复核试验在国内外引起强烈的反核浪潮,即使在欧盟内部,法国的处境也十分孤立。(《人民日报》1995年9月14日第6版)

(8)我这时觉得很落伍,一个人很孤立,走投无路,痛苦极了。(周而复《上海的早晨》)

做形容词用的"孤立"实际上描绘的是一种状态,处于孤立无援的状态。

【安定】

"安定"在《现代汉语词典》的解释中有着形容词和动词的兼类解释,如:

【安定】(1) 形 (生活、形势等)平静正常;稳定:生活~|情绪~|社会秩序~。(2) 动 使安定:~人心。

"安定"有着"$NP_1 + V + NP_2$"和"$NP_2 + Adj.$"的转换,如:

(9)新政府成立后立即采取措施稳定局势、安定人心,恢复生产,目前正在致力于卢旺达的重建,目的是要创造和平的环境。(《人民日报》1995.03)

(10)目前,灾区人心安定、社会稳定,恢复生产和重建家园工作继续进行。(《人民日报》1995年3月)

(11)石队长心中安定了一点:"他不带兵?"(老舍《火葬》)

"安定"可以用在"使"字句中,如:

(12)只要能保护他们,使资本家的情绪安定下来,对

共产党的政策有所认识……（《作家文摘》1993）

（13）这种气味使人神情安定下来，小儿子和媳妇笑嘻嘻地围在锅台上。（张炜《冬景》）

【繁荣】

《现代汉语词典》对于"繁荣"的解释很符合作格动词的释义模式，列了两个义项，一个为使动，一个为非使动。如：

> 【繁荣】（1）形（经济或事业）蓬勃发展；昌盛：经济~｜把祖国建设得~富强。（2）动使繁荣：~经济｜~文化艺术事业。

"繁荣"除了有"繁荣经济"和"经济繁荣"之类的用法外，还有使动用法，如：

（14）希望通过各国在经济发展、安全保障等各方面的合作，使亚洲更加繁荣。（《人民日报》1995年5月）

（15）工业发展，也推动了旅游、商业、饮食业，还推动了金融业的发展，使整个香港繁荣起来。（张宝锵、金挥《霍英东的创业生涯（1）》）

【方便】

《现代汉语词典》对于"方便"的某些义项的解释也是很符合作格的用法的，如：

> 【方便】（1）形便利：大开~之门｜北京市的交通很~｜把~让给别人，把困难留给自己。（2）动使便利；给予便利：~群众。（3）形适宜：这儿说话不~。（4）形婉辞，指有富裕的钱：手头儿不方便。（5）动婉辞，指大小便。

这里的义项（1）和（2）是一种作格用法的配对。在语料中也确实有这种"$NP_1 + V + NP_2$"和"$NP_2 + Adj.$"的配对，如：

(16) 市政府鼓励市蔬菜公司搞配销中心，新办零售菜店，增加供应渠道，鼓励成立连锁菜场集团公司，这不仅方便了居民，而且改变了菜场多年亏损局面。(《人民日报》1995年3月3日第4版)

(17) 它作为显示经济指标时常用的术语，专门用来表示不同时期相关的同类量之间百分率的增加或减少情况，使用起来十分方便。(《人民日报》1995年3月4日第11版)

【寒碜】

先看语料中"寒碜"的"$NP_1 + V + NP_2$"的用法，如：

(18) 有点小感觉，也就是这点小意思；不不，绝对没有，寻死觅活，这不是寒碜我吗？(王朔《橡皮人》)

(19) 罗振岭揣摸透了他的心理，他自尊到了不可一世的程度，这些年素养不高的他，自以为"名人"护身、财大气粗、虚荣重名、头脑膨胀，尽"寒碜"别人了……(《作家》1995)

"寒碜"也有着"$NP_2 + Adj.$"的用法，如：

(20) 几间老屋很寒碜，几件歪歪扭扭的破家具更寒碜。(《作家》1996)

"寒碜"有着形容词的用法，可以受"很、真"等程度副词的修饰，还有着"AB不AB"的重叠方式，如：

(21) "真寒碜，"方方笑着说，"快把这附近的公猫全招来了。"(王朔《一半是火焰，一半是海水》)

(22) 不好的是胡同里总有老头子在遛鸟，看到王二就说：这么大的人了，寒碜不寒碜，这时王二只好装没听见。(王小波《革命时期的爱情》)

关于"寒碜"一词的解释，《现代汉语词典》和《现代汉语规范词典》大致相同，都是归为三个义项，三个义项的内容也大

致相同,《现代汉语词典》的解释如下:

【寒碜】(1) 形 丑陋;难看:这孩子长得不~。(2) 形 丢脸;不体面:全班同学就我不及格,真~!(3) 动 讥笑,揭人短处,使失去体面:你这是存心~我丨叫人~了一顿。

"寒碜"的义项(2)和(3)有着致使义和非致使义的配对,致使义是动词,非致使义时是形容词。但是"寒碜"和前面所讨论的"繁荣、安定、方便、富裕、和缓"等词不一样的地方是,"寒碜"在构成"NP$_2$ + Adj."的句式时,"寒碜"不能加"了"。

【开通】

"开通"一词有着两个读音:kāitōng 和 kāitong。因此,下面分两种词类来考察"开通"在"NP$_1$ + V + NP$_2$"中的转换:一种是"NP$_1$ + V + NP$_2$"和"NP$_2$ + V"的同义句式的转换;另一种是"NP$_1$ + V + NP$_2$"和"NP$_2$ + A"的句式转换。

先看第一种转换:"NP$_1$ + V + NP$_2$"和"NP$_2$ + V"的句式转换,如:

(23) 他回乡重修宅院,为了防范匪盗,在宅院四周挖了河,筑一座小桥开通门户。(余秋雨《夜航船》)

(24) 因为学校没有钱开通新的水源,又因为人必须喝水维持生命,便只能长期将就。(方方《定数》)

(25) 永乐十年以后,开通了会通河,南北运河贯通,漕运才改以运河为主,然海运并未全废。(姚雪垠《李自成》)

(26) 带领群众克勤克俭发展旅游业,帮助本地区脱贫致富,开通了从陆地、水上、空中由景洪至邻国的国际旅游路线。(《人民日报》1995)

(27) 苏伊士运河开通后,是欧亚两洲之间海运必经之区。(《现代汉语词典》)

(28) 广深准高速铁路自动闭塞工程全部开通。(《人民日报》1995)

再看"开通"一词的"NP$_1$+V+NP$_2$"和"NP$_2$+A"的句式转换的用法,如:

(29) 本报之设,以开通风气,提倡女学,联络感情,结我团体,并为他日创设中国妇人协会……(《读者文摘》)

(30) 亏得我生在现代,中国风气开通,有机会对她们仔细观察,矫正一眼看去的幻觉。(钱钟书《猫》)

(31) 她的生活朴素,思想开通,不摆架子,平易近人,比利时人都很爱戴她。(《读者文摘》)

(32) 按说小林老婆在这方面还算开通,一开始来人不说什么,后来多了,成了常事,成了日常工作,人家就受不了,来了客人就脸色不好,也不去买菜,也不去下厨房。(刘震云《一地鸡毛》)

"开通"一词在《现代汉语词典》的解释是分两个条目进行解释的,一个不读轻声,一个读轻声。如下所释:

【开通】kāitōng 动 (1) 使原来闭塞的(如思想、风气等)不闭塞:~风气|~民智。(2) 交通、通信等线路开始使用:国内卫星通信网昨天~|这条公路已经竣工并~使用。

【开通】kāitong (1) 形 (思想)不守旧;不拘谨固执:思想~|老人学了文化,脑筋更~了。(2) 动 使开通:让他多到外面去看看,~~他的思想。(《现代汉语词典》)

我们认为《现代汉语词典》对"开通 kāitōng"的义项的安

排不大合理，应该遵循由比较具体的意义隐喻到比较抽象的意义，如由"挖通；疏浚"的意义隐喻到"使原来闭塞的（如思想、风气等）不闭塞"，而《现代汉语词典》对"开通 kāitōng"的解释是由"思想风气"到"交通通信线路"，这个安排似乎不大符合认知顺序，在这一点上，《现代汉语规范词典》做得比较好，如：

【开通】kāitōng（1）动 挖通；疏浚：~隧道｜~河道。（2）动 开导，使不闭塞：~思路。（3）动 指交通、通信等线路贯通：北京至拉萨的航线早已~。

【开通】kāitong（1）形 通达明智；不守旧；不固执：老人很~，不干涉子女的婚事。（2）动 使开通：多听听新闻，就能~思想。（《现代汉语规范词典》）

《现代汉语规范词典》对"开通 kāitōng"的义项的安排比较合理，先是体现在"开通隧道"中的"挖通；疏浚"到"开通思路"中的"开导，使不闭塞"义，这是符合由"开通＋具体物"到"开通＋抽象物"的过程。另外，《现代汉语规范词典》还注意到了"开通隧道"和"航线早已开通"这两个不同的句式所对应的义项的差别，体现在义项（1）和（3）的差别，实际上是论元结构的排列不同，一个是 $NP_1 + V + NP_2$，一个是 $NP_2 + V$。而《现代汉语词典》就没有列"挖通；疏浚"这个义项，这就忽视了"开通 kāitōng"在"挖通＋具体物"这个意义上的 $NP_1 + V + NP_2$ 的用法。

但是，《现代汉语词典》和《现代汉语规范词典》对"开通"第二个字注轻声 kāitong 时，和义项的配合有问题，念轻声时不可能是"使开通"的用法，如"让他多到外面去看看，开通开通他的思想"中的"开通"就不可能去掉，所以这一义项两部词典都应该去掉为好。

【和缓】

"和缓"一词《现代汉语词典》(2005)和《现代汉语规范词典》有解释不一致的地方,先看《现代汉语规范词典》的解释:

【和缓】(1) 形 温和平缓▷语调~|药性~。(2) 动 变和缓;使紧张的情势平缓下来▷两国关系~了许多|~了两国边境的局势。

再看《现代汉语词典》对于"和缓"的解释,如:

【和缓】(1) 形 平和;缓和:态度~|口气~|局势~了。(2) 动 使和缓:~一下紧张气氛。

我们认为《现代汉语词典》的解释更凝练一些,"和缓"的义项(1)和(2)的用法分得很清楚,就是作格用法在词义上的体现,一个是致使义,一个是非致使义。《现代汉语规范词典》中的义项(2)中的例子"两国关系和缓了许多"实际上这里可以把"和缓"理解为形容词的用法,其实"和缓"做形容词时也是可以加"了"的,比如"语调和缓了",所以关于"和缓"的解释不如就按《现代汉语词典》的那样,点明致使义和非致使义就可以了,而且这正是句法结构上两种句式——"NP$_1$ + V + NP$_2$"和"NP$_2$ + Adj."的长期应用,映射到词法上的结果。

【辛苦】

调查了一下"辛苦"在语料中的用法,发现"辛苦"有着"NP$_1$ + V + NP$_2$"和"NP$_2$ + Adj."的结构,先举例说明前一个结构:

(33) 这些天辛苦了你。[修来荣《陈龙在重庆谈判的日子里》(下),载《作家文摘》1994]

(34) 少云兄（马鸿逵字少云），这回得辛苦你了！（马振宁《马鸿逵逃离大陆真相》《作家文摘》1996）

再说明"辛苦"有着"NP$_2$ + Adj."的结构，如：

(35) ……停台次数、车速、停车时间等，全靠纺织工人穿梭巡检，劳动非常辛苦，还是不能减少停车和断头的次数。（《中国儿童百科全书》）

(36) 民工们抛妻别子，很辛苦。（《人民日报》1995）

(37) 缓缓地抬起手，行了一个标准的军礼，心底默默地呼喊着：父亲，您辛苦了。（《人民日报》1995年4月）

(38) 老大爷，您辛苦了。（《人民日报》1995）

另外，"辛苦"是动词、形容词的兼类，做形容词时，还有AABB的重叠形式，如"辛辛苦苦"的重叠式。

"辛苦"还可以出现在"使"字句中，如：

(39) 这些劳动使我很辛苦，但我对痛苦却逐渐淡漠了，心里很充实，性格也开始变得……［《读者》（合订本）］

"辛苦"在《现代汉语词典》和《现代汉语规范词典》中的义项都相似，如：

【辛苦】（1）形身心劳苦：辛辛苦苦｜他起早贪黑地工作，非常~。（2）动客套话，用于求人做事：这事儿还得您~一趟。（《现代汉语词典》）

【辛苦】（1）形辛勤劳苦：工作很~｜辛辛苦苦地干了几十年。（2）动客套话，用于求别人办事或感谢别人帮助办了事：还得~小王给跑一趟｜今天可要~大家了。（《现代汉语规范词典》）

我们认为"辛苦"的义项（2）的解释应该加上"致使"义，和"安定、繁荣、方便"等词的解释一样，应该有一个

"使身心劳苦"的意义，比如在例句"今天可要辛苦大家了"中，"辛苦"有致使的意义，这也可以说是兼属形容词的这一类作格动词的特点。

《汉语大词典》解释"辛苦"时，有"使……劳累"这一义项，对比一下该词典的义项（3）和（4）：

【辛苦】3. 辛勤劳苦。《左传·昭公三十年》："吴光新得國，而親其民，視民如子，辛苦同之，將用之也。"南朝梁·何逊《宿南洲浦》诗："幽棲多暇豫，從役知辛苦。"金·李汾《再过长安》诗："自憐季子貂裘敝，辛苦燈前讀揣摩。"清·李渔《巧团圆·试艰》："拼得喫些辛苦，有甚麽做不來。"刘大白《田主来》诗："辛苦种得一年田，田主偏来当债讨。"4. 使……劳累。《逸周书·酆保》："商爲無道，棄德刑範，欺侮羣臣，辛苦百姓，忍辱諸侯。"《宋书·竟陵王诞传》："大明二年，發民築治廣陵城，誕循行，有人干輿揚聲大罵曰：'大兵尋至'，何以辛苦百姓！"

既然《汉语大词典》可以把"致使"义和非"致使"义列为两种，那么，我们根据"辛苦"在语料中的用法，也建议词典列"致使"义和非"致使"义两条义项。

【败坏】

"败坏"一词有着"$NP_1 + V + NP_2$"和"$NP_2 + Adj.$"的转换，如：

（40）一丈青大娘感到不安了，劝说柳罐斗道："你跟这个烟花女儿打连连，败坏了自个儿的名声，背兴不背兴？"（刘绍棠《蒲柳人家》）

（41）唉，这些年搞的呀，真是思想、风气都败坏了。（王蒙《名医梁有志传奇》）

（42）她又吃了一只长沙带来的无子蜜橘，胃口彻底败坏，心情更糟。（陈建功、赵大年《皇城根》）

王俊毅（2004）也说明"败坏"既可以表示受事者本身的变化，又可以表示施事者对受事者的影响和作用，这时它有使动义，如可以说"使门风败坏"、"使纪律败坏"等。

（二）兼属形容词的作格动词的特点

兼属形容词的这一类作格动词有着作格动词的共性与个性，分析如下：

（1）兼属形容词的作格动词有着"$NP_1 + V + NP_2$"和"$NP_2 + Adj.$"的转换形式，这一点和其余的作格动词的词性有所不同。因此，作格的形容词表示的是从一种状态已经进入另一种状态，如上述讨论的"孤立、安定、繁荣、方便"等词做形容词用时，都是属于状态形容词，而非性质形容词。

（2）这些词能受程度副词"很"的修饰，如：

很孤立　　　　很安定
很繁荣　　　　很方便
很寒碜　　　　很开通
很和缓　　　　很辛苦

需要指出的是"败坏"在语料中没有搜到"很败坏"的用例，但是根据我们的语感，"很败坏"还是可以说的。

（3）这一类的作格动词有些不能受"把"字句的修饰，如"方便、繁荣"就不能出现在"把 + N + V"的句式中，没有"把 + N + 繁荣 | 方便"的句式。

附：兼属形容词的作格动词词表

安定 便利 澄清 充实 纯洁 纯净 端正 饿 繁荣 方便 肥 丰

富 巩固 孤立 固定 规范 寒碜 坏 (4)① 和缓 活跃 集中 坚定 健全 开阔 累 满足 密切 明确 模糊 暖和 平定 平整 普及 清醒 湿润 松 疏松 突出 温暖 稳定 稳固 辛苦 严格 严肃 整饬 滋润 壮大

注意，上面列的兼属形容词的作格动词实际上在做动词讲时，一般都含有致使义，是一类比较特殊的致使动词。特殊在这一类致使动词，不包括使令动词，如"使、叫、让、令"之类，但却可以带使令宾语。

邢欣（1995）讨论的致使动词的范围比较宽，包括这样四类：（1）单纯类，如"使、叫、让、令、要"。（2）多义类。这一类除有共同义项［+致使］之外，还有各自的词汇意义，如"命令、禁止、派"等。（3）歧义类。这一类动词带有［+致使］特征时构成兼语句型，没有［+致使］特征时构成连动式。这类动词有"陪、帮、扶"等。（4）特殊类。这一类指一部分不及物动词和形容词。这一类构成不及物动词或形容词带宾语句，其宾语可看作是使动宾语。这是古代汉语中使动用法的遗留句式，现代汉语中，这类词的数量很少，如"端正、繁荣、严肃、绿化、净化"等。我们所要着重讨论的是邢欣所说的第（4）类动词，我们认为这种动词的数量并不是很少，具体的词已在词表中列出。

通过对兼属形容词的作格动词的释义研究，发现《现代汉语词典》对这一类词的解释还存在有待商榷的地方，如"发达"和"富裕"例。

【发达】

"发达"在《现代汉语词典》的解释和《现代汉语规范词

---

① "坏（4）"指"坏"在《现代汉语词典》中的义项（4）：使变坏：吃了不干净的食物容易~肚子。

典》中不一致,《现代汉语词典》列了三条义项,如:

【发达】(1) 形 (事物)已有充分发展;(事业)兴盛:肌肉~|四肢~|工业~|交通~。(2) 动 使充分发展:~经济|~贸易。(3) <书> 动 发迹;显达。

《现代汉语规范词典》只列了一条义项,如:

【发达】 形 (事物)发展充分;(事业)兴旺:肌肉~|商业~。

在CCL语料中检查了一下"发达"的用法,发现"发达"主要还是用作形容词,如:

(43) 北方以工业为主,资本主义发达;南方以农业为主,种植场里都用从非洲掠夺来的黑人奴隶作劳动力……(《中国儿童百科全书》)

(44) 榆林传统手工业发达,民间音乐"榆林小曲"脍炙人口。(《中国儿童百科全书》)

"发达"用于"V+NP$_2$"中的用例极少,只有个别用例,可能还是古代汉语用法的遗留,如:

(45) 该市实施的"联带工程",即以发达村的经济实体为依托,联带一个或几个经济薄弱村,吸收其现有企业……(《人民日报》1995年1月)

鉴于"发达"用于"V+NP$_2$"中的用例极少的情况,判断其在现代汉语中还不能算是作格动词,关于"发达"的词典释义也就没有必要列出"使充分发展"的用法。

【富裕】

"富裕"在《现代汉语词典》的解释中虽然列出了使动义和非使动义的成对用法,如下所示:

【富裕】(1) 形 (财物)充裕:日子过得挺~|农民

一天天地~起来。(2) 动 使富裕：发展生产，~人民。

但我们认为，《现代汉语词典》关于"富裕"的第二条义项的解释是不常见的，《现代汉语词典》所举的例子也是一种对举的例子，"富裕"的使动用法实际上也是受了"发展"的影响，而在"发展生产，富裕人民"这句话中出现了使动用法。在语料中，"富裕"很少有"NP$_1$ + V + NP$_2$"的用法，而绝大部分是"NP$_2$ + Adj."或"NP$_1$ + Adj."的用法，如：

(46) 刘工程师夫妇好玩，好客，房子又富裕，大家就常到他家聚会。唱戏，打牌，可是从不来钱的。（冯骥才《一百个人的十年》）

(47) 只有经济发展了，生活富裕了，人民才能安居乐业，社会才能安定祥和。（《人民日报》1995年3月5日第1版）

(48) 几年过去，社会改弦更张，现代生活的声光化电充满魅力地倾盖中国；贫困已久的中国人急于富裕起来，这桩未被深究、尚无答案的历史上最惨重的"文革"悲剧却被不知不觉淡却了。（冯骥才《一百个人的十年》）

(49) 有一位记者到富裕起来的洞庭湖区采访，看到的却是一栋栋简朴的农舍，不禁有些困惑：农民富裕了，为何看不到一栋小楼房？（《人民日报》1995年3月6日第10版）

(50) 主人不俗，懂得享受生活，虽不富裕，屋子却布置得简单而富有情趣。（白帆《完美与残缺》）

也许是基于"富裕"在语料中的大量的NP + A的用法，《现代汉语规范词典》就只列了"富裕"的一条义项，如：

【富裕】 形 （财物）丰富；充裕：生活~。

"富裕"可出现在"使"字句中，如：

(51) 乡镇企业的发展使农民富裕起来，市场购买力进一步增强。(《人民日报》1995年3月17日第5版)

虽然"富裕"可出现在"使"字句中，但由于它不能满足"NP₁ + V + NP₂"和"NP₂ + Adj."的转换，因此也不是作格动词。

另外，关于一些新词，如"美白"等是否作格动词，还可以讨论。

【美白】

"美白"一词能出现在"NP₁ + V + NP₂"和"NP₂ + V"两种句式中，如：

(52) 黄瓜含有大量的维生素和游离氨基酸，还有丰富的果酸，能清洁美白肌肤，消除晒伤和雀斑，缓解皮肤过敏，是传统的养颜圣品。(百度搜索2005年9月8日)

(53) 今夏引进360°美白牙齿新概念（2004-08-03 14：23：00体总网）

(54) 这样美白你的肌肤（亚楠，百度搜索2005年9月8日）

(55) 牙齿美白——中国口腔治疗中心（百度搜索2005年9月8日）

(56) 肌肤美白解决方案（百度搜索2005年9月8日）

在语料中发现，"美白"的用法中更多的是出现"美白"带双论元的结构，也就是"NP₁ + V + NP₂"的结构居多，而"NP₂ + V"的结构很少，大多出现在标题中。值得注意的是"美白"有很多做定语的用法，如：

(57) 5分钟立即美白美丽传奇美白细胞素从太平洋岛屿近海水貂草中提取，其中的功效成分神奇褪黑因子可渗透至表皮层2毫米深度。(北迈时尚网)

(58) 选购美白产品要点（百度搜索2005年9月8日）

(59) 肌肤的快速美白方法（百度搜索 2005 年 9 月 8 日）

所以，"美白"也不能算是作格动词。

五、可以表"自身变化"的作格动词

（一）表"自身变化"的作格动词能受"自己"修饰

前面在谈到确定作格动词的标准时，谈到了第三条标准，即"看该动词能否受'自己'修饰，能否出现在'NP$_2$+自己+V了'的句式中，如果能出现在该句式中，则是作格动词；如果不能，就不是作格动词"。这条标准是在满足第一条标准的基础上提出的。

符合第一条标准和第三条标准的作格动词有：开、关、化、灭、暴露等，这些动词一般能受"自己"修饰，表明这些动词能够不受外力影响而自我变化，因此把这些动词命名为"自我变化"的作格动词。下面我们就对这些词进行个案分析。

【开】

《现代汉语词典》对"开"的解释如下：

开^{1}kāi（1）使关闭着的东西不再关闭；打开：~门｜~锁｜~箱子｜不~口。（2）打通；开辟：~路~矿｜墙上~了个窗口｜~了三千亩水田。（3）（合拢或连接的东西）舒张；分离：桃树~花了｜扣儿~了｜两块木板没粘好，又~了。（4）（河流）解冻：河~了。（5）解除（封锁、禁令、限制等）：~戒｜~禁。（6）发动或操纵（枪、炮、车、船、飞机、机器等）：~汽车｜~拖拉机｜火车~了。（7）（队伍）开拨：昨天开~来两团人，今天又~走了。（8）开办：~工厂｜~医院。（9）开始：~工｜~学

| ~演。(10) 举行（会议、座谈会、展览会等）：~会｜~运动会｜~欢送会。(11) 写出（多指内容分项的单据、信件等）：~发票｜~药方｜~清单｜~介绍信。(12) 支付；开销（工资、车费）。(13) <方>开革；开除；过去资本家随便~掉我们工人。(14)（液体）受热而沸腾：水~了。(15) 摆上（饭菜、酒席）：~饭｜~席｜~三份客饭。(16) <口>吃光：他把包子都~了。(17) 用在动词后。a. 表示扩大或扩展：喜讯传~了。b. 表示开始并继续下去：下了两天雨，天就冷~了｜天还没亮，社员们就干~了。(18) 指十分之几的比例：三七~。(19) 印刷上指相当于整张纸的若干分之一：三十二~纸。(20) 姓。

开² kāi 黄金中含纯金量的计算单位（二十四开为纯金）：十四~金的笔尖。[英 Karat]

开³ kāi 用在动词后。a. 表示分开或离开：拉~｜躲~｜把门开~｜窗户关得紧，打不~。b. 表示容下：这个屋子小，人多了坐不~｜这张床，三个孩子也睡~了。

"开"的义项比较多。"开"的义项（1）和义项（3）有一种使动用法和非使动的用法的对立，义项（1）是使动用法，义项（3）是中介用法，例证如"他开了门"和"门开了"等不及物和及物句式的交替。

"开"在作义项（3）解释时，可以受"自动、自己"的修饰，所以我们认为"开"是一个表"自变"的作格动词，如：

(1) 刘果站在柯敏的门前，正要敲门，门却意外地自己开了，从门里冲出来一个干瘦的男人，与刘果撞了个对眼，瘦男人用尖酸……[曾明了《宽容生活》(2)]

(2) 门自动开了。

正因为"开"有着及物和不及物的交替用法，而且"开"还能受"自己"的修饰,所以我们认为"开"是一个作格动词。①

作格动词有及物和不及物的交替形式,可是在及物句式中,和作格动词共现的副词与在不及物句式中共现的副词,有很明显的不同,下面以作格动词"开"为例,讨论和它共现的副词。

先看"开"在及物句式中的与副词共现的情况:

(3) 烦躁地下去开了门。(路遥《人生》)

这句可理解成典型的动作句,"下去"和"开门"是两个连续的动作。

再看"开"在不及物小句中的情况,"开"前或者没有副词修饰;如果有副词修饰,也大多是表示已然或结果的副词,如:

(4) 门开了,房间里经纬分明地摆着8张桌子。(王浙滨《生为女人》)

(5) 一直到第二天早晨,门开了,那碗面仍是一筷子未动,放在桌子上。(李国文《危楼记事》)

(6) 大会开了。(赵树理《锻炼锻炼》)

(7) 如果有人,这门已经开了。(余华《四月三日事件》)

(8) 我等了老半天,那扇不带玻璃的门终于开了。(徐星《无主题变奏》)

对比"开"在及物小句和不及物小句中出现的副词,在及物小句中,"开"前可以受表示施事意志的副词,如"烦躁"修饰,也可受"小心地"修饰;而在不及物小句中,"开"前不能受表施事意志的词如"小心地"修饰,除非"小心地"前面加"被",对比一下:

---

① "开"在语料中还有个别的"使……开"的说法,如:鲜花如此广泛地融入广州人的生活,作为迅速崛起的精神消费品,几乎不可一日无此君了。新的观念和新的习惯,使百姓开门7件事,不知不觉变成了8件。(《人民日报》1995年1月)

(9) 门被小心地开了一条缝,随即,王福升闪了进来。（曹禺、万方《日出》）

(10) *门小心地开了一条缝,随即,王福升闪了进来。

(11) 她闩了门,取出铜匣子,小心地开锁。(《北京青年报》2000 年 2 月 22 日)

但是,作格动词可以受表示状态的副词修饰,如"悄悄地",请看:

(12) 陈杨氏一个人悄悄地开了锁,走进贮物室里。(欧阳三《三家巷》)

(13) 可是正在这时候,书房门悄悄地开了。(茅盾《子夜》)

作格动词句为何可以受"悄悄地"修饰,我们认为"悄悄"既可以表示动作的方式,又可以表示状态,"悄悄"在不及物格式中表示状态。这就和后面所要讨论的作格动词的概念结构联系起来,"开"的词汇语义表达式是: [[x Do-something] CAUSE [y BECOME 开]]。

汉语的"开"和英语的 open 一词一样具有作格性。如 open 在英语中有下列表现:

(14) a. John opened the door.

　　b. This door opens ITSELF.

　　c. The window opened only with great difficulty.

在英语中,表示施事行为状况的 carefully、clumsily 以及表示施事意志的 intentionally、reluctantly、willingly 等副词也不能出现在中介句中[1]。如:

(15) a. *The door opened carefully.

---

[1] 我们在第一章中曾交代过,我们把作格动词构成的"$NP_2 + V$"的句式,叫做中介句。

第三章 现代汉语的作格动词及其释义　255

b. * The door opened unintentionally/reluctantly.

另外，"开1"的义项（6）——"发动或操纵（枪、炮、车、船、飞机、机器等）"的例释中暗含着作格用法，如"开汽车｜开拖拉机｜火车开了"。但《现代汉语词典》并没有把这个义项分为两个，这和义项（1）和义项（3）的分开处理不一样。我们检查了《现代汉语规范词典》对应于《现代汉语词典》义项（6）的解释，发现《现代汉语规范词典》也只列了1个义项，但是《现代汉语规范词典》的例句不够全面，例句解释如下：

开¹ kāi（11）发动或操纵（枪、炮、车、船、飞机、机器等）：~飞机｜~机器｜~炮｜~动。

《现代汉语规范词典》对于"开"在第11个义项的解释没有举出如"NP$_2$ + V"的例子，这种"NP$_2$ + V"的格式，在语料中还是很普遍的，如例（16）、例（17）：

（16）车开了，车窗里伸出一双双小手齐呼"胡妈妈再见"！（《人民日报》1995年1月3日）

（17）她必须把儿子夺回来……追到面包车上，儿子夺回来了，车也开了。（陈建功、赵大年《皇城根》）

上述例中的"车开了"中的"开"相当于"发动"解释，鉴于语料中的真实用法，我们认为《现代汉语规范词典》的例句有些单一，没有能完整地体现"开"在第11个义项上的句法分布。我们可以确认上述例（16）、例（17）"NP$_2$ + 开"中的NP$_2$是"客体"，这个句式中的动词"开"还可以带时量宾语或数量宾语，如：

（18）车开了十几分钟后到水果湖附近一处行人稀少的地方停了下来。（《人民日报》1995年2月16日）

（19）车开了一会儿，车厢开始平静下来。（阿城《棋王》）

(20) 听说去处后,车开了不到 50 米便停在了路边:"我这车刚刚修过,怎么又坏了?"(《人民日报》1995 年 9 月 20 日)

例(18)、例(19)中的"开了十几分钟"、"开了一会儿"中"开"所带的宾语都是时量宾语或数量宾语,都不是表"客体"的宾语,所以说,例(18)、例(19)依然是"NP$_2$ + V"的格式,"车"为 NP$_2$。

另外,在语料的调查中还发现,"开"有时跟在别的动词后,构成动结式——"V 开",比如"打开、放开、公开"等,像这些词语,我们将在 4.1.2 中讨论。

【关】

关于"我关了门(窗户)"和"门(窗户)关了"这是作格用法,基本上没有疑义,语料中考察"关了",发现"我关了门(窗户)"的动词"关"之前可以受表情状、方式的副词修饰,而"门(窗户)关了"的动词"关"之前不受情状、方式等副词修饰,而受范围、频率或时间副词修饰,如:

(21) a. 乔乔奋力关了窗户,顷刻间豆大的雨点劈劈啪啪打在窗上淌下道道水流,窗外的云天树街模糊了朦胧了。(王朔《玩儿的就是心跳》)

b. *窗户奋力关了。

(22) a. 木板门又关了,把门上的一副春联关在外面。(汪曾祺《徙》)

b. *木板门又奋力关了。

(23) 可院门都关了,她只好找地方爬墙。(王朔《过把瘾就死》)

(24) 胡同里的路灯已经关了,正是黎明前最昏暗的那一刻。(李国文)

例(21)a 可以说,例(21)b 不能说。"奋力"是情状副词，用在 SVO 句里表示动态，用在 OV 型的中介句里则行不通。"奋力地"、"使劲地"都是表示施事的行为状况，这类副词一般不能出现在中介句中。如：

  (25) a. *门不情愿地关了。
    b. 门自动关了。

邢志群（2004）认为把字句倾向于描述动态，而受事主题句倾向于描述静态，还讨论了《红楼梦》中的"关"：

  (26) 果然漆黑无一人来往，往贾母那边的门也倒锁了，只有向东的门未关。（《红楼梦》）
  (27)（两个）慌忙把两扇门关了。（《红楼梦》）

邢志群认为受事主题句（26）描述门（受事者）的状态：锁着的；而把字句（27）是描述一个动作：关门。这里如果我们只注意两句动词的意思的话，很难看出二者的区别，只有参看整个句子或者上下文才能断定一个是表示静态，一个是表示动态。我们认为正因为"关"这个动词既可以表示静态，又可以表示动态，是作格动词，才会有这种现象。①

【化】

李临定（1990：130）提到"化"这个动词是属于内动词、外动词的兼类现象。如：

  化：[内动] 冰块已经化了。 [外动] 你再化几块冰吧。

"化"的这种及物和不及物交替的现象，确实在语言事实中存在，如：

  (28) 他化了一块冰。
  (29) 背阴地方的冰还没有化。（转引自谭景春 1997）
  (30) 背阴地方的冰自己化了。

---

① 邢志群（2004）在注 12 中也认为"关"既能表示静态，又能表示动态。

(31) 有一天雪化了，冰融了，一切将恢复旧观。(唐韬《桥》)

"化"的用法和英语中的 melt 类似，如：

(32) a. The hot water melted the ice.
b. The ice melted.

Melt 在英语中一般算作作格动词，汉语和英语一样，可能是由"化"的语义决定的。Melt 从情状类型上看，被 Valin & Lapolla (1997) 称之为"完结"(accomplishment) 动词。

【暴露】

"暴露"可以有及物和不及物的交替现象。如：

(33) a. 在一次突围中，由于警卫排长莽撞行事，过早暴露了目标，致使部队伤亡较大，将军也中弹殒身。(当代《佳作》2)

b. 目标暴露了。

(34) 但他左右转动着的小眼珠却暴露出他的无知和愚顽，一看就知道是个喜欢惹是生非不知天高地厚的人。(当代《佳作》)

(35) 尽管他拼命要唤起笑容，可语气却暴露了他内心的沉重。(当代《佳作》)

(36) 不要想得这么坏嘛！事情即使暴露，我们可以摆事实讲道理。(当代《佳作》4)

"暴露"可以受"自己"、"自行"修饰，如：

(37) 我们的生活朝气蓬勃了；生活中大量的阴暗东西就自行暴露了。(徐迟《哥德巴赫猜想》)

(38) "对，这就是你思想问题的根子，终于自己暴露出来了。"(王朔《你不是一个俗人》)

"暴露"在不及物小句中，"暴露"还主要是以受事为主语。如：

(39) 那王爷何尝老实，篡权之心，一再暴露。（刘心武）

"暴露"在带两个论元时，两个 NP 常有领属关系，因此"暴露"可以有"NP₁ + V + NP₂"句式变换为"NP₁ + 的 + NP₂ + V"的句式。如：

(40) a. 不幸中的万幸是，他始终未暴露出其真实身份，并在官军押送途中，由已占山为王的柳湘莲所救出。（刘心武《贾元春之死》）

b. 他的真实身份始终未暴露出。

"暴露"可用于"使……暴露"的句型中，如：

(41) 太阳在整个一个白天里都使河水闪着亮、放出光辉，使田埂和小路上的沙粒都清晰可辨，使烟秸上爬着的绿虫暴露在一片光斑里……（张炜《秋天的愤怒》）

关于"暴露"一词，《现代汉语动词大词典》、《现代汉语词典》和《现代汉语规范词典》对这一词的处理不一样，先看《现代汉语动词大词典》的解释：

【暴露】<他动>显露（隐蔽的事物、缺陷、矛盾、问题等）：使隐蔽的东西公开。【基本式】施事（敌人、间谍、报纸）+ 暴露 + 受事（身份、火力点、目标、矛盾、思想）：敌人暴露了一个火力点。（《现代汉语动词大词典》）

《现代汉语词典》对"暴露"的解释不是以"他动"为主，试看《现代汉语词典》的解释：

【暴露】 动 （隐蔽的事物、缺陷、矛盾、问题等）显露出来：~目标 | ~无遗。（《现代汉语词典》）

《现代汉语词典》的解释有比较模糊的地方，不明了"暴露"是他动还是内动，释义说的是"（隐蔽的事物、缺陷、矛盾、问题等）显露出来"，可是例句却是"暴露目标"，"目标"

这个名词又位于"暴露"后,这就涉及到释义中用括弧圈出来的成分到底和例句的编排有无映射关系,如果有一种映射关系,这些个体名词就应该映射到句法上,但例句如"暴露目标"又和释义的顺序不符合;如果没有映射关系,那这种编排就比较随意,两者都可,即换成"显露出来(隐蔽的事物、缺陷、矛盾、问题等)"也可。

关于"暴露"一词的解释的困惑,实际上反映了"暴露"的"他动"用法和"内动"用法孰为底层的问题,《现代汉语规范词典》是明确地把"暴露"的"使动"用法列为底层的,如下所释:

【暴露】动 使隐蔽的东西公开或显眼:阴谋～|自我～。(《现代汉语规范词典》)

《现代汉语规范词典》虽然在释义上着重于"暴露"的使动用法,但在例句中却没有显示出使动用法,而是内动用法。

实际上,"暴露"一词应该具有作格用法,李临定(1990:130)指出"暴露"有"内动"和"外动"两种用法,如:

【暴露】[内动]咱们的目标～了。[外动]他不小心,～了目标

那么,关于"暴露"一词的解释,《现代汉语词典》和《现代汉语规范词典》应把二者综合起来才合适。

【变】

李临定(1990:130)认为"变"是属于"内动词、外动词"的兼类,如:

【变】[内动]表演队形已经～了。[外动]你们再变一变队形。

我们还可以将上面的例子变换为"队形自己变了"。所以,我们认为"变"是作格动词。

【灭】

"灭"在《现代汉语词典》的解释中有着致使义和非致使义的配对，如：

【灭】(1) 动 熄灭（跟"着"相对）：火~了｜灯~了。(2) 动 使熄灭：~灯｜~火。(3) 淹没：~顶。(4) 消灭；灭亡：自生自~｜物质不~。(5) 动 使不存在；使消灭：~蝇｜长自己的志气，~敌人的威风。

《现代汉语词典》的解释和"灭"的作格用法是对应的，是合理的。"灭"是保存在现代汉语中的作格动词，如：

(42) a. 见事不好的话，你灭了灯，打后院跳到王家去。（老舍《骆驼祥子》）

b. 一会儿，灯也灭了，人也散了。（冰心《回忆》）。

"灭"还可以受"自己"类的词语修饰，如：

(43) 当然，这并不是说，我们不要消灭老鼠，可以听之任之，让它们自生自灭了。（《读者文摘》）

"灭"还可以出现在存现句中，如：

(44) 屋内灭了灯。（老舍《骆驼祥子》）

后文 4.1.2 中将讨论以"灭"为后字构成的合成词，这一类词有可能构成作格动词。

（二）表"自身变化"的作格动词的特点

表"自我变化"的作格动词也有着自己的特点，表现为：

(1) 这类动词在句法上有着"$NP_1 + V + NP_2$"和"$NP_2 + V$"的句式转换。如"开、关、化、暴露、变、灭"等词都可以有这种变换。

(2) 这类动词可以受"自己"修饰，能出现在"NP + 自己 + V 了"的格式中，表示变化可以在内部发生。

(3) 这类动词经常和表完成的时体标记"了"连用。

附：表"自身变化"的作格动词词表

开、关、化、暴露、变、灭、消灭、毁灭、熄灭、破灭、着 zháo（3）[①]

[①] 着 zháo（3），指"着"的"燃烧"义，跟"灭"相对。

第四章 动结式、存现句与作格

前面的章节我们讨论了汉语作格动词的判定标准并对汉语词典词中的作格动词做了几乎是穷尽性的考察。考察结果证实，从词汇层次看，现代汉语的作格动词的确数量不多。

但汉语的作格动词不多，并不意味着汉族人观察世界的角度很少是作格的，或汉语篇章中的句子很少是作格的。正如在绪论中提到过的，有的语言词汇就绝大多数或半数是作格动词，由作格动词构成的句子就是作格角度的作格句或中介句；而另一些语言则词汇中少有作格动词，但句式中有许多特定的作格角度的句式，其他动词进入特定的作格角度的句式后，起与作格动词相当的作用，用一些学者的术语说就是这些动词原有的论元在这些句式中被抑制了，而这些句式我们认为则可称为"句式作格"。汉语中句式作格的现象很普遍，中国学者也早就独立地讨论过某些句式对动词与论元的关系有特殊的限定作用等问题。

本章在前人的基础上讨论汉语中最重要的两种作格句式：动结式与存现句，力图在讨论中梳理出国内学界已有研究与西方近期研究之间的对应关系，并显示：（1）汉语发展中作格动词由单音单义动词到双音动结式复合动词的更替；（2）作格角度存现句在篇章衔接中的作用。

一、动结式与作格

我们知道，使役与作格句式有很密切的关系。但现代汉语和日语不同，汉语没有那么明显的词缀来显示使役的概念，汉语通过比较固定的句式来反映使役的概念，汉语中有哪些句式可以体现使役的概念呢？我们要讨论动结式明显地含有使役的观念，有使因和致使的结果（有人称为"被使事件"）。现代汉语还有一些句式，如被字句、受事主语句是通过"作格化"而来。那么现代汉语的作格句式从广义上来讲，就包括作格动词句、动结式、受事主语句、被字句。这些句式拥有的共同特征就是——使役。本节主要讨论动结式与作格。

本节的主要线索是：（1）Cheng & Huang（1994）指出，动结式有表层作格和深层作格之分。但如果我们把动结式看作是两个词组成的结构而不是词，则大多数动结式都属于作格句式。（2）与鉴别作格动词的方法相同，我们依然用"既可以用于'表中介的状态'的单论元句中，也可以用于'表使中介成为某状态'的双论元句"，作为形式标准来鉴别作格性动结式。（3）从汉语史上看，如不少学者已指出的，作格范畴的"状态"和"使成状态"，先秦主要是用单音形容词、不及物动词和它们的"使成式"形态变化来表示的，有一些单音动词在这两种意义上的使用都十分自由，一般认为是较典型的单音作格动词（如"破"）。通过对现代汉语语料库的大规模的检索我们发现，历史上的单音作格动词，在现代汉语中已基本失去了"使成"的用法而蜕变为普通形容词或不及物状态动词，而现代汉语的作格动词绝大多数是双音节作格性动结式"词汇化"而形成的。

（一）结果补语的作格性与判定作格性动结式的形式标准

结果补语带有"使成状态"的作格性似乎不是汉语独有的，而是语言普遍的。Levin & Rappaport（1995：50）指出，结果短语经常使动作导致完结（accomplishments），完结常被分析为一个包括了动作和状态的复杂事件（eventualities），在那里，动作导致了状态的发生。而且，他们还强调，完结常描写状态的致使变化（causative change）。Levin & Rappaport（1995：62）认为动作和完结之间有一种系统的关系，完结仅仅是有限的动作。在英语中，动作和完结之间有一种"产生"的关系，因为大多数动作都能导致一个相应的结果。因此，结果结构可以说是这种策略的最好例证。即使某个动词孤立地用时并不表状态的变化，但这些动词进入结果结构后就可表示状态的变化，对比一下（1a）和（1b）就可以知道：

(1) a. The blacksmith pounded the metal.
    b. The blacksmith pounded the metal flat.

英语的动结式从形式上看是句子形式的层次，从语义上说是句式语义的层次上有"使成义"。汉语动结式的特点和英语的不同，汉语的动结式从形式上看类似于词（类词），从语义层次上看是类词（凝固短语）层次上的语义。所以，汉语动结式的特点在于单音动词和单音结果补语紧紧相连，构成了韵律词和句法词的形式，而句式语义上的作用却相当于词组，它句法语义上的"使成"义是在黏合短语的层级上而非句子层级上。

现代汉语的动结式也可以从作格的角度来审视，从下面的章节具体进行讨论。

1. 关于动结式的表层作格与深层作格之分

Cheng & Huang（1994）把动结式分为四种：非作格的（unergative）、及物的（transitive）、作格的（ergative）、致使的（causative）。举例如下：

(2) a. 张三骑累了。（非作格的）
    b. 张三骑累了两匹马。（及物的）
    c. 张三气死了。（作格的）

d. 这件事真气死张三了。(致使的)

Cheng & Huang 认为非作格的动结式,有"笑累、跑累、跳烦、哭累、睡着、走掉、跑开"等。及物的动结式有"哭湿、踢破、推开、拉平、杀死、撕破、扫干净"等。至于致使的结构是和作格联系在一起的,例如(2)c 和(2)d 就是一种作格的交替,其中的语义宾语即"客体"(theme)是"常量"(constant),不同只在于"使因"(causer)的出现与否。

Cheng & Huang(1994)受 Keyser & Roeper(1984)的影响,明确提出动结式中也有"深层作格"(deep ergatives)和"表层作格"(surface ergatives)两大类。像"累死、醉倒、吓跑、乐坏、忙累"是深层作格①,像"哭湿、吹破、踢破、扫干净"等是表层作格。表层作格的施事被抑制(suppressed)了,深层作格根本就不能补出施事。表层作格像被动式,而深层作格却不能用被动来释义,如:

(3) a. 手帕哭湿了。
　　b. 手帕被哭湿了。
(4) a. 气球吹破了。
　　b. 气球被吹破了。
(5) a. 张三累死了。
　　b. 张三被累死了。
(6) a. 张三醉倒了。
　　b. 张三被醉倒了。

(3) a、(4) a 与被动式(3) b、(4) b 可以互相释义,但是(5) a 和(6) a 却不能用相应的被动式(5) b 和(6) b 来解释。

---

① 照 Cheng & Huang(1994)的分析,像"气死、吓昏、渴死、醉倒、吃坏"等也应是深层作格的动结式。

究其原因，Cheng & Huang（1994）认为：只有深层作格，而不是表层作格，可以进行纯粹的"致使化"（causativization）。像"累死"只要加上一个"致使者"（causer）就可以"致使化"，而表层作格就不能轻易"致使化"，如：

(7) a. 张三哭湿了手帕。

b. *这件事哭湿了手帕。

(7) a 句合法，自然的理解也是把张三作为"哭"的人来解释，"哭湿"在及物句中出现，就作为施事的及物句，而不是致使的及物句。

Cheng & Huang 的表层作格和深层作格的分析还是很有道理的，表层作格是不能轻易地"致使化"，深层作格则可以，如"醉倒"可说"一杯酒就醉倒了张三"，"气死"可说"那件事气死张三了"。像"哭湿"等表层作格也可以致使化，但"致使者"多半是一个事件，如：

(8) 大白鼻子等也哀声震天，哭湿了整条的手绢。（老舍《牛天赐传》）

(9) 手术前一天晚上她哭了一整夜，哭湿了白被单和枕头，她哭自己终于重新拾回了生命……（《读者文摘》）

不管是深层作格，还是表层作格，Cheng & Huang 是把动结式作为一个整体来讨论的。仔细想一想这二者的区别，实际上在于，属于表层作格的一类，动结式中的动词 V_1 都是 [+有意识] 的人或动物使用某个具体器官所做的某种具体动作，离开主动的人或动物该动作就无法实现，而补语 V_2 则是事物的状态，正好阐发 V_1 这个具体动作的结果；而属于深层作格的一类，动结式中的动词 V_1 却多是抽象动作或人的感受、状态，补语也多是人的感受或状态，抽象动作的承担者可以是无生的物或事件，而人的感受和状态也完全可以是由无生物或事件引发的。这就使得第一类动结式从事理上就强制性地要求有一个主动者的施事论元,而第二类则不一定非要有一个有意识的主动动作的施事论元,无生的"致使原因"也可以。

那么为什么又把第一类动结式叫做"表层作格"呢?这是因为,这些动结式也带有"使成"的句式义,强调的也是致使者通过动作使宾语达成补语的状态,至于"致使者"是否有意识、是否主动动作者,并不是动结式所关心的。所以,不管深层是否必须有一个主动的有意识的施事,在这些动结句式中,该施事也是被抑制的。

我们承认,如果把动结式作为一个整体,的确存有如上区别。但也要看到,双音动结式虽然是典型的"韵律词"(冯胜利 1997,董秀芳 1998,王洪君 2000),也是比较典型的"句法词"(冯胜利 2002),但并不是词典词。它们的词身份有临时生成的特点,而非词库已有的。从词典的层次考虑,动结式的前后两个成分:动词和做结果补语的不及物动词、形容词,分开来考察的话,几乎都不能满足作格词的鉴定条件:能够在"NP_1 + VP + NP_2"和"NP_2 + VP"两格式中出现,且可以转换为"NP_1 + 使 + NP_2 + V 了"或"NP_2 + 自己 + VP 了"。

本书把词典词作为确定词汇作格的层次,临时生成的作格性处理为句式作格。因为我们认为,Cheng & Huang 所区分的表层作格和深层作格这两类动结式,是可以从成分的论元结构推导出来,"在线"标注到动结式整体之上的。

本书更关心的是词汇作格与句式作格的区分。从这一角度观察,Cheng & Huang 区分的两类动结式都属于进入格式后才具有的"句式作格",也即 Cheng & Huang 所区分的这两类动结式,进入双论元句子后,其句式语义都是含有两个事件,前一事件(而非前一事件的施事)是后一事件的触发原因(如"他骑累了马"→"他骑马"使"他累了","小王气疯了小李"→"小王气小李"使"小李疯了"。两类的区别在于,后一类动结式的前一事件也可以不用显现的主谓宾而用抽象名词"这件事"来表示："这件事"使"小李气疯了"。而前一类动结式不能用这样的替换：＊"这件事"使"他骑累了"）。

另外，Cheng & Huang 区分的两类动结式，截然分开也有一定的困难。任鹰（2001）就曾提到，动结结构中的动词虽然是及物动词，但并不能直接与宾语发生及物性关系，整个结构的带宾功能依然主要取决于后项补语，因而也要求后项补语必须以宾语为表述对象。如：

(10) B a. 走累了妈妈　　d. 哭哑了嗓子
　　　b. 乐坏了姐姐　　e. 吃饱了肚子
　　　c. 坐麻了腿　　　f. 洗湿了鞋

上述结构均为使动格局的结构，述语动词有的是不及物动词，有的虽为及物动词，但无法与宾语发生及物性关系（如"吃饱了肚子"但不能说"＊吃肚子"），宾语显然不是动词的支配对象，而是补语的陈述与支配对象，说得更确切一些，是前一事件致使的对象。要强调的是致使关系是支配关系的一种，但又不是一般的关涉性支配关系。比如，宾语成分在前一事件中是述语成分的支配对象，是受事成分，同时它又是前一事件整体的致使对象。致使关系与一般的关涉性支配关系的区别在于，致使关系可以使被致使者发出某种行为或生发某种状态，而一般的支配关系不行，所以致使关系是一种强支配关系；被致使者不是一般的关涉性支配对象，而是在致使行为的作用下发生显著变化的受动对象。由此可见，作为被致使者的宾语成分不仅应为受事成分，而且应为受动性质较强的受事成分。也正因为宾语具有较强的受动性质，因此，B 类结构大都可以变换为 C 类"把"字结构。例如：

(10) C a. 把妈妈走累了　　d. 把嗓子哭哑了
　　　b. 把姐姐乐坏了　　e. 把肚子吃饱了

c. 把腿坐麻了　　　　　　f. 把鞋洗湿了

我们认为任鹰（2001）所举的（10）中的动结式"走累、乐坏、坐麻、哭哑、吃饱、洗湿"都是作格结构。这些述结式都经过了一个表状态变化的过程，如"走累"是"因走而累"，"乐坏"是"因乐而坏"，"坐麻"是"因坐而麻"，正因为这类述结式有着天然的致使关系，而我们在第3章中也谈到了作格和致使的关系，所以我们这里把这一类动结式看成作格结构比较好。有一些动结式，出现在"$NP_1 + VP + NP_2$"中，可以很明显地分析出"致使者"和"受役者"，比如"枪声惊醒了孩子"，"地主饿晕了长工"中，"枪声"和"地主"是"致使者"，"孩子"和"长工"是"受役者"，还有"这三大盆衣服洗累了我"，也可以分析出致使关系出来。

也就是说，任鹰（2001）所举的（10）中的动结式"走累、乐坏、坐麻、哭哑、吃饱、洗湿"都是作格结构。这些动结式都经过了一个表状态变化的过程，如"走累"是"因走而累"，"乐坏"是"因乐而坏"，"坐麻"是"因坐而麻"。

在这些有强"致使"义的动结式中，是否有主动的施事并不是句式所关心的，有时区分起来就有困难。比如，"洗湿了鞋"中的动词"洗"是具体动作动词而补语"湿"是修饰无生物的，似乎是属于必有主动者论元的一类，但完全可以说"别去楼道左边的水房洗衣服，下水不好，到那里洗衣服连鞋都给你洗湿了"。这句话完全不关心"洗湿鞋"的主动者，"洗湿"的触发者是"到下水不好的水房洗衣服"这件事。

基于本书的研究目的，我们不准备在区分动结式是否必有主动施事者上多加讨论，而把重点放在动结式是否属于"中介承担某种状态"和"外因触发中介承担某种状态"的作格角度。

2. 动结式作格性的判定

现代汉语的动结式有很多具有作格性，但动结式并不全都是作格性的，因此存在着判定动结式中哪些是作格性格式的问题。与判定是否作格动词的标准相同，我们依然用能否进入"NP$_1$ + VP + NP$_2$"和"NP$_2$ + VP"交替格式来鉴别作格性动结式，如：

(11) 梅佐贤从怡然自得的境地跳了出来，他连忙熄灭了烟，站起来拍一拍刚才落在西装裤子上的烟灰，整了一下玫瑰红的领带。(周而复《上海的早晨》)

(12) 礼拜六的晚上，在咸宝珍的宿舍里，却是另一番景象。宿舍里每个房间的电灯都熄灭了，走道上那盏电灯像是没有睡醒似的，不明不灭的吊在垩白的屋顶上，显得有点阴暗。(周而复《上海的早晨》)

(13) 那歌反复地唱，熄灭了我的火气，涌上满腹凄凉。(王朔《浮出海面》)

(14) 乐乐的出生确实乐坏了这家人。(路遥《平凡的世界》)

(15) "老大哥"乐坏了，扔了转盘枪，翘起大拇指，一口一个"毛泽东"，"毛泽东"。(张正隆《雪白血红》)

(16) 一语未了，只听后院中有人笑声，说："我来迟了，不曾迎接远客！"(《红楼梦》)

例(11)至例(15)中的"熄灭"和"乐坏"能出现及物和不及物的交替，是典型的作格结构，而例(16)中的"来迟"，不能有及物和不及物的交替，是非作格结构。[①]应注意"熄灭"和"乐坏"这两个动词的内部结构不完全一样，"熄灭"是V$_1$V$_2$式，"乐坏"是VA式，A代表形容词。例(14)有致使义，可以变换成"乐乐的出生确实使这家人乐坏了"。例(13)也可以添加成致使义，如"那歌反复地唱，使我的火气熄灭了"。例(11)则不能直接添加成致使义，不能说"他连忙使烟

---

① 参见 Cheng & Huang (1994) 的分类。

熄灭了"，但可以说"烟自己熄灭了"。

也不是所有的及物的动结式都有"NP$_2$ + V"的说法，比如"杀死"，可以说"哈姆雷特杀死了自己的父亲"，而"哈姆雷特的父亲杀死了"的说法比较受限，最好用一个"被"，如"哈姆雷特的父亲被杀死了"。

（二）单音不及物谓词的形态变化与双音复合结构的动结式

本书前一章讨论的现代汉语的作格动词，其内部结构绝大多数是动结式。为什么作格动词绝大多数用动结式的方式构成呢？我们认为，这跟汉语"使成"范畴表达形式的发展沿革有关，和动结式动词的时间结构有关。

王力（1943/1985：76）把动结式叫做"使成式"，他说："凡一种行为，总有它的结果。咱们叙述某一行为的时候，可以把它的结果同时说出来。例如'弄坏'，弄是因，坏是果，因为不弄就不会坏，所以'坏'乃是'弄'使成的。我们把这种形式叫做使成式。"王力（1980）指出，"使成式"（causative form）是一种仂语，该仂语从形式上说，是外动词带着形容词（"修好"，"弄坏"），或者是外动词带着内动词（"打死"，"救活"）；从意义上说，是把行为及其结果在一个动词性仂语中表示出来。这种行为能使受事者得到某种结果，所以叫做使成式。这是对动结式与使成式最早、最明确的说明。

王力还指出，（动结）这种使成式在上古时期比较少见，上古有一种致动用法，它的作用是和使成式相似的。用为致动的词和使动式的差别是：致动只用一个词，如"小之"的"小"，使成式共用两个词；致动是一种临时职务，使成式是一种经常职务。由致动发展为使成式，是汉语语法的一大进步。请注意王力

(1980)认为使成式的第一部分应该限于外动词,这样才和一般所谓 causative 相当。王力先生把动结式和使成式紧紧地联系在一起,这个观点对后人的启发很深。

香坂顺一(1983/1997:89)指出:"一般地讲,'动词+补语'的结构,因为期待由动词表示的行为的结果,在意义上构成使役。于是'把湿衣裳晒干'的场合,便具有'晒衣裳,使它干'的意味。但是这样的场合,既然采取了动补结构,就不再另外使用表示使役的动词(介词)。"

汤廷池(1991)论述了汉语述补式复合动词的结构、功能与起源,讨论了五类述补式复合动词,其中有一类"述补式使动动词"和我们这里讨论的使成有关。汤(1991)把由述语动词或形容词与补语动词或形容词合成而兼有使动及物与起动不及物两种用法的复合动词,叫做"述补式使动动词"。这一类述补式复合动词,在使动及物用法里充当二元述语;述语动词或形容词表示主事者主语所做的动作或行为,而补语动词或形容词则表示受事者宾语所发生的变化。而在起动不及物用法里则充当一元述语,在未有"暗含的主事者(implicit agent)"或主语之情形下,由述语动词或形容词表示原因,而由补语动词或形容词表示客体或受事者所发生的变化。述补式使动动词的主要语在补语动词或形容词,这是因为这一类词的补语动词或形容词都充当具有"使动及物"与"起动不及物"两种用法的作格动词(ergative verb),而整个复合动词也可以兼有使动及物与起动不及物两种用法。并以"开、打开、推开"为例说明"开"是作格动词,"打开"是述补式使动动词,"推开"是述补式及物动词。作者得出的结论是,所有述补式使动动词都属于完成动词,而且都具有使动及物与起动不及物两种用法。并认为述补式使成动词的内部结构与外部功能可以用(27)的树状结构分析来表示(Ve 代表作格动词)。

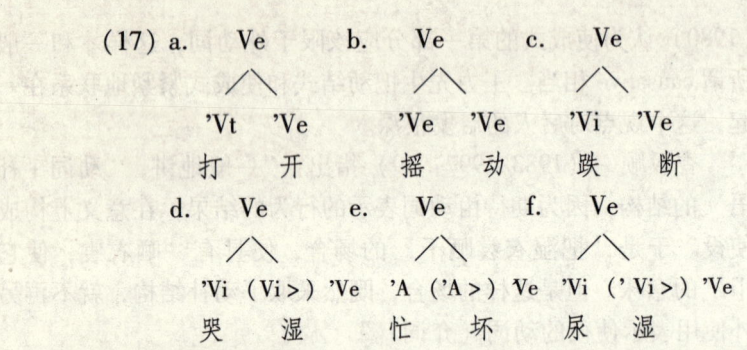

(17) a. Ve   b. Ve   c. Ve
        /\   /\   /\
    'Vt 'Ve   'Ve 'Ve   'Vi 'Ve
    打 开   摇 动   跌 断

d. Ve   e. Ve   f. Ve
  /\   /\   /\
'Vi (Vi>) 'Ve 'A ('A>) 'Ve 'Vi ('Vi>) 'Ve
 哭   湿   忙   坏   尿   湿

  值得注意的是，汤廷池（1991）所论述的述结式大多是动结式词组，而不是动结式动词，这个研究范围比我们所关注的作格动词的范围要宽，如（27）除了"打开、摇动"外，其余的"跌断、哭湿、忙坏、尿湿"《现代汉语词典》都没收录。

  我们认为，句法与词法没有截然的分界，特别对汉语而言。汉语复合词的结构大多与属于句法的短语结构同型，差别仅在是否有特殊的词汇义、特殊的分布，是否凝固不可拆分，及音节长度的严格限制。动结式大多有严格的音节长度限制，搭配的选择性较强，不少学者已指出它们是典型的"韵律词"（冯胜利1997，董秀芳1998，王洪君2000），也是比较典型的"句法词"（冯胜利2002）。如果动结式在历史的发展发生了词汇义的引申和语法功能的演变，就会进一步"词汇化"为词典词。我们第三章讨论的词典已收录的作格动词就属于这种情况。也就是说，不同的学者因为不同的研究目的，可以设定自己所定义的"词"的范围。总之，我们把汤廷池所论述的"述补式使动动词"的"使动"性，看做是词组层面动结式"使成"性，也即"作格性"；同时也认为这种作格性在动结式词组凝固为词后仍大多保留。

  另外值得注意的是，汤廷池（1991）所列举的作格动词中有"打开"，而《现代汉语词典》对"打开"的解释未能反映这一点，如下所示：

【打开】[动]（1）揭开；拉开；解开：~箱子｜~抽屉｜~书本｜~包袱。（2）使停滞的局面开展，狭小的范围扩大：~局面。（《现代汉语词典》）

"打开"被归为作格动词，说明汤廷池认为这个词有"$NP_1 + V + NP_2$"和"$NP_2 + V$"这两种用法，但是《现代汉语词典》只列举了"打开箱子｜打开抽屉｜打开书本｜打开包袱"的"$NP_1 + V + NP_2$"句式的用法，而没有列举"$NP_2 + V$"这种句式的用法。我们在语料中发现"打开"的确经常有"$NP_2 + V$"的用法，如：

（18）音乐家的灵感闸门打开了，他激情飞扬，灵活的手指在琴键上跳跃，又即兴弹奏出一首美妙……（《中国儿童百科全书》）

（19）接着"蜜罐"盖又会打开，等待捕捉下一个猎物。（《中国儿童百科全书》）

所以《现代汉语词典》应该考虑为"打开"增添如"闸门打开了"之类的"$NP_2 + V$"句式的用例。

此外，Gu Yang（1992）也讨论了述结式复合动词的致使性。徐通锵（1998）强调"使动"范畴在汉语系统中有特别的重要性，并在前人研究的基础上梳理了使动范畴在汉语史中表达形式的沿革："在古代汉语中，'使动式'是常见的语言结构式。在现代汉语中，使动句式已经失去了原有的地位和功用"。但是，虽然"语言现象是容易发生变化的，而支配和控制这种变化的结构原理是很稳固的，不会轻易退出历史舞台"。我们十分同意徐通锵先生所提出的"使动"对汉语有特别重要的系统价值的观点，但有一点要补充：徐通锵先生的"使动式"是汉语学界常用的一个术语，具体到古汉语，指的是"不及物动词、形容词可以带宾语"时所表达的意义。如前所述，我们认为，王力把这种意义叫做"使成式"更为确切。如"斫而小之"是"通过斧子的砍斫使之达成一种新的状态——小"。"使成"这一术语突出了"使发生"的是"状态的改变"，而"使动"从字面上容易理解为使令式的意义——"使某人做动作"。总之，要注意所谓"使动式"和使令式有区别，使动式是动词可以用来表达"使达到某种新状态"，而使令式是采取了"使、让、叫"等词表示的致使某人做某种动作。

洪波（2003）也详细论证了动结式是以句法形式表示动作行为及其结果状态。动结式所表示的语法意义在上古本是由使动词来表达的，动结式乃是伴随着上古使动形态的衰落与消亡而逐渐语法化出来的。施春宏（2003）则提出，从语言类型来看，汉语典型的动结式是使役结构的一种类型，对典型动结式的语义关系和句法功能的分析可以与其他使役结构的分析相结合。而非典型的动结式则与使役结构的关系比较远。

总之，通过学者们的研究，动结式的基本句式语义是"使成"，"使成"范畴在汉语史上曾先后使用单词的形态变化与双词的动结式结构来表达，已成学界共识。后面我们将说明，以上事实决定了汉语新的双音作格动词的产生和旧的单音作格动词的逐渐消亡。

1. 古汉语中作格动词的逐渐消亡——以"破"为例

在古代汉语中，"破"类动词兼具"动作"和"性状"两种语义特征，与其匹配的基本句式有 $NP_1 + V + NP_2$ 和 $NP_2 + V$ 两种，是个作格动词。如：

(20) 钟子期死，伯牙破琴绝弦，终身不复鼓琴，以为世无足复为鼓琴者。（《吕氏春秋·本味》）

(21) 军破身死。（《吕览·慎小》）

(22) 秦攻赵于长平，大破之，引兵而归。（《战国策·

赵三》)

(23) 知伯身死军破，国分为三，为天下笑。(韩非子·十过第十)

据徐丹（2005），"破"在中古时期处于由表达动作过程为主发展到以表达动作结果或过程终点为主。到了现代汉语，"破"发生了明显的变化，主要用作形容词，其次是作动补结构的下字（补语）。胡敕瑞（2005）还进一步指出，"破"类词作为早期动结式补语位置上的主要构成成分，其自身兼具"动作"和"性状"两种语义特征；从上古到中古，其"动作"语义特征渐趋减弱而"性状"语义特征日益凸显，因此可把"破"类词语"性状"语义的凸显当动结式形成的判定标准。

我们在现代汉语语料中调查"破"的用例，发现"破"做主要动词时，带两个论元的比较少，大多是带的一个论元，并且这个论元多半是"客体"，这个"客体"也可以用我们的"中介"来解释。我们还发现，在这些例句中，"破"所带的时体特征是以带"了"的居多。

"破"在《现代汉语词典》的解释中也有使动义和非使动义的配对，如下面义项（1）与义项（2）的配对：

【破】(1) 动 完整的东西受到损伤变得不完整：手~了｜纸戳~了｜袜子~了一个洞。(2) 动 使损坏；使分裂：劈开：~釜沉舟｜势如~竹｜~开西瓜。(3) 动 整的换成零的。(4) 动 突破；破除（规定、习惯、思想等）。

(5) 动 打败［敌人］；打下［据点］……

"破"的义项（1）与（2）应该在语言中表现为"破"带单、双论元的区别。先看"破"带两个论元的情况，比如《现代汉语词典》所列举的例子，如"破釜沉舟｜势如破竹｜破开西瓜",这些例子大多是成语,或者是"破"和另外一个动词构成述结式——如"破开",然后再带宾语。"破"在现代汉语中带双论元的情况比较少见。所以,徐丹(2000)就指出:"在现代汉语里,'破'作为终点动词占绝对优势,这点毋庸置疑,我们已无法说:'*破了杯子。'只能说'杯子破了。'不说'*破了衣服',只说'衣服破了'。"

"破"带一个论元的,这种情况在语料中占绝大多数,如:

(24)李梅亭得到通知,忙把压在褥子下的西装裤子和领带取出,早刮过脸,皮破了好几处,倒也红光满面。(钱钟书《围城》)

(25)北城的门楼被大炮打穿了,城破了,完了吗?不,还有巷战。(卞之琳《长治马路宽》)

(26)褚慎明红着脸,把眼镜擦干,幸而没破,可是他不肯戴上,怕看清了大家脸上逗留的余笑。(钱钟书《围城》)

(27)这样痴坐了不多久——也许只是几秒钟——开了匣盖,看见自己给他的七封信,信封都破了,用玻璃纸衬补的,想得出他急于看信,撕破了信封又手指笨拙地补好。(钱钟书《围城》)

(28)他的意思是,老规矩不能破工马虎不得……送礼可以免了。(李杭育《沙灶遗风》)

(29)祥子看了看自己,开始觉出疼痛,双膝,右肘全破了;脸蛋上,他以为流的是汗,原来是血。(老舍《骆驼祥子》)

(30)虎妞没想到事情破的这么快,自己的计划才使了不到一半,而老头子已经点破了题!(老舍《骆驼祥子》)

(31)及门,顿止,惟见门之把手旋转至急,一转瞬,键坏门破。(俞平伯《古槐梦遇》)

第四章　动结式、存现句与作格　　279

　　（32）他们的车破，跑得慢，所以得多走路，少要钱。（老舍《骆驼祥子》）

带一个论元的"破"，有很多可以做形容词解释，比如"破"能受"那么"的修饰：

　　（33）屋子是那么小，墙是那么破，冷风从这面的墙缝钻进来，一直的从那面出去，把所有的一点暖气都带了走。（老舍《骆驼祥子》）

"破"作为单音节动词或形容词，常做动结式的补语。如：

　　（34）他年龄刚28岁，新有过一次不幸的恋爱经验，可是他看破了教育，看破了政治，看破了一切，哼！（钱钟书《围城》）

　　（35）伊牧师脸上瘦了一点，因为昼夜的念中国书，把字典已掀破两本，还是念不明白。（老舍《二马》）

　　（36）万一叫奸细认破……石队长把按膏药的手移到脸上，遮住了眼睛，仿佛面前有一摊鲜血似的。（老舍《火葬》）

　　（37）好，让你在这儿两个礼拜，我不能再见你，面子已经弄破了，还在一块儿做事，没有的事！（老舍《二马》）

鉴于"破"在现代汉语词典中的用法，尤其是"破"的"NP_1+V+NP_2"的用法特别少见，我们认为"破"在现代汉语中不能实现"NP_1+V+NP_2"和"NP_2+V"的交替，所以"破"在现代汉语中不是作格动词。

"破"的格关系的用法，在林杏光、王玲玲、孙德金（1994）的《现代汉语动词大词典》中的解释包括五条义项，四条"他动"，一条"内动"，现列举如下：

　　破（1）＜内动＞完整的东西受到损伤变得不完整。【基本式】当事（玻璃、衣服、碗、纸、手）＋破，如：玻璃破了。（2）＜他动＞使损坏；使分裂。【基本式】施事

(木匠、师傅、徒弟)+破+受事(木头、树、桩子)或结果(板子、檩条、料),如:木匠正破板子呢。(3)<他动>突破;破除(规定、习惯、思想等)。【基本式】施事(运动员、工人、学员)+破+受事(记录、规矩、章程、风俗),如:这名运动员破了世界记录。(4)<他动>打败(敌人);打下(据点)。【基本式】施事(军、八连、民兵)+破+受事(敌人、据点、县城、营),如:我军一连破敌军8个据点。(5)<他动>使真相露出;揭穿。【基本式】施事(公安人员、学生、安全局)+破+受事(案子、密码、谜语),如:公安人员正破这个案子呢。(《现代汉语动词大词典》)

"破"的义项在孟琮等的《汉语动词用法词典》中有如下7个义项:

破:(1)完整的东西受到损伤变得不完整。如:[名宾]雨衣~了一个口子。[存现]窗户上~了一块玻璃。(2)使损伤,使分裂。如:[名宾]~板子。两天的时间才~了一棵树‖你等一等,他们在外边破着木材呢。(3)整的换成零的。[名宾]~钱。(4)突破,破除[规定、习惯、思想等]。【一般功能】[名宾]~了两项世界记录。【名宾类】[致使]~世界记录|~了规矩|~了章程【动结】~得/不了【动趋】~开。(5)打败[敌人];打下[据点]。【一般功能】[名宾]连~二十座县城|大~敌军。[了着过]接连~了两个重镇。【名宾类】[致使]大~敌营|连~敌军三道防线。(6)花费。【一般功能】[名宾]~钞。[了着过]财~了不少,可是没解决问题‖为解决这场纠纷,我~过财。【名宾类】[致使]~钞|~财。(7)使真相露出;揭穿。【一般功能】[名宾]~案。[了着过]~了两个谜语‖公安人员正~着案呢‖他~过重大案件。【名

宾类】［致使］~案。【动结】~得/不了【动趋】~上。如：最近他又~上案了。(《汉语动词用法词典》)

"破"在上述两部词典里都列了及物用法，但都举了"破板子"一说。通过我们的语料分析，"破"在第（1）条义项和第（2）条义项中的对立用法是没有发现的，我们认为即使有，也是微乎其微的。而这两部词典都列举了对立用法，也许是受"破"的古代汉语的用法的影响之深。

徐丹（2005）以"破"为例，讨论了汉语某些动词的类型转变：

> 与先秦汉语和中古汉语相比，"破"发生了描写的明显的变化："破"在现代汉语里主要是用作形容词，其次是作动补结构的下字（补语）。这表明"破"已由典型的动词变成了非典型的动词……在现代汉语里，"破"带宾语的用法锐减。在老舍的作品里，"破 NP"和"NP 破"的词序多见于一些固定的用法，如："乘风破浪、破涕为笑、破口大骂、国破家亡、家破人亡、头破血流、牢不可破"等。很明显，"破 NP"和"NP 破"的词序很多都保留在四字成语里。尤其是动宾式的"破 NP"已经是不再能产的结构，即"破"和 NP 的关系不再是动词、宾语的组合关系，而是形容词修饰名词的关系……"破"像其他形容词一样，具有表"结果、终点"的语义内涵。

我们这里以"破"为典型例子，一方面是为了反驳很多现代汉语文献中所列举的以"破"为作格动词的情况；另一方面是为了说明在现代汉语中，原来的单音节作格动词渐渐为双音节的动补结构替代。

另外，英语中的 break 和现代汉语的"破"的不同，现代汉语的"破"是不能出现在及物句中的，而英语的 break 是可以的。所以，现代汉语的"破"不是作格动词，而是非宾格动词。

Zhou, Xinping (1990) 还探讨了汉语中有四种类型的作格动词，其中第三种类型的作格动词是"破之类"（break-type verbs）的动词，如："窗子打破了→学校里打破了窗子。"我们可以发现这里有一处毛病，就是类型里说的是"破之类"的动词，但举的例子是"打破"。也许我们区分了作格动词和非宾格动词之后，把"破"定为非宾格动词，就可以解释这一点。如"破"在现代汉语中说"NP$_1$＋破＋NP$_2$"的结构很少，就发展为"NP$_1$＋V破＋NP$_2$"或"NP$_1$＋破V＋NP$_2$"的结构。

第三章中我们对现代汉语的动词做了较穷尽的考察，单音节动词中的作格动词只有18个，双音作格动词的数量远较单音动词多，有142个，其中有51个双音作格动词的内部结构是动结式的。如下所示：

　　败坏　澄清　充实　纯洁　纯净　端正　断绝　改进　改善　感动　贯彻　贯穿　巩固　固定　轰动　毁灭　缓解　涣散　加大　加固　加快　加强　加深　加重　坚定　健全　减轻　减少　降低　解放　解散　惊动　惊醒　开通　夸大　扩大　扩充　平息　平定　缩小　疏散　提高　透露　消除　消灭　削弱　延长　增强　增长　震动　震惊

这是汉语上古以来使动范畴表达形式更迭在词汇中沉积的生动体现，也从另一方面证明了汉语的动结式的确是一种重要的、具有词的韵律外壳的作格格式。

2. 动结式的上字与下字

Zhou, Xinping (1990) 分析了复杂谓词（Complex Predicates）的作格现象，作者认为汉语中，至少有三种类型的带句法宾语的复合动词（verb compounds）。每一种类型的代表如下：

　　　　Ⅰ A 类型：[V$_1$ (ag., th.) -V$_2$ (ag., th.) NP] v，两个动词都是宾格的。如：杀害，看懂，收割，推选，学习。

　　　　Ⅱ B 类型：[V$_1$ (ag., th.) -V$_2$ (ag.) NP] v，V$_1$ 是

非作格的，V_2 是作格的。如：打倒，放跑，气死，赶走，摔破。

Ⅲ C 类型：[V_1（ag., th.）-V_2（ag.）NP] v，这种类型类似于 B 类型，除了 V_2 是一个作格的形容词外。如：急坏，吃饱，救活，坐满，提高。

Zhou 从作格和非作格的角度分析动结式的构成，是有一定道理的。据徐丹（2000），经常充当动补结构的下字的有很多是单音节形容词，能做下字的动词不算多，有"懂、倒、死、尽、透"等，还有"破、疼、透、少"等字既出现在形容词词典里，也出现在动词词典里。

我们在第一章中分析了一些单音节的非宾格动词，如"沉、出、断、散、死"等，在第二章里分析了一些单音节的表"自我变化"的作格动词，如"开、化、灭"等，这些单音节的非宾格动词或作格动词经常做动补结构的下字，这是否和作格性有一些关联呢？

下面分别以"V 死"、"V 开"、"V 灭"为个案分析一下这种类型的述结式。

3. "V 死"结构的个案分析

【气死】

黄正德（1990）认为中文有许多动补复合词或述补结构常呈现类似的作格现象，"气死"就是其中的一例，他举出例证：

(38) a. 他气死我了。
b. 我气死了。

黄指出（38）a 与（38）b 是［施-V-受］的格局与［受-V］的格局。然而我们在语料中也发现"气死"要不就出现在［受-V］的格局中，要不就出现在［V-受］的格局中，要不就出现在"把"、"被"字句的格局中，很少有［施-V-受］的格局。如：

(39) 东方未明,辛楣也醒,咂嘴舐舌道:"气死我了,梦里都没有东西吃,别说醒的时候了。(钱钟书《围城》)

(40) 假使丈夫这样愚昧无知,岂不活活气死人!(钱钟书《围城》)

(41) 说来活活气死人呢!(茅盾《秋收》)

(42) 不出上帝所料,两人同时病倒,不多时,都吐口气死了,实现了一切情人"同年同月同日死"的盟誓。(钱钟书《上帝的梦》)

(43) 里边林大娘本来还被瞒着,不防小学徒漏了嘴,林大娘那一急几乎一口气死去。(茅盾《林家铺子》)

【冻死】

通过语料中的调查发现,"冻死"的论元可以出现在动词之后,如:

(44) 第三个冬天冷酷无情、滴水成冰,冻死了一头驴,还冻死了一只羊。(张炜《冬景》)

(45) 四月刮大风,乍冷乍热的,要把棉衣裳拆洗了,蒙古风儿一吹,冻死猴儿!(陈建功、赵大年《皇城根》)

"冻死"的论元还可以出现在动词之前,而且没有被动标记,如:

(46) 一些绿树冻死了,花儿凋谢了,但总理他们栽的缅桂树,却越长越高大,越长越青。(《人民日报》1995年)

(47) 吕效荣老人说,他那个连有个新兵,站岗时睡着了,冻死了。(张正隆《雪白血红》)

"冻死"用于"把"字句和"被"字句处于一种不平衡的状态,"冻死"用于"被"字句的居多,用于"把"字句的也有,相对来说,要少一些。如:

(48) 记得过岷山时,大雪弥漫,寒风怒号,有些红军战士被冻死在那里。(《人民日报》1996年)

(49) 她就这样被冻死啦。(余华《在细雨中呼喊》)

(50) 要说他孝,竟打算把自己的亲生母亲活活冻死!(毕淑敏《预约死亡》)

【饿死】

黄正德(1990)认为古汉语有"斩杀诸百姓"与"百姓皆斩死"的说法,却没有"斩死诸百姓"的说法。可以说"饿杀其子"或"令其子饿死",但不能说"饿死其子"。这点太田辰夫(1958)已指出,梅祖麟(1991)更有详细的材料为证,并曾以"V死"的出现作为动结式产生的标准。现代汉语中的确与古汉语不一样,有类似"饿死其子"的用法。语料中既可检索到"饿死NP",也可检索到"NP饿死"。如:

(51) 再不抓生产,是要饿死人的。(《人民日报》1995年7月)

(52) 上了年纪的广东台山人总会情不自禁地讲起1943年那场饿死10多万人的大饥荒的可怕情景。(《人民日报》1996年8月)

(53) 偏那石呆子说:"我饿死冻死,一千两银子一把我也不卖!"(《红楼梦》)

(54) 一位父亲悲痛地说,他的几个孩子都饿死了,不得不将剩下的孩子抛弃。(《人民日报》1996年2月)

汉语的"吓死、笑死、渴死"等可以出现在"VP + NP_2"和"NP_2 + VP"两种结构中。如:

(55) 这情景使老太太惊愕不已,她连声叫着:"吓死我了。"(余华《鲜血梅花》)

(56) 我们简直吓死了。(冯骥才《一百个人的十年》)

(57) 他又说"请"啦,笑死我啦。(余华《在细雨中呼喊》)

(58) 校长差点笑死了,孙主任和刘老师脸都紫了。(王

小波《绿毛水怪》)

(59) 渴死我啦,买个冰糕吧,脆皮的。(《市场报》1994B)

(60) 找到了他们之后,却发现除了一对相互紧紧拥抱的情人外,其余人都渴死了。[《读者》(合订本)]

根据"气死、冻死、饿死、吓死、笑死①、渴死"等出现的句式,我们认为它们是非宾格的动结式,因为这些词基本出现在"VP+NP$_2$"和"NP$_2$+VP"的结构中。

但"杀死"却是明显的例外。现代汉语中的"杀死"一般是出现在主动宾的结构中,或者是出现在被动结构及把字句中。如:

(61) 他们长大后杀死了仇人,报了杀母之仇。(《中国儿童百科全书》)

(62) 今天宣布,克罗地亚军队日前在波黑西部向一支塞族难民车队开火,杀死47名塞族平民。(《人民日报》1995年9月)

(63) 青灰色霉菌的地方葡萄球菌消失了,而且链霉菌周围的葡萄球菌也被杀死。(《中国儿童百科全书》)

(64) 上车以后把师傅杀死,甩在沙漠上,自己把车开回了上海。[毕淑敏《翻浆》(上)]

这样的分布说明"杀死"整体是及物性而非作格性的。

通过上文对"V死"结构的个案分析,发现"气死、冻死、饿死、吓死、笑死、渴死"等大多有"V死+NP"和"NP+V死"的交替,这里的NP大多是[+有生]的人或动植物,而且调查了CCL语料库,发现没有"使+……气死、吓死、笑死、渴死"的用例。这反映了"V死"结构具有非宾格用法。例外

---

① 虽然"笑"是典型的非作格动词,这一点已经在2.2.1中论述过了。

是"杀死",只有"NP₁+杀死+NP₂"的结构。

值得注意的是与汉语"V死"系列动结式语义对应但表达形式用单个动词的英语,英语中这些动词也分为与汉语相应的两类。

Lemmens(1998:92)把 starve 作为原本是不及物动词后来发生作格化的典型例子,并说 starve, hunger 的描写是 Halliday 说法的一个证据,Halliday 曾说过作格模式是现代英语在 500 年或更长的时间内发展起来的。Lemmens(1998:94)同时指出,英语的 MURDER 组的动词,如 kill, murder, slaughter 等,聚焦于施事,所以这些动词不可能是作格结构。

汉语的"V死"系列动结式与英语的这种平行性,似乎表明,词汇义与"是否聚焦于施事"、是否作格性都有一些天然的联系。

4."V开"结构的个案分析

同"V死"一样,"V开"结构也可看成作格形式,比如"打开、放开、公开、推开、召开、揭开、解开"等,都具有"NP₁+V+NP₂"和"NP₂+V"句式的转换。下面分别举例说明,举例时考虑了例子的代表性以及常用性。

【打开】

"打开"有着"NP₁+拉开+NP₂"和"NP₂+拉开了"句式的转换,说明"拉开"这词具有作格性。另外,在"NP₂+V"的句式中,动词 V 的"体"大多是完成体,带"了"。

(65)王子上车后,他又跑到前面打开大门。(《人民日报》1995 年 1 月 1 日)

(66)车门打开了,我看见"兔儿爷"坐在驾驶座上,两眼笑眯眯地望着我。(刘心武《兔儿爷》)

【放开】

"放开"有着"NP₁+放开+NP₂"和"NP₂+放开了"句式

的转换,说明"放开"这词具有作格性。

(67) 新因素是,今年自然灾害严重,农副产品短期供应偏紧,价格大幅上扬;今年新出台了一些调价和放开价格的措施,带动了加工业产品和企业工资成本的攀升;财税体制改革和汇率并轨使企业产品成本加大;今年前10个月净流入外资230亿美元。(《人民日报》1995年1月5日)

(68) 有的人认为既然价格放开了,财政补贴取消了,国有菜店便可以自主经营。(《人民日报》1995年2月19日)

【公开】

"公开"有着"NP$_1$ + 公开 + NP$_2$"和"NP$_2$ + 公开了"句式的转换,说明"公开"这词具有作格性,另外,"公开"在这两个句式中,词性不同,一个为动词,一个为形容词。是3.4.2中所说的"兼属形容词的作格动词"。"V开"结构的词有的已经凝固成词了,词典都收录了一些,如《现代汉语词典》收录了"打开、公开、召开"等词,而"V死"结构的述结式,一般都没收为词。

(69) 摄制组还查阅了大量国外及日伪时期的有关档案资料,公开了大量鲜为人知的真实镜头。(《人民日报》1995年8月17日)

(70) 郑全章想,"但不管怎样,事情公开了,贪污不会得逞了,私吞的非吐出来不可。"(邹志安《哦,小公马》)

【推开】

"推开"有着"NP$_1$ + 推开 + NP$_2$"和"NP$_2$ + 推开了"句式的转换,说明"推开"这词具有作格性。

(71) 不过,竟在一群不会说话,没有能力呼吸的死者的面前,他的勇气与胆量完全消失了,他失声大叫,掉头拔腿而逃,推开了所有的门,一路上有许多人看见他失魂落魄

地奔跑。(西西《像我这样的一个女子》)

(72) 正谈着,门哐地推开了。(洪峰《夏天的故事》)

【召开】

"召开"有着"NP$_1$+召开+NP$_2$"和"NP$_2$+召开了"句式的转换,说明"召开"这词具有作格性。

(73) 美国总统克林顿29日在亚特兰大主持召开了南方地区经济会议。《人民日报》1995年3月31日)

(74) 首届全国体育人才信息交流会后天就要在沈阳召开了。(《人民日报》1995年3月27日)

【揭开】

"揭开"有着"NP$_1$+揭开+NP$_2$"和"NP$_2$+揭开了"句式的转换,说明"揭开"这词具有作格性。

(75) 他慢慢地揭开了苫在架子车的塑料布,看着被雨水沤湿了失去了光亮的棉花,身子像泥一样软下来,墙坍了一样堆坐在地上。(郑万隆《古道》)

(76) 屋顶为炸弹揭开,屋主说:"这下子谜底揭开了,原来冬天苍蝇藏在那儿。"(萧乾《矛盾交响曲》)

【解开】

"解开"有着"NP$_1$+使NP$_2$+V"、"NP$_1$+V+NP$_2$"和"NP$_2$+V"句式的转换,说明"解开"这词具有作格性。

(77) 党支部应做好这些同志的思想工作,使他们解开思想疙瘩,主动搞好新老班子成员之间的团结。(《人民日报》1995年1月18日)

(78) 可以预言,人类终将能解开这一肆虐人类的大自然之谜,并找出办法,避免它的危害。(《人民日报》1995年2月25日)

(79) "春兰之谜"是否解开了?(《人民日报》1995年5月19日)

(80) 他说：因为刘老师给了"钥匙"，很多问题一下就解开了，明白了。(《人民日报》1995 年 3 月 24 日)

【断开】

"断开"有着"NP$_1$ + 将/把 NP$_2$ + V"、"NP$_1$ + 使 NP$_2$ + V"和"NP$_2$ + V"句式的转换，如：

(81) 直至 163 手时，黑棋将白棋断开，确立了优势。(《人民日报》1995 年 4 月 28 日)

(82) 他们采用断柱纠偏法，就是先把柱子断开，由托换梁暂时承受原荷载，同时利用液压千斤顶、钢板等设备进行分级顶升，使楼房恢复正常标准后，再将被断的柱子恢复原状。(《人民日报》1995 年 9 月 29 日)

(83) "缝衣线断开了，缝在一起的布就要裂开了……"小织喃喃地说。(张炜《秋天的愤怒》)

王惠（1997）认为，"把"字句的及物性程度是比较高的，"NP$_1$ + 将/把 NP$_2$ + V"句式的及物性比"NP$_1$ + V + NP$_2$"句式的及物性还要高。叶向阳（2004）讨论了"把"字句的致使性，我们认为，"把"字句的及物性和致使性并不矛盾，我们先采取叶向阳（2004）的说法。"断开"还可直接出现在"NP$_1$ + 使 NP$_2$ + V"的句式中，既然"断开"有着致使性和非致使性的用法，所以我们认为"断开"是一种述结形式的作格性。

5. "V 灭"结构的个案分析

"灭"是具有使动用法的词，"灭"现在单独用于带宾语的句子中的例句不多，一般都说"扑灭了火""拉灭了灯"了。越来越多的单音节动词失去了作格用法，变为静态动词。看来，作格用动结式是汉语发展的趋势。

下面具体考察"灭"用做动补结构的下字的情况，分析"V 灭"类的述结式词有无作格用法。

"V 灭"指以"灭"为后一词根构成的"V$_1$V$_2$"式的复合动

词。考察这类动词的句法语义特点,以"消灭、毁灭、熄灭、破灭"等词为例加以说明。

【消灭】

"消灭"一词在《现代汉语词典》的解释是有着"致使"义和非"致使"义的配对的,如下所释:

【消灭】 动 (1) 消失;灭亡:许多古生物,如恐龙、猛犸早已经~了。(2) 使消灭;除掉(敌对的或有害的人或事物):~蚊蝇|~差错|~一切敢于入侵之敌。

"消灭"一词有着"$NP_1 + V + NP_2$"和"$NP_2 + V$"的转换用法,如:

(84) 彻底消灭稀粥咸菜!(王蒙《坚硬的稀粥》)

(85) 共产党是人民的救星,反共就是反人民!消灭了他们,抗日不但不是损失,相反的更有信心,胜利更有把握。(知侠《铁道游击队》)

(86) "地主阶级消灭了,地主真的死心了吗?爹,你说朱筱堂死心了没有?"(周而复《上海的早晨》)

(87) 稀粥咸菜不消灭,中国就没有希望!(王蒙《坚硬的稀粥》)

"消灭"和"使"的连用不多,上面所举的《现代汉语词典》的解释中出现了"使消灭",调查了语料,还有一些例句,如:

(88) 使快乐的起头,成为凄凉的收束;凄凉的起头,成为快乐的收束,真使人消灭了意志的自由呵!(冰心《提笔以前怎样安放你自己?》)

(89) 看见这些驮马队在一个山谷里行进的时候,我想,公路网的完成,将使这古老的运输队不久就消灭了罢。(施蛰存《驮马》)

"消灭"还可以受"自我"的修饰，如：

(90) 染色体就会以自身拥有的酶将自己分解，2至3日之后癌细胞就自我消灭，而正常细胞则几乎不受伤害。(《人民日报》1996年6月)

(91) 这种自我消灭的矛盾甚至根本不可能当作规律来阐明或表述。(《资本论》)

所以，根据"消灭"一词的句法上的转换和语义，可以初步认定"消灭"具有作格用法。

【毁灭】

"毁灭"一词在语料中有一些"$NP_1 + V + NP_2$"和"$NP_2 + V$"的配对用法，如：

(92) 山洪巨浪冲破了石堤，毁灭了村庄，淹死了牛马，拔出了老树，而不能打碎了一点渣滓！(老舍《四世同堂》)

(93) ……抢走了他们赖以生存的东西，摧残了他们的文化、信仰、毁灭了他们美好、善良的愿望。(《读者文摘》)

(94) 这个村庄又要毁灭了！[苗长水《终极美貌》(连载之一)，载《作家文摘》1994]

(95) 求利的大欲，战胜了他的天良，多年恪守此生报答恩师的信念毁灭了。(陈玉通《爱国将领陈仪被害案内幕》，载《作家文摘》1994)

而且，"毁灭"这一词还可出现在"使 + N + V"的结构中，如：

(96) 火焰也决不会真的使你毁灭了自己。(陈敬容《火焰——燃烧和光荣》)

(97) 是什么原因使城市毁灭？(《中国儿童百科全书》)

针对这种现象，"毁灭"一词在《现代汉语词典》的解释中可以有商榷的地方，先把《现代汉语词典》的解释列举如下：

【毁灭】[动] 毁坏消灭；摧毁消灭：~证据｜~罪恶势力｜遭到~性打击。

这个解释的不足之处有两点，一是"毁坏消灭"和"摧毁消灭"是同义的，这样有重复之嫌；二是解释中仅仅列出了"毁灭"的 NP_1+V+NP_2 的句式的用法，忽略了"毁灭"的 NP_2+V 的用法，因为语料中有一些 NP_2+V 的句式的用法，如：

（98）他的家乡——武汉郊区方家泊村，在武汉沦陷后的一个冬日毁灭了。（《人民日报》1995 年）

（99）有这样好的文化艺术，为什么有的报刊却说西藏的文化艺术毁灭了？（《人民日报》1995 年 8 月）

所以，我们认为"毁灭"还是有作格用法的。

【熄灭】、【破灭】

我们发现单音节的作格动词"灭"充当动结式 VC 中的一个构词语素时，很容易构成作格句式和中介句式的转换现象。如以"灭"构成的动结式，如"熄灭、毁灭、破灭"等：

（100）于是他熄灭了手电。（余华《难逃劫数》）

（101）在半干的畜粪堆上，火焰闪动了一阵就熄灭了，剩下一股白烟，还有闪烁不定的炭火。（王小波《2015》）

（102）存在，它就能依靠自身的力量，而且通过那些有时表面看来似乎应该使它熄灭的东西——如任性、冲突、别离、嫉妒——继续下去。[《读者》（合订本）]

（103）当我正顺着楼梯仔细寻找时，定时灯自动熄灭了，我用颤抖的手划着一根火柴……又一根火柴……在楼梯上……[《读者》（合订本）]

（104）战争不仅破灭了费尼娅的大学梦，而且使俄国千千万万的战士和人民死无葬身之地。（《作家文摘》1992、1993，《作家》1997）

(105) 至此，日本想以苏联为中间人结束战争的最后一线希望彻底破灭了。(《人民日报》1995年8月31日第3版)

(106) 今年1月10日，芮光浙等人被当地检察机关以投机倒把罪逮捕，他们的创收梦终于破灭了。(《人民日报》1995年3月27日第3版)

(107) 如果说第一次拒签还没有打破去美探亲旅游的幻想，那么后两次拒签则使他的希望彻底破灭了。(《作家文摘》1992、1993，《作家》1997)

例（100）至例（107）中的"熄灭、破灭"可以看成作格动词，因为这两个词有着"NP$_1$+V+NP$_2$"和"NP$_2$+V"的转换，并且可以受"使"字句的修饰，"熄灭"还可以受"自动"的修饰。

前面讨论了很多以"X灭"方式构成的作格动词，如"消灭、毁灭、熄灭、破灭"等，但值得注意的是，不是所有的以"X灭"方式构成的词都是作格动词，如"歼灭、幻灭、扑灭"等，下面逐一进行说明。

【歼灭】是否作格动词？

"歼灭"一词只有及物用法，只有"NP$_1$+V+NP$_2$"的格式，不能有"NP$_2$+V"的用法，如：

(108) a. 解放战争时期，他在正太路、清风店、石家庄等战役中抓住战机，运用运动战的战法，歼灭了大量敌人。(《人民日报》1995年10月26日第10版)

　　b. *大量的敌人歼灭了。

(109) a. 首战便歼灭了20多个鬼子，并打坏了一只汽船。(《人民日报》1995年7月27日第3版)

　　b. *20多个鬼子歼灭了。

(108) a、(109) a 能说，(108) b、(109) b 不能说，说明

"歼灭"不是作格动词,虽然"歼灭"和"消灭"是同义词,"歼灭"按照《现代汉语词典》的解释,是"消灭(敌人)"的意思,但是"消灭"有作格用法,而"歼灭"没有,说明"X灭"有无作格用法,是有个体差异的。

【幻灭】是否作格动词?

"幻灭"只有"$NP_2 + V$"的不及物用法,如:

(110) 但在清王朝、北洋军阀和国民党反动政府当权的时代,这些美好的梦"一概幻灭了"。(《人民日报》1995年6月29日第8版)

(111) 灯光从垂死的挣扎中摇晃着,放射着最后的一线光芒,而终于幻灭了!

虽然"幻灭"前可以加"使",但是却不能构成"$NP_1 + V + NP_2$"及"$NP_2 + V$"转换的句式。如:

(112) a. 清王朝、北洋军阀和国民党反动政府使这些美好的梦"一概幻灭了"。

b. *清王朝、北洋军阀和国民党反动政府"一概幻灭了"这些美好的梦。

这样我们就认为"幻灭"不是作格动词。

【拧灭】、【掐灭】是否作格动词?

下边例子中的动词"扑灭、拧灭、掐灭、捻灭、捺灭、吹灭、泯灭"也可以由"$NP_1 + V + NP_2$"变换为"$NP_2 + V$",如:

(113) 第一军医大学800名师生奋勇扑灭了一场发生在广州白云山的山林大火。(《人民日报》1995年12月12日第5版)

(114) 火扑灭了以后,他才发觉自己受了伤。(《现代汉语词典》)

(115) 陆一夫拧灭了一盒烟里最后的半棵烟蒂。(《作家文摘》1992、1993,《作家》1997)

(116) 一盒烟里最后的半棵烟蒂拧灭了。

(117) 见谭华杰乖乖地把烟掐灭了，林莉莉叹了口气。（《作家文摘》1992、1993，《作家》1997）

(118) 烟掐灭了。

(119) 李芙蓉起来，沿路走一遍，把好几双鞋子塞进去，又顺便给几个人披了被子，重新钻回自己的被窝，捻灭了灯，躺下去，还是睡不着。（《作家文摘》1992、1993，《作家》1997）

(120) 灯捻灭了。

(121) 朱四笑吟吟地在烟缸里捺灭了香烟，他抬起脸，饶有兴致地看了马老五一眼。（《作家文摘》1992、1993，《作家》1996）

(122) 香烟捺灭了。

(123) 孩子兴奋地过了他的生日，吹灭了生日的蜡烛。（《作家文摘》1992、1993，《作家》1996）

(124) 生日的蜡烛吹灭了。

(125) 赵卫红自我人格的裂变最终泯灭了人性而挥发了兽性，赵卫红玩火自焚！（摘自《蓝盾》1997年第5期，刘侗文）

(126) 除了生活的贫困，更加上精神的贫困，严酷的现实中，幻想泯灭了，热情渐渐消逝，迷惘充满心头。（摘自1997年10月8日《北京青年报》，杨菊芳文）

但是，"拧灭、掐灭、捻灭、捺灭、吹灭、泯灭"等动词不能出现在"使"字句格式中，也不能受"自己、自动"等词的修饰，因而这些词还不是严格意义上的作格动词。

二、存现句与作格

关于存现句与作格，我们的看法是，存现句是一种专用的、作格角度的中介句，但存现句中的动词不是作格动词，而是有非宾格动词、及物动词、不及物动词等不同类型。这些不同类型的动词进入存现句后，受句式的制约，在句中统一表现为非宾格动词的特点：（1）只带"中介"单论元；（2）动词表达该论元有关的状态、现象而非有意识的动作。

（一）存现动词与作格动词的联系

自 Burzio（1986）和 Lumsden（1988）等人明确指出存现句动词绝大多数为作格动词后，许多研究者，如 Belletti（1988）、Zhou, xinping（1990）、李艳惠（1990）、黄正德（1990）、Levin & Rappaport（1995）、顾阳（1997）、韩景泉（2001）、唐玉柱（2001）都承袭了这一说法。

Huang（1987）首先指出了4种类型的存现句：a. 带存在动词"有"的句子；b. 带存在或出现动词的句子；c. 带处所动词的句子；d. 带表达事件的存在或经验的存在。下面介绍一下这四种存现句中的第三种。

Huang 指出（1）和（2）的句子就是属于上面第三种类型的句子，如：

(1) a. 床上躺着一个病人。
　　b. 树底下站着两个小孩。
(2) a. 房间里放了许多行李。
　　b. 墙上挂着一顶帽子。

注意出现在（1）和（2）句子类型中的动词是处所动词——不管及物或不及物，都"次范畴化"了一个处所短语。这些动词包括了不及物的动词,如"住、坐、躺、漂"等,和及物的动词,如"放、挂、写"等。这些动词或者带上持续体——"着",就像(1a-b)和(2b)。及物的处所动词,或者带上完成体——"了",如(2a)。(1)和(2)的句子并没有出现施事隐含(implied),但是(3)和(4)的句子则出现了施事隐含:

(3) a. 放了许多行李在房间里。
    b. 在房间里放了许多行李。
(4) a. 挂了一顶帽子在墙上。
    b. 在墙上挂了一顶帽子。

作者还认为(3)、(4)中的空主语是一个"小代词"(small pro)。

Zhou, xinping (1990)是用作格来研究汉语句法的。他在其博士论文《Aspects of Chinese syntax: ergativity and phrase structure》一文中指出:"现代汉语有两种典型的谓词论元结构,一种是典范的宾格结构(canonical accusative structure);另一种是不典范的作格结构(noncanonical ergative structure)。" Zhou (1990:44)认为汉语缺乏形态标志,汉语的作格性只能从句法的/语义的两方面来区分。Zhou还探讨了汉语中有4种类型的作格动词,第一种类型的动词是呈现(appearance)动词、气象(weather)动词和感受(experience)动词。第二种作格类型是处所前置式结构(locative inversion structure),如"台上坐着主席团"之类。第三种类型的作格动词是"破之类"的动词(break-type verbs),如:"窗子打破了→学校里打破了窗子。那张广告贴了一天→墙上贴着那张广告。"第四种类型的作格动词表现了一种深层的作格性质,这类动词的施事主语NP占用了内部论元的位置,即语法宾语的位置,受事宾语NP占用了外部论元的位置,即语法主语的位置,如:

(5) a. 这本书看了我一宿。
    b. 实验做了我一上午。
    c. 这碗茶喝了他两个钟头。
    d. 这锅饭可以吃好些人。
(6) a. 我照镜子。
    b. 张明晒太阳。
    c. 他淋雨了。(转引自 Zhou, xinping 例 11、例 12)

Chomsky（1991）关于"逻辑形式的词缀（LF affix）"的论述也是沿着"作格"的思路进行的。Chomsky（1991）将"there"分析为一个逻辑形式的词缀，即 LF affix，它必须在逻辑层面跟名词词组结合成一体。因为逻辑层面的操作是一种抽象的移位，其结果不会影响句子表面的语序，这样就解释了为什么存现句动词在人称和数量上要跟其后面的动词呼应。

Li（1991）在讨论格指派时也讨论了两种非宾格动词句式：存现句和讨论天气的句子。

但是也有人反对存现动词和作格动词的对应，如赵彦春（2002）。

（二）存现动词的论元结构

1. 存现句中的 NP

存现句中的 NP 是主体，还是客体论元呢？

先从英语中的 There 句说起，对于 There 句，影山太郎（2001）认为，施事不宜在这种格式里出现，但在下面的两例中，主语 a towering, golden figure 和 the Queen 很明显都是有意志的人，如：

(7) a. there appeared between the curtains a towering, golden figure with flaming cuffs upon his head and a wide, radiant face.

b. and there stood the *Queen* in front of them, with her arms folded, frowning like a hunderstorm. (L. Carroll, Alice's Adventures in Wonderland)

如果只把施事定义为"有意识地进行某种行为的行为者",那么(7)a、(7)b的主语都可判断为施事,这就与上面影山所说的There句的成立条件矛盾了,但影山太郎(2001:35)解释道:"在物理意义上进行客观分析时得到的'意义'和语言结构反映的'意义'未必一致";例(7)的意义上的主语 a towering, golden figure 和 the Queen,虽然从客观上看是有意志的行为者,但在There句中,他们的意志性被忽略,只被看作那一场所的客观存在。一般的SV句往往采用"主语怎么做"的表述形式,把主语作为话题,叙述主语的行为。与此相比,There句并不把主语本身作为焦点,而是表述与主语相关的事件全体。所以,它超越了主语是否在进行有意识的行为的问题,只描写"主语的出现"或"站着"的事实,和主语的意志性没关系。这还可以通过 carefully, reluctantly 等指向施事的副词不能在There句里出现来证明。

(8) a. The Queen stood in front of them reluctantly.
　　b. *There stood the Queen in front of them reluctantly.

那么,汉语存现句中的NP是主体,还是客体论元呢?

顾阳(1997)认为(9)中的这类动词是非宾格动词,这些动词是一元述语,如:

(9) a. 门口站着两个人。
　　b. 墙角靠着一把折叠椅。
　　c. 台上坐着一些代表。
　　d. 老王家楼上住着好几个人。

顾阳(1997)认为存现句中的名词词组事实上可以用客体来

概括，而所谓客体无非是指表示存在或移动或变化了的人和物体。顾阳（2000：147）认为上面的例子是及物的定位动词通过改变论元结构后，涵生为存现动词。由于存现动词表示某种物体在某种处所存在或出现的状况，所以主语就由带有处所义的论元充当。也可以这样认为，存现句的意思不是表示活动，而是表示活动的结果。

我们也认为（9）中的动词是一元述语，而且认为这些名词词组"两个人、一把折叠椅、一些代表、好几个人"，是客体论元，是表示存在的结果。如果我们在（9）中加上指向施事的副词"不情愿地"，会发现"不情愿地"不能在存现句中修饰这些名词词组，试着对比一下：

(9') a. 两个人不情愿地站在门口。
→？门口站着两个不情愿的人。
c.？一些代表不情愿地在台上坐着①。
→＊台上坐着一些不情愿的代表。
d.？好几个人不情愿地在老王家楼上住着。
→＊老王家楼上住着好几个不情愿的人。

所以，我们认为存现句中的 NP 是客体论元，而不是主体论元。

2. 存现动词的论元结构的变化

我们这里考察一下汉语的存现句，以及出现在存现句中的存现动词，考察为什么原本是及物的动词，如"放、贴、吊、挂、拉"等（参见李临定，1990），可以出现在存现句中？这种及物句式和存现句式的交替又说明了什么问题？但另一方面，原本是不及物的动词，如"飞、立、飘、出现、来"等原本是不及物

---

① 在 CCL 语料中调查发现"不情愿地"是不能和"坐着"连用，但是可以和"坐起来"连用，如"他不情愿地坐起来，揉着红红的眼睛，是夜晚打扑克熬的"。

的动词也可以出现在存现结构中，造成这种现象的原因是什么呢？先看一下及物动词出现在存现句中的情况，如对"拉"的个案分析。

【拉】

"拉"在《现代汉语词典》中解释如下：

【拉】（1）用力朝自己所在的方向或跟着自己移动：~锯｜~纤｜你把车~过来。（2）用车载运。（3）带领转移（多用于队伍）。（4）牵引乐器的某一部分使乐器发出声音。（5）拖长；使延长。（6）<方>抚养。（7）帮助。（8）牵累；拉扯。（9）拉拢；联络。（10）<方>闲谈。

"拉"在语料中有符合第一条的解释，如：

（10）母亲忙使劲拉他，嚷着要打他嘴巴，一面叹气道："他爸爸在下面赌钱，还用说么！"（钱钟书《围城》）

（11）她哥哥把鸿渐打量一下，极客气地拉手道："久仰！"（钱钟书《围城》）

但是，"拉"的第一条解释却不能解释下面的例句：

（12）四周拉着歪歪扭扭的铁丝网……（《刘绍棠小说选》）

（13）牲口市场在集市的尽头接近河滩的地方，是个空场上钉了些木桩，拉着几根大绳……（《三里湾》204，转引自刘宁生 1985：17）

出现在例（10）、例（11）中的"拉"是带两个论元的，而在例（12）、例（13）中"拉"带的名词论元是一个，这可以说是由存现句的性质决定的，存现句这个句式决定了"拉"只能带一个主论元。

类似于"拉"的情况，还有"放、贴、吊、挂"等，举例如下：

（14）孙小姐嘴里说不必，作势抬头，又是倒下去，良

久吐口气,请他们在她床前放个痰盂。(钱钟书《围城》)

(15) 男孩子身上放着一堆中学教科书,女孩子的书都用电影明星照相的包书纸包着。(钱钟书《围城》)

(16) 我们也要去贴广告。(茅盾《林家铺子》)

(17) 回校只见告白板上贴着粉红纸的布告,说中国文学系同学今晚七时半在联谊室举行茶会,欢迎李梅亭先生。(钱钟书《围城》)

(18) 赵辛楣刺激得神给它吊上去,掉下来,这时候追想起还恨得要扭断鸿渐的鼻子,警告他下次小心。(钱钟书《围城》)

(19) 老板嘴里吊着旱烟管,滔滔不穷地对我讲,无非是近年来生意不好,身子也一年一年的不成啦之类,我唯唯诺诺,很懂得的神气。(俞平伯《梦记》)

(20) 两个人在一起,人家就要造谣言,正如两根树枝相接近,蜘蛛就要挂网。(钱钟书《围城》)

(21) 他住的洋房,粉红色的墙壁,挂着美丽的古画,我觉得很精致。(俞平伯《重过西园码头》)

李临定(1984)、聂文龙(1989)、宋玉柱(1991)等都曾指出,存现句中的动词,不管它原来的词义如何,进入存现句后一律不表示动作行为,而只表示人或事物存在的方式。动词原来所带论元的施事、受事的对立消失,一律变成存现状态的客体。动词后若有"着",则一律是表示状态持续的动态助词,而不表示动作处于进行状态的助词。

那么现在的问题是为什么那些原本二元的动词变成了一元呢?潘海华(Pan 1996)提出了汉语存现句中的及物动词经过了一种构词过程,这一过程改变了动词的论元结构,是动词子语类属性中的施事者这一角色被删除了,仅剩下客体和处所这两个角色。篇章结构中,没有必要指出施事者是谁,而且也指不清楚是谁。

我们认为上述的"放、贴、吊、挂、拉、落、泼"等能出现在"NP$_1$+V+NP$_2$"的句式中,还可以出现在存现句中,只带有一个论元,但这些动词并不是真正的作格动词,因为这些"放、贴"之类的动词不能出现在"使"字句中,如一般不说"他使书放在桌子上"及"他使布告贴在黑板上"和"他使门前吊了一盏灯",那么既然这些动词不是作格动词,为什么会形成这种交替现象呢?是否是存现句式形成了这些及物动词的"处所名词+V+NP$_2$"的结构?正因为是存现句式的原因,像"写、洗"之类的动词也能出现在存现句中,如"黑板上写着字"、"衣服上绣着花"等。

那么现在提出一个问题,即哪些及物的动作动词可以出现在存现句中,形成及物和不及物的交替现象?这个现象说明了什么?

让我们看一下"放、贴、吊、挂、拉、落、泼"这些动词出现在存现句中的情况,并把这些动词出现在存现句中的情况与出现在"NP$_1$+V+NP$_2$"① 及物小句的情况相对照,如:

A	B
(22) 请他们在她床前放个痰盂	→琴盖儿上放着两三张照相片儿
我们也要去贴广告	→告白板上贴着粉红纸的布告
我把和好的水泥吊上去。	→门前吊着两盏红灯
蜘蛛就要挂网	→臻壁上挂好几个大镜框
母亲忙使劲拉他	→四周拉着歪歪扭扭的

---

① 有些动词没有 NP$_1$+V+NP$_2$ 的形式,如"吊",就用"把"字句替代。

铁丝网
坚执环手而大落泪　　　　→树上落着一只鸟
扫地时，他泼了一点水　　→地上泼了水

可以认为这些动词的 A 式是表示动态，B 式是表示静态，A 式和 B 式是动态和静态的对立。A 式强调动作，一般有施动者，B 式强调状态，可以没有施动者的存在。另外我们想指出的是，这些动词出现在 B 式即存现句中，强调的是一种自然状态，这些状态就自然地在那里呈现。比如"落"在 B 式中就是一个表自然变化的动词，郑林曦的《普通话常用三千词》就把"落"列入"自然运动变化"动词，这样的动词出现在存现句中时，动词前面不能加上施事，如不能说"树上他落着一只鸟"。存现句中的施事可以没有必要指出，因此存现句中只有一个参与者。值得注意的是 B 式中的施事若补出来，变成 C 式，也不是强调动态。

　　　　　　　　　　B　　　　　　　　C

(23)　琴盖儿上放着两三张照相片儿→琴盖儿上他放着两三张照相片儿

　　　告白板上贴着粉红纸的布告　→告白板上他贴着粉红纸的布告

　　　门前吊着两盏红灯　　　　　→门前他吊着两盏红灯

　　　臻壁上挂了几个大镜框　　　→臻壁上他挂了几个大镜框

　　　四周拉着歪歪扭扭的铁丝网　→四周他拉上了歪歪扭扭的铁丝网

　　　树上落着一只鸟　　　　　　→*树上他落着一只鸟

　　　地上泼了水　　　　　　　　→地上他泼了水

出现于存现句中段常用的动词有"放、贴、吊、挂、拉、落、泼、堆、摆、栽、架、插、别、铺、罩、塞、夹、扛、戴、叼、穿、写、捆、涂、绑、印、绣、沾"等。这些动词大多是及物动词，然而却既能构成双论元句，又能构成单论元句，而构成单论元句时，一般就能变换成存现句，存现句中一般只出现单论元。这些动词的论元结构的变化还是反映了一个看问题的角度问题，即"动态"和"静态"的问题，即着眼于事物是由主体"主动"地去做，还是着眼于事物的自然状态，如果是着眼于事物的空间状态，就构成了存现句。存现句已凝固成了一种句式，因而不管存现句中的动词原本是及物的还是不及物的。

下面看一下不及物动词出现在存现句中的情况，如"立、塌、跑、走"等动词：

（24）在公话室办公室，记者看到十二三台缺了耳机的新式电话呆呆立着，旁边是一包破损报废的耳机把。（《人民日报》1995年2月）

（25）下游浅滩上立着几只仙鹤，雪白雪白的。（杨朔）

（26）南边是倒座三间小小的抱厦厅，北边立着一个粉油大影壁，后有一半大门，小小一所房室。（《红楼梦》）

（27）小阔权住的屋子有一面干墙还没垒起来，后院墙也塌了。（《人民日报》1995年9月）

（28）突然"麦"的一声巨响，挂满高档服装的货架震倒了，天花板塌了一个大洞，地板上炸了个坑，爆炸引起燃烧，火舌舔噬着服装、顾客和营业员。（《人民日报》1995年4月）

（29）家里接连塌了两根顶梁柱，失去了主要劳力和经济来源……（《人民日报》1995年11月第1版）

下面以"跑"为例进行个案分析，讨论不及物动词出现在存现句中的情况。

【跑】

《现代汉语动词大词典》对"跑"的处理方式是依"跑"的语义差别,分列五个词项,这五个词项都是表达的移动的方式,标的是"自动"或"内动":

【跑】(1) <自动>两只脚或四条腿迅速前进。【基本式】[施事{马、小鹿、运动员、小孩、汽车}+跑]他跑过来了。(2) <自动>逃走。【基本式】[施事{通讯员、犯人、敌人、蟋蟀、兔子}+跑]这个犯人跑了。|跑了一个犯人。(3) <自动>为某种事物而奔走。【基本式】[施事{采购员、放映员、经理}+跑+目的{买卖、材料、电风扇、片子、房子}]采购员跑钢材去了。(4) <自动>物体离开了应该在的位置。如:味儿都跑了|跑味儿了。(5) <内动>液体因挥发而损耗。如:汽油跑光了。|跑了一些汽油。

"跑"在语料中多是"两只脚或四条腿迅速前进"的用法,如:

(30) 值日官丢了木柴就往土地公公座边的小门跑了。(茅盾《残冬》)

但语料中也确实存在"跑"出现于存现句的用法。如:

(31) 同时小河对面的稻场上也跑来了一个女子,也拍着手笑。(茅盾《残冬》)

据顾阳(1992:78),在汉语里,"跑"和"走"有着"非作格"和"非宾格"的双重用法。当做非作格用法时,"跑"和"走"意思是 run 和 walk;当做非作格用法时,"跑"的意思是 escape,"走"的意思是 leave。比如下面的(32)是非作格用法,(33)是非宾格用法:

(32) a. 张三在街上跑。
　　　b. 张三在路上走。

(33) a. 老李跑了一个犯人。
b. 张三家走了一个客人。

可以发现，例(33)a和(33)b的"跑"和"走"的非宾格用法，实际上是这类动词的存现用法。

"跑、走"本身是一个典型的非作格动词，但是却能出现非宾格用法，这实际上是存现句的句式使然。在存现句中，动后的名词词组是表示存在变化的结果，是一个客体论元，即使是有生的人物，也是一个"客体"，4.2.2.1已经分析过了。也可以说是存现句的句式结构决定了其中的"跑"和"走"不可能是一个非作格动词，不能是有意志力的施事主动地做某事，所以，出现了不及物动词也能出现在存现句的情况。

3. 表层作格现象

考察存现句中的动词，既可以有及物动词，又可以有不及物动词。先看存现句中的及物动词情况，本身是二价或三价的，在存现句中就变成一价动词，如上面所举的"放、贴、吊、挂、拉"等动词。这种论元结构的变化，从释义中也看不出有什么规律，因此，这种动词出现及物结构和不及物结构的交替，并不是动词在词汇语义上有什么变化，而主要体现在句法结构的变化上。再说存现句中的不及物动词，出现在存现句中的不及物动词，如"跑、走、立"等如果用在SV句中，是典型的非作格动词，但是却能出现在存现句中，表现出一种非宾格用法，所以，我们认为出现在存现句中的作格现象，是一种表层的作格现象。

Levin & Rappaport (1995: 19) 认为there-插入的结构和处所前置的结构是表层非宾格 (surface unaccusativity) 形式的体现。there-插入结构如"There appeared a ship on the horizon"，处所前置结构如"Into the room came a man"。

虽然是表层的非宾格现象，存现句也可以作为测试非宾格的一个衡量标准，因为有很多非宾格动词可以出现在存现句中，如

"出现、发生、死、掉"等。那么存现句为什么会出现这种表层的作格现象？我们思索还是由于句式的原因，由于存现句这个句式限制了论元的论旨角色，一个是处所论元，一个是客体论元，而不允许主体论元和客体论元的同时存在，这也许体现了句式语法的"结构的意义大于成分的意义的总和"的观念。

综上，我们认为，存现句是一种特殊的句式。存现句式有自己特殊的格式要求：处所成分+存现动词+客体论元；有自己特殊的句式语义：在某处+存在/出现/消失+某物。不管句中的动词原来有多少义项，在其他义项中是否可带主体论元，只要出现在"存现句"这一特殊句式中，句式决定了其中动词义项的选择——动词表存现，所带论元是客体论元。

（三）存现句的篇章功能

我们这里想说明的是汉语存现句中所出现的处所倒置现象，是为了篇章衔接的语用上的缘故而产生。如：

(34) 抬头迎面先看见一个赤金九龙青地大匾，匾上写着斗大的三个大字，是"荣禧堂"，后有一行小字："某年月日，书赐荣国公贾源"，又有"万几宸翰之宝"。

这里的存现句式"匾上写着斗大的三个大字"如果改成非存现句，形成"斗大的三个大字写在匾上"，单独看是可以，可是从前后的衔接来看，存现句和前面一分句的衔接要紧密，前面说有一块大匾，后面接着说"匾上"如何，衔接得更加自然。

为什么会出现存现句这种作格句？我们认为存现句的出现是为了篇章的需要，在引进一个新的对象时，从背景中"凸显"一个新的事物，新的物体成为焦点，前面已知的信息成为"衬体"（ground），后面新的信息焦点成为"凸体"（figure），存现句的这样一种信息安排非常符合人们认知上从已知到未知的过程。调查了《红楼梦》中的一些例子：

(35) 又行了半日，忽见街北蹲着两个大石狮子，三间兽头大门，门前列坐着十来个华冠丽服之人。

(36) 台矶之上，坐着几个穿红着绿的丫头，一见他们来了，便忙都笑迎上来……正面五间上房，皆雕梁画栋，两边穿山游廊厢房，挂着各色鹦鹉，画眉等鸟雀。

(37) 林黛玉扶着婆子的手，进了垂花门，两边是抄手游廊，当中是穿堂，当地放着一个紫檀架子大理石的大插屏。

(38) 转过插屏，小小的三间厅，厅后就是后面的正房大院。

存现动词"列坐、坐、挂、放、是"后的 NP 都可以看作新的信息焦点，是"凸体"，动前的表处所的 NP 是"衬体"。

从上面的分析中可以看出，汉语的存现句在篇章中有语篇衔接的作用。Halliday（1985/1994）在谈到英语近五百年来正由典型的及物型语言向作格型语言转化时指出，这一变化从整体上看是从看重语言的经验功能转向了更看重语言的篇章功能。典型的及物句式中只有施事（动词用主动态时）和受事（动词用被动态时）可以做主语，作格型句式中可以担任主语的成分大大增多，与事、范围、时地成分都可以做主语了。汉语多种多样的作格句式的确丰富了汉语篇章衔接的手段。除本章讨论的动结式和存现句外，把字句、受事主语句等也有学者认为是作格句式，如 Y. C. Li & M. Yip（1979）及潘海华、邓思颖（2004）、韩景泉（2005）、刘晓林（2008）都提到过这些句式是汉语很重要的作格句式。

第五章 从"作格"角度谈主语系统的选择

本章借鉴 Dixon（1994）的观点，根据 S、A、O 三者之间的关系，从语言类型学的角度考察汉语的主语系统的选择情况。Dixon（1994）把语言分为"主格-宾格"、"作格-通格"和"分裂的系统"三种类型。而根据我们的考察，汉语的非宾格动词和作格动词的数目并不多，大致有 181 个，那么汉语并不是典型的作格语言。那么，汉语是否典型的宾格语言呢？也不是，汉语的单论元小句的主语 S 并不是经常选择 A 的，也常出现 S 选择 O 的情况，那么究竟 S 何时选择 A，何时选择 O？这和动词的语义性质相关，和名词的生命度有关，和句式有关等。因此，汉语从语言类型的角度来说，既不是典型的宾格语言，也不是典型的作格语言，而是属于"分裂的系统"这一类型。

在小句内看主语系统的选择，有"去及物化理论"，还有"作格理论"，这取决于不同的语言选择不同的主语系统，英语可以说是"使然型"语言，汉语是"自然型"语言。

前面第一章、第二章、第三章确定的现代汉语"作格动词"，是在"汉语是分裂的系统"这一类型的大前提下讨论的，在这个前提下讨论汉语的动词分类情况，讨论汉语的动词在小句内选择什么样的主语，在小句和小句之间选择什么样的主语，同时通过汉语和英语以及其他语言的对比来说明主语系统的选择差异。最后得出的结论是汉语的动词不是作格/宾格各占 50% 的"动词分裂型语言"，也不是典型的"作格语言"或典型的"宾格语言",而是属于"分裂的系统"中"变动的主语系统"这一类型。

一、作格、宾格和分裂的系统

关于"主语选择原则"(subject selction principles),Fillmore(1968)明确总结出句子表层主语的常规选择,亦即无标记选择,跟格作用有下列关系:如果句子中有 A,A 为主语;如果没有 A 而有 I,I 为主语;如果无 A 无 I,O 为主语。并且说明有非常规选择;有些动词本身有非常规选择;有些动词本身也能决定用什么格做主语,例如有一些动词的格境(case frame)都是 [-O+D],但是 please 等用 O 作主语,like 等则用 D 作主语[①]。

作格和主语的关联是很早就开始研究的,早在定义"作格语言"的时候,就已开始考虑 S、A、O 三者之间的关系。

Dixon(1979)规定了 A、S、O 三个术语的含义。A 代表底层的及物的主语,O 代表底层的及物宾语,S 是底层的不及物的主语。Dixon(1994)说明了 S、A、O 是普遍的句法——语义基元(primitives),这三个术语代表了基本的主要的句法关系。

Comrie(1989)在《语言共性和语言类型学》中提出:用 S 表示不及物谓语的唯一主目,显然这是为了帮助记忆它是主语。用 A 表示在及物结构里两个"主目"中的施事,用 P 表示受事。"施事"、"受事"是语义术语,Comrie 的 A 和 P 虽然其典型分布与施事、受事相同,但却与 S 一样是作为句法术语来定义的。他把 S、A 和 P 作为三种原始的句法关系,则传统所说的典型的不及物结构和及物结构中的三个名词短语论元,就可以表示为下面的(1)和(2)(不管词序):

---

① 转引自杨成凯(1986)的《Fillmore 的格语法理论》(中)。

第五章　从"作格"角度谈主语系统的选择

(1) S　V_{不及物}
(2) A　P　V_{及物}

　　这一术语体系有助于说明不同语言的语法体系。对人类语言的普遍考察发现，不同语言对格标记做出了不同的选择，有的语言选择S认同于A，另用一个标记表示P，这就是主格－宾格系统；有的语言选择S认同于P，另用一个标记表示A，这就是"作格－通格系统"。应该说，通过（1）和（2）的这种格位鉴别式（case filter）来考察各种语言的面貌是非常有意义的。

　　Dixon（1994）在文中区分了"词法作格"（又名小句内作格）和"句法作格"（又名小句间作格）。所谓词法作格，是指S，A，O三者之间的关系是常采用格标记和动词词缀来标记的，句法作格是指利用了小品词、前置词、后置词和词序等句法机制。

　　关于S，A，O之间的关系，Dixon（1994：39）解释道："每种语言都有不及物的小句和及物的小句，不及物小句是一个谓词带一个核心的单论元（S），及物的小句是一个谓词带有两个核心论元（A和O），语言总是有方法区分A和O。有些语言是通过词序（constituent order）加以区分，比如英语；有些语言是通过格、小品词、前置词和后置词（adpositions）加以区分；有的语言是通过'代词互指'（pronominal cross-referencing）予区分，很多语言综合了上述策略。当A、S和O用格的屈折变化或动词的参照词缀来表示这三者之间的关系时，这时可以称之为'词法作格'（morphological ergativity）或'词法宾格'（morphological accusativity）。因为小品词和前、后置词是利用了句法的机制而不是词法机制，而且词序也是句法机制，因此词法作格/宾格更确切的称呼应该是小句内作格/宾格。"Dixon（1994）明确指出了，所谓作格/宾格的类型之分，一定要有语法形式的表现，但并非一定要是格标记的形式。这样就大大扩展了作格/宾格作为类型之分的普遍性，像汉语这样没有格标记的语言，也可以从动名语义关系和词序、小品词等语法形式的角度来考察作格/宾格的问题。

Dixon 指出，S 和 A，O 之间的关系有下列三种可能性（在作格/宾格的类型之分的体系中，不及物小句大约等同于单论元小句，及物小句大约等同于双论元小句）：

(3) S＝A（主格）≠O（宾格）－宾格系统
(4) S＝O（通格）≠A（作格）－作格系统
(5) A≠S≠O－三分系统

宾格模式是世界上的语言中最普遍的一种模式，英语就是一种宾格模式，作格模式不大普遍，三分系统极为稀少。需要特别指出的是，事实上有一些语言处在作格和宾格的中间地带，有些 S 标记为 O，有些 S 标记为 A，这类语言混合了主格－宾格和作格－通格类型，Dixon 把这种混合的类型称之为"分裂的系统"（split system）的类型。"分裂的系统"有 4 种类型，有随着动词的语义性质而分裂的，有随着名词性词组 NP 而分裂的系统，有随着时/体/语气而分裂的系统，有随着主句/从句而分裂的系统，还有上述各种分裂的混合。本书主要研究第一种分裂的系统，探讨由于动词的语义性质的不同而造成的分裂，这种分裂的系统，Dixon（1994）是首先讨论的，也和动词的句法结构相关，因此主要研究第一种分裂的系统。第一种分裂的系统包括分裂的主语系统（split-S systems）和变动的主语系统（fluid-S systems）两大类。下面分别介绍这两种类型。

Dixon（1994：70）注意到在及物小句中有一种语义基础（semantic basis）分派 A 和 O，相比，不及物小句也应标记那个唯一的核心名词。既然每种语法必然包括在语义上对比标记 A 和 O，那么这种方法也可以应用到 S 中，如果 S 在语义上类似于 A，即 S 对动作行为有控制力，标为 Sa；如果 S 在语义上类似于 O，即 S 对动作行为缺乏控制力,标为 So。Sa 和 So 是 S 的下位类型,语言区分 Sa 和 So 有两种类型,第一种类型是像作格语言和宾格语言那样体现在核心成分的句法标记上。语言中每一个动词都只能与 Sa 或只能与 So 搭配,也即每个动词只被分派给一种句法框架(syntactic frame),这个唯一的句法框架由格标记或者互指成分标记出主语是 Sa 还是 So。于是,动词和句子都因主语是 Sa 还是 So 而分为两大类,而主语的身份从所选动词或句法框架就可以直接判定,而无须考虑动词在具体用法中的语义,我们把这种系统称之为分裂的主语系统。

Dixon(1979:82)、Dixon(1994:71)认为 Siouan 语系的 Mandan 语属于分裂的主语系统类型,它将动词分成两大阵营:一种是表示活动(activity);另一种是表示状态(state)或条件(condition)。第一种叫做活动动词(active verbs)。活动动词或者是及物的,用主宾语的代名语的词缀来表示,如 ignore, tell, give, see, name 等;或者是不及物的,用主语的词缀来表示,如 enter, arrive, think it over, go 等。第二种叫做中性动词(neutral verbs),只带宾语词缀,如 fall, be lost, lose balance, be alive,或者是表达动词的观念而属于形容词类别的 be alive, be brave, be strong 之类。Dixon(1994)认为不及物的活动动词表示的动作是可控(controlled)的,专配 Sa;不及物的中性动词则表示不可控(non-controlled)的动作或状态,专配 So。由此,根据特定的句法框架,前者也可以称做 Sa 动词(不及物的活动动词),后者也可以称做 So 动词(不及物的中性动词)。

关于分裂的主语系统中,如 Yawa 语,综合了 NP 标记和互指来表示,比如代词类型的后缀,随人称和数而发生屈折变化,S 和 O 随动词的不同而标记不同,出现了一种分裂情况,不及物动词中的 So 与及物动词的 O 标记形态的前缀,Sa 动词的前缀是从 A 功能的 NP 后缀中节选而来,单复数形式相同,如表 5-1

所示：

表5-1　Yawa语分裂的主语系统

	A后置词	Sa前缀	O/So前缀
1sg.（第一人称单数）	syo	sy-	in-
2sg.（第二人称单数）	no	n-	n-
3sg. Masc.（第三人称阳性单数）	po	p-	ф
3sg. Fem.（第三人称阴性单数）	mo	m-	r-

从表5-1中可看出，Yawa语的不及物动词分为了So类与Sa类。So类包括一打成员，如to be sad, to remember, to yawn等。Sa类如walk和cry之类。

总之，在"分裂的主语系统"中，如上面所述的Mandan语，每一种不及物动词都分配好了类别，或者是Sa，或者是So——一般是以它的原型意义为基础的。也就是说活动动词、中性动词与主语Sa、So固定地联系在一起，入句成篇后是不能变动的。

分裂的系统的第二种类型是变动的主语系统。据Dixon（1994：71），如果及物动词采取句法为基础的标记，但不及物动词却应用语义为基础的标记，一个不及物动词的主语可以标记为Sa，也可以标记为So，主要取决于动词在具体用法中的语义。我们把这种情况叫做变动的主语系统。可以看出，分裂的主语系统和变动的主语系统是以动词为条件的两种分裂。

也据Dixon（1994：79），在"变动的主语系统"中，A型和O型标记是分配给不及物小句而非动词的。因此每个不及物动词就有两种选择，可以表达可控的活动也可以表达不可控的状态；与之相应，主语也可以选择是Sa还是So。具体用哪一种选择，要根据特定的语言环境中的用法来确定。要说明的是，这种语言中也会有一些动词一般只表达活动可控的，入句后的主语也就总是 Sa；而另一些动词从来就指称不可控的活动或状态，也即它的主语总是 So。但是，这样明确分裂的动词是少数，大多数动词处在中间地带，它们所指称的动作可以是可控的，也可以是非可控的。因此，变动的主语系统的语言中，绝大多数不及物动词都有潜力带 Sa 和 So 两类主语。已有报道的、属于变动的主语系统类型的语言是东北高加索语系（North-east Caucasian）的 Bats 或 Batsbi 语。

本书受到了 Dixon（1979、1994）的启发，试图从作格的角度来研究汉语的主语问题，汉语的主语在小句内的选择是什么样的，在小句和小句之间又是怎样的，同时通过汉语和英语以及其他语言的对比来说明主语系统的选择差异。

二、于小句内看汉语所选择的主语系统

由于汉语没有外显的形态标记，如何从类型学的角度来说明汉语在主语语义身份选择方面的特点，也即汉语在有关作格性的类型学分类中应如何定位，汉语界的学者们多年来一直在探索这个问题。

值得注意的是，如第四章所介绍的，为了更简明、更普遍地说明语言在作格性方面的类型学区别，近二十年来语言学界做了许多新的努力，这些新的努力可以总结为从动词与名词的论元关系及其句法表现入手观察，而不再局限于格标记。这就为汉语作格性的研究打开了思路。

我们试图从 5.1 节介绍的新视角来考察汉语作格性问题，特别是汉语与 Sa, So, A, O 选择有关的动词分类及其在语篇中主语 Sa, So, A, O 的选择情况，并根据这些考察给汉语以作格方面的类型学定位。

我们在前面考察了汉语的非宾格动词和作格动词，这些动词在单论元句中，从理论上说，应该是选择 So 做主语的，实践中，这些非宾格动词和作格动词也基本选择 So 做主语。但是这些动词在汉语动词的数目中所占比例很少，调查的 1223 个动词中，只有 21 个非宾格动词，160 个作格动词，非宾格动词和作格动词的总和是 181 个，也只占 1223 个动词的 14.8%。所以，从作格动词的数目上来看，汉语不是典型的作格语言。

在 5.1 中我们知道了 Sa, So 的分别一般是以是否可控来界定的，汉语中也有可控动词和非可控动词的区别，如"病、倒霉、醒、塌"等就是不可控动词，像"休息、散步"等就是可控动词。关于可控动词和非可控动词，袁毓林（1991）有详细介绍，并列举了一个与祈使句相关的动词分类系统：

$$\text{动词}\begin{cases}\text{述人动词}\begin{cases}\text{可控动词}\begin{cases}\text{自主动词}\\\text{非自主动词}\end{cases}\\\text{非可控动词}\end{cases}\\\text{非述人动词}\end{cases}$$

这里提出的可控动词与非可控动词值得借鉴。

关于句法成分的 S、A、O 这三者中，何时 S 倾向于 A 功能，何时 S 倾向于 O 功能？我们认为这个"倾向性"还和名词的生命度有关。

Dixon（1994）从名词的"生命度"（animacy）这个角度来说明 A 功能与 O 功能，Comrie（1981）也谈到了"生命度"问题。Dixon（1994：85）归纳了"名词性成分层级"（Norminal Hierarchy），从"功能上更倾向于 A 而非 O 的角度分析出的名词性成分层级"是：

(6) 第一人称代词＞第二人称代词＞指示代词、第三人称代词＞专有名词＞普通名词

其中普通名词倾向于 A 的顺序是：

(7) 人类普通名词＞动物普通名词＞非生物普通名词

按照 Langacker（1987：396），分裂的作格有一种是以"移情链"（empathy hierarchy）为基础，第一人称、第二人称的参与者的级别要高于第三人称，人类的级别要高于非人类的，有生的要高于无生的等。这样一种"分裂"（split）常常把言语行为的参与者和别的实体区分开，因此唯一的不需要任何格标记的主语是第一人称和第二人称代词。

根据 Delancey（1981：628），Kham 语中第三人称与第一、第二人称的表达不一样，如：

(8) nga: nən-lay nga-poh-ni-ke.
　　 I   you-OBJ 1A-hit-2P-PREF "I hit you."
(9) nən nga-lay nə-poh-na-ke.
　　 you I-OBJ   2A-hit-1P-PREF "you hit me."
(10) nən no-lay nə-poh-ke.
　　 you he-OBJ 2A-hit-PREF "you hit him."
(11) no-e nən-lay poh-na-ke-o.
　　 he-ERG you-OBJ hit-2P- PREF-3A "He hit you."

例句中的"1A"、"2P"等，是和主语、宾语的一致标记（agreement）。充当施事的 NP 很明显遵从一种作格语言的模式：作格只出现在第三人称的施事上，而不出现在第一人称和第二人称上。

名词的生命度越高，充当施事的可能性越大，这个名词的功能就趋向于 A；名词的生命度越低，充当施事的可能性越小，这个名词的功能就趋向于 O。"生命度现象"也可以从一个方面解释（12）的作格性强于（13）。

(12) a. 电报来了。　→b. 来电报了。
(13) a. 我来了。　　→b. ＊来了我。

"我"作为第一人称代词，其"生命度"肯定要强于"电报",所以,"来"在(12)中还可以作"非宾格动词"解释,而在(13)中就不行,是"非作格动词"。

再如例(14)a与例(14)b的变换可以成立,是因为"中山路"这个词的"施动力"非常弱,"生命度"极低。

(14) a. 到中山路了。→b. 中山路到了。

我们可以认为例(14)是一对有作格关系的句子。实际上(14)a和(14)b这一对句子反映了人们观察事物的角度不同,(a)是从一种动态的观点来看事物的过程,着重于动作;(b)从一种静态的观点来看事物的结果,着眼于静态描写。

为什么要关注名词的"生命度"问题呢?Lemmens (1998)认为,及物的聚合(transitive paradigm)以"施事"为中心,作格的聚合(ergative paradigm)以"中介"为中心。

"述人"与"非述人"是一个概括的说法,名词的生命度是用一个梯度来说明问题,汉语中的不及物动词和名词的生命度很相关,可以说随着名词的生命度的不同,动词的选择也就有区别,名词的生命度越高,动词就倾向于可控动词;名词的生命度越低,动词一般就倾向于袁毓林(1991)所说的非述人动词及非可控动词。如"爆发、倒闭、落山、飘、塌、下"等不及物动词就倾向于以无生名词作为唯一的论元,这个无生名词可以位于动词前,也可以位于动词后:

(15)那湖原是火山爆发后,地层陷落而成,一个人得走三天,才绕湖一匝。(张秀亚:《真与美》)

(16)这个公司倒闭了。(转引自《现代汉语动词大词典》)

(17)太阳落山了。

(18)一会儿又飘起雪花来。(转引自吕叔湘1946)

(19)他起身含笑告辞:"今天兄弟不小心,书架塌下来带累贵处,又妨害了先生的公事,真是抱歉得一言难尽。"

（钱钟书：《灵感》）

（20）小福子屋的后檐墙塌了一块，姐儿三个忙着把炕席揭起来，堵住窟窿。（老舍：《骆驼祥子》）

（21）下着毛毛雨。（转引自吕叔湘1946）

汉语中有一类不及物动词一般选择有生名词做主语，如"病、倒霉、咳嗽、休息、散步"等，举一例就可说明这一类动词是以人为主语的：

（22）a. 王经理又倒霉了。（转引自《现代汉语动词大词典》）

　　　b. *又倒霉了王经理。

应该说，汉语的不及物动词大多在词汇-语义部分都规定好了与什么样的名词性成分（NP）搭配，尽管这个NP可能位于动词前，也可能位于动词后，动词的选择与名词的生命度有关。

汉语比较有特点的是及物小句，同一个动词可以选择不同的主语，既可以是Sa，也可以是So。如"水手们沉了船"的主语为"水手们"，属于Sa类成员，"船沉了"的主语为"船"，属于So类成员。是Sa还是So主要取决于动词在用法中的具体语义，Sa一般表动作，So一般表状态。类似于"沉"之类的动词，有"开、灭、提高、改进、解放"等，这一类的动词大多有"（NP1） +V+NP$_2$"和"NP$_2$+V"同义句式的转换，并且可以受"使"字句修饰，或者受"自己"等词修饰，我们把这一类动词称为作格动词，如：

（23）a. 见事不好的话，你灭了灯，打后院跳到王家去。（老舍：《骆驼祥子》）

　　　b. 一会儿，灯也灭了，人也散了。（冰心：《回忆》）

（24）a. 国际社会应提高妇女地位。（《人民日报》1995年3月）

b. 我们的朋友越来越多，国际地位进一步提高。(《人民日报》1995年3月)

及物动词中的置放类动词，如"挂、靠、放"等，这一类动词既可以出现动词带双论元的句子，也可以有动词带单论元的句子，句子的主语的性质不同，如：

(25) 两个人在一起，人家就要造谣言，正如两根树枝相接近，蜘蛛就要挂网。(钱钟书：《围城》)

(26) 他住的洋房，粉红色的墙壁，挂着美丽的古画，我觉得很精致。(俞平伯：《重过西园码头》)

作格动词及一些置放类动词既可出现于 Sa 类主语的句子中，又可以出现于 So 类主语的句中，这本身就体现了汉语的主语的选择呈现一种变动的状态。

汉语中很多典型的及物动词，与之相配的 S 的功能却是既有等同于 O 的，也有等同于 A 的，比如：

(27) a. 他写了一封信，反映了一些情况。(王朔：《编辑部的故事》)

b. 牛：唉，对，信写得不错。(王朔：《编辑部的故事》)

c. 李：咳，唷，我有，我有，我有啊，你踏踏实实在这儿写啊。(王朔：《编辑部的故事》)

上面例 (27) 中都含有"写"这个动词，a 是及物句，b、c 都是不及物句，但是这两个不及物句中，b 句的主语 S 选择的是"信"，其功能相当于 a 句中 O 的功能，c 句选择的主语 S 是"你"，其功能相当于 a 句的 A 的功能。

下面对比一下汉语的"写"和英语的 write 不同，如：

(28) a. Anita Brookner just wrote a new novel.

b. * A new novel wrote.

上例中 (28) b 的 write 没有施事者的加入就不成句，英语的 write、wash 是真正的及物动词,根本就不能出现不及物的形式。而汉语的受事主语句没有施事者依然可以成立,这种现象确实有。汉语的"写"和"洗"虽然是及物动词,却能出现不及物的只出现一个论元的形式,而且没有任何被动标记①。由此可以看出,汉语的动词并不是作格/宾格各占 50% 的"分裂的主语系统",而出现了这种情况,很多与同一个动词相配的及物句的主语 S 的语义角色是变动的,有时是 Sa 型的,有时则是 So 型的。据我们的统计,汉语中这一类及物动词的数量远远大于"沉"或"改进"之类的非宾格动词或作格动词,如"洗、搬、吃、寄、炒、戴、送、烧、煮、卖、拿、修、知道……"等。

(29) a. 马林生几乎是从马锐落草时开始回顾,他如何给他喂奶、洗尿布,整夜整夜不睡抱着他走来走去哄他。(王朔:《我是你爸爸》)

b. "毛巾洗了吗?擦过头不洗就这么挂上还不馊了?"马林生脸在报纸后面慢悠悠地说。(王朔:《我是你爸爸》)

(30) a. 厂长把别人的经验搬进来了。(《现代汉语动词大词典》)

b. 一面又问婆子们:"林姑娘的行李东西可搬进来了?……"(《红楼梦》)

c. She turned then to the servants. "Have Miss Lin's luggage and things been brought in? ……"(《红楼梦》杨宪益译本)

(31) a. 但是他还是说:"我想知道杀死我父亲的人。"

---

① 英语中的中动句除外,因为中动结构指形式上是不及物的形式,但语义上表示某种被动意义的结构,如:The car drives nicely,就是只出现一个论元而不用被动形式。

（余华：《鲜血梅花》）

　　　　b."爸爸，高加林的事你知道不知道？"（路遥：《人生》）

　　　　c. 不但这凶犯的方向我知道，一并这拐卖之人我也知道，死鬼买主也深知道。（《红楼梦》）

　　　　d. I know not only where the murderer has gone, I know the kidnapper who sold the girl, and I knew the poor devil who bought her.（《红楼梦》杨宪益译本）

　　以上三例主要是为了说明汉语的"洗、搬、知道"等及物动词选择主语的情况，选择的主语可以是施事，也可以是受事，而且汉语的类似于（29）b、（30）b、（31）c 的受事主语句相当自然，没有任何被动标记，而英语则不行，要不用被动标记，如（30）c，要不用主动语态，如（31）d。

　　汉语的及物小句选择主语非常灵活，没有什么句法标记。汉语的及物小句的主语的论元身份可以是 Sa 型，也可以是 So 型，这里主语的变动也和动词相关，汉语有很多及物动词选择主语是不固定的，是根据语用的需要而定，当需要侧重表达一种活动或事件时，及物小句会选用"参与者 + V + 受事"的句型；当需要侧重表达一种状态或结果时，句子会选用"受事 + V"的句型，并且可以不用被动语态来显示。

　　宋亚云（2005：34）提出了一系列很好的问题："为什么'楚国败'从来没有歧义，而'楚国伐'就有两种理解呢？（楚国讨伐别国，或者楚国被讨伐）为什么'楚国破'的'楚国'一定是受事，而'楚国攻'的'楚国'一定是施事呢？为什么'攻、伐、侵、袭、围、胜、追、救、射'等外动词到后来还是外动词，而'破、灭、伤、败、坏、解、折'等外动词到后来变得以自动用法为主了呢？"应该说，这是和认知语言学有关，和认知的视点相关，可以用认知语言学的"动作链"或"使动链"来加以说明。

Langacker (1991) 和 Croft (1991) 用认知语言学的方法分析主语的选择 (choice of subject)。为解释把握各种事件的因果关系的图示，Langacker (1991: 332) 提出"动作链"(action chain)，并以"台球模式"(billiard-ball model) 形象地分析了主语的变化，如下面的例子：

(32) a. The thief opened the window with a crowbar.
    那个贼用铁撬开了窗。
   b. A crowbar opened the window.
    铁撬开了窗。
   c. The window opened.
    窗子开了。(转引自 Langacker 1991: 332)

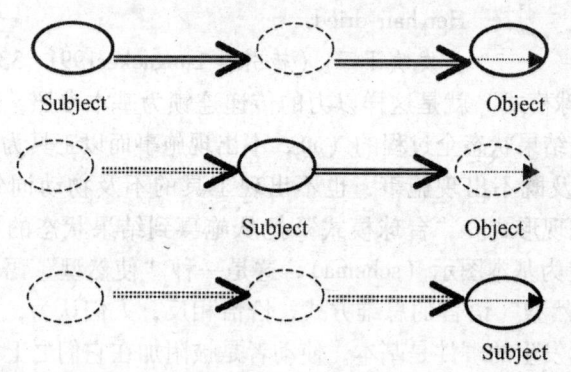

图左端的圆表示施事，中间的圆表示工具，右端的圆表示变化对象。及物动词句 (32) a 三者俱全，以工具为主语的句子 (32) b 将施事置于焦点之外，只有工具和对象被语言化。最后 (32) c 只有变化对象被焦点化 (profile)，而使役者和工具没出现在表层形式上。

"台球模式"的方案，揭示了施事通过工具作用于受事，即在无标记的情况下，主语的选择有"施事 > 工具 > 客体"的层级，Langacker 指出这种序列反映了能量（energy）沿着"动作链"移动，不同的部分反映了不同的焦点。他们的基本设想如下所示：

(33) 认知语言学的台球模式对事件的把握

施事→　　工具→　　受事→　　结果状态

Sharon the blower her hair dry

这种能量的传递表现在句式上就是例（34）a、（34）b、（34）c：

(34) a. Sharon dried her hair with the blower.

Sharon 用吹风吹干了头发。

b. The blower dried her hair.

吹风吹干了头发。

c. Her hair dried.

头发吹干了。（转引自 Langacker1991：332）

"台球模式"就是这样以力的传递连锁为基本参照，解释包括施事到结果状态全过程的（a），不出现施事而以工具为主语的（b），以及既不出现施事，也不出现工具的不及物动词句（c）等各种表现形式。"台球模式"把从施事到结果状态的"使动链"设定为基本图示（schema），这是一种"使然型"语言的模式。"自然型"语言的思维方式，恰恰相反，人们认为，静止状态或自然发生的事件是基本，使动者是被附加在它们之上的。

（一）"使然型"语言与"自然型"语言

据影山太郎（2001：4）的介绍，池上（1981）指出的英语为"使然型"语言，而日语为"自然型"语言的观点，已成为学界的常识而为大家所熟知。池上（1981：1）引用佐久间鼎的《日语的本质》（1941）的下面的一节来说明问题：

日语具有力欲表现事物"自己所以然"的倾向，而英语等语言中却存在力欲表现为"有人如此为",或进而言之"有人欲使其然"的倾向……

影山太郎(2001)认为日语中,由不及物动词向及物动词的使役化,日语特别发达,认为其原因在于日语是以自然型(即不及物动词)视点为根本的语言。比如日语常把事物描写成自然发生的,如"財布が見つかった/钱包找到了",而英语却需要用人称代词(I/我)作主语使用及物动词说成"I found it./我找到了它"。类似的例句如:

(35) a 日:出発の日が決まった。
英:We have decided the date of our departure.
汉:出发的日子定好了。/我们定好了出发的日子。
b 日:この千円札、くずれますか。
英:Can you break this 1,000 yen bill for me?
汉:这一千块的票子,破得开吗?/你能破开这一千块的票子吗?(转引自影山 2001:5)

在这些例句中的动词,日语用的是不及物动词,英语用的是及物动词,故用了施事 we、you 做主语,汉语则用的是动结式,有两种表达。但是,影山太郎也指出,虽然我们称日语是"自然型",但并不意味着日语使用的全是不及物动词,同样,虽然我们称英语是"使然型"语言,这也并不意味着英语使用的全是以施事为主体的句子。迄今为止,"自然型"对"使然型"这一对立现象只不过是就日、英语的总体印象来说的。如果要区分两种语言的不同,同时又要找出它们的共性,就有必要进一步详细弄清动词的语义类型。影山太郎认为:"非作格"和"非对格"(即非宾格)完全可以用"使然型"不及物动词和"自然型"不及物动词来分别替换。

(二)"去及物化"理论

本书定义的作格动词,是指能够同时出现在作格句与通格句句对中的动词。那么这个句对——"$NP_1 + V + NP_2$"和"$NP_2 + V$"中,到底前一种句式是基本的,还是后一种是基本的?换句话说,作格动词的底层是二价(dyadic)的致使动词呢?还是一价(monadic)的不及物动词?关于作格动词这种及物和不及物同形的现象,以往的研究提出了许多见解,有代表性的看法是,此类动词以不及物动词为基本,及物动词是不及物动词加上使役概念衍生而来的,Lakoff(1968,1970),Williams(1981),Broussear & Ritter(1991)都认为致使性的交替是从单论元派生出来的[1]。Pinker(1989:130)也是这种观点,他说道:"有三种不及物动词可以使役化。"

Chierchia(1989)认为非宾格动词本质上是二价的致使动词,而非作格动词基本上是单价的。

Levin & Rappaport 认为:当事件可以没有施事者的意愿的介入(the volitional intervention)时,及物的致使动词"去及物化"(detransitivize)了,"去及物化"自发地产生了。

关于 break 之类的词,对它的及物用法和不及物用法的论元结构之间的关系,Levin & Rappaport(1995:108)用词汇语义表达式(LSR)图示如下:

---

[1] 转引自 Levin & Rappaport(1995:81)。

Intransitive break

LSR　　　[[x DO-SOMETHING] CAUSE [y BECOME BROKEN]]
　　　　　　　　　　↓
Lexical binding　Ø
Linking rules　　　　　　　　　　　↓
Argument structure　　　　　　　　<y>

Transitive break

LSR　　　[[x DO-SOMETHING] CAUSE [y BECOME BROKEN]]
Linking rules　↓　　　　　　　　　　↓
Argument structure x　　　　　　　<y>

当 break 这个动作不需要施事者介入时，"去及物化"发生了。"去及物化"通过抑制使役者衍生英语作格动词。

但是，要注意的是，在英语中，只有一部分外部的致使动词有不及物用法，有些及物动词从来就不"去及物化"，总要求一个有生的、意愿的施事作为主语。比如 murder, assasinate, write, build。如：

(36) Anita Brookner just wrote a new novel.

(37) *A new novel wrote.

(38) The baker cut the bread.

(39) *The bread cut.

(40) The terrorist killed/assasinated/murded the senator.

(41) *The senator killed/ assasinated/murded.

murder, assasinate, write, build 这些词是完全不能选择自然力做主语的，如：

(42) The terrorist assasinated/murded the senator.

(43) *The explosion assasinated/murded the senator.

(44) Pat wrote a letter to the editor of the local newspaper.

(45) *My anger wrote a letter to the editor of the local

newspaper.

(46) A local architect built the new library.

(47) *The windstorm built a sand dune.

那么我们所要探讨的是为什么有些外部的致使动词有不及物的形式，这些动词对论元有些什么样的选择。"去及物化"的限制表现在某些动词描写的事件没有外部施事者的介入就不能发生，比如带词缀-ize 和-ify 的动词明显地不能去及物化，例如：

(48) The farmer homogenized/pasteurized the milk.

(49) *The milk homogenized/pasteurized.

(50) Carla humidified her apartment.

(51) *Her apartment humidified.

反例是-ize 和-ify 之类的动词某种情况下可以允许"去及物化"，如：

(52) The cook caramelized the sugar. /The sugar caramelized.

(53) I solidified the mixture. /The mixture solidified.

这些带-ize 和-ify 词缀的动词"去及物化"的范围比较窄，对于自然力做主语，这些动词有的能做主语，有的不行。如：

(54) *The weather humidified the apartment.

(55) The intense heat caramelized the sugar.

"去及物化"的限制关键是施事者的介入有无必要，比如 break 在下列例子中就不能"去及物化"：

(56) He broke his promise/the contract/the world record.

(57) *His promise/the contract/the world record broke.

英语的 break 之类的词的作格和通格的交替用法，Levin & Rappaport 是用"去及物化"的理论来说明的。首先，Levin & Rappaport（1995）认为，有致使性交替的句对中，两论元的那个句子是底层的，然后经过"去及物化"的过程产生不及物的句子。

下面我们来研究一下"古汉语中作格动词的底层与派生"的问题。

大西克也（2004）认为作格动词构成受事主语句，属于基本句式。他考察了《史记》中的一些作格动词，认为作格动词构成受事主语句，是其原有的特性，它并不是对偶或其他修辞条件所产生，也不是靠语境决定施受关系的。换句话说，不带宾语的作格动词，作受事主语句属于常态，主动句则是特殊情况。

据大西克也（2004），作格动词也可以用在施事主语句，但数量上没有受事主语句那么普遍，句型较为复杂的居多。这就说明此类动词用在施事主语句中，不是它的典型句型。作格动词大体在下面几种条件下可以构成施事主语句：（1）作格动词在对偶句中可以构成单纯的施事主语句。（2）作格动词用在施事主语句，往往和中性动词或其他动宾结构连用。（3）作格动词前加"欲"、"能"等助动词，就主动化，可以不带宾语。（4）作格动词前加状语，有时主动化，"自"和"相"最常见。（5）否定词"弗"、"勿"是包含代词宾语的否定词，分别等于"不之"和"勿之"合音。因此被这两个否定词否定的作格动词就主动化。（6）作格动词在兼语句中担任第二个动词，就主动化。兼语句经常表示叫使事作某个动作，因此第二个动词一般都表主动。（7）作格动词在祈使句中作主动用。祈使句命令或要求对方做某个行为，其动词由对方发出甚明，因而作格动词可不带宾语而主动用。（8）作格动词对论元结构的不同要求有时成为主动化的因素。（9）作格动词单独作主动用。

下面举例说明上面所说的第（3）条，即作格动词前加"欲"、"能"等助动词，就主动化，可以不带宾语。如：

(58) 其后小吏畏诛，虽有盗不敢发，恐不能得，坐课累府，府亦使其不言。（酷吏3151）

(59) 二子对曰:"楚将子常贪,而唐、蔡皆怨之。<u>王必欲大伐,必得唐、蔡乃可</u>。"(吴太伯 1466)

"能"、"欲"等助动词表示主语有能力或愿望做某种行为,其后面的动词行为由其主语发出极为明显。

现代汉语也存在着"去及物化"的现象,而且"去及物化"的限制比英语少。汉语中不仅像"开、沉"之类的作格动词可以"去及物化",如"我开了门"和"门开了"之类可以说成是去及物化,而且像"写、洗"之类的动词也可以构成〔施-V-受〕和〔受-V〕的格局,如:

(60) 我写了封信。

(61) 信写了。

(62) 她洗了衣服。

(63) 衣服洗了。

(64) 那件衣服被她洗了。

"写"和"洗"不是致使动词,却能够进行这种及物和不及物的交替,这一点和英语的 write、wash 不同,前面的例 (36)、(37) 这里重复如下:

(36) Anita Brookner just wrote a new novel.

(37) * A new novel wrote.

例 (37) 中的 write 没有施事者的加入就不成句,而汉语的受事主语句没有施事者依然可以成立。所以,在这一点上,汉语和英语是有很大的差别的,英语的 write、wash 是真正的及物动词,根本就不能出现不及物的形式,而汉语的"写"和"洗"虽然是及物动词,却能出现不带宾语的形式。这一点一直是让人困惑的问题。正如黄正德 (1990) 所指出的:"真正的作格句不蕴涵施事者的存在。例如'我饿死了'并不蕴涵有人使我饿死。"所以,黄正德 (1990) 把"信写了"、"衣服洗了"看成一种省略句,是"信,我写了","衣服,她洗了"的省略。但是根据"去及物化"理论的要求，当事件可以没有施事者的意愿的介入时，汉语的"写"和"洗"就"去及物化"了。而这里的"信写了"、"衣服洗了"的句式要完全排除施事者的介入，我们认为还是比较困难的。也许用"去及物化"的理论说明不了这个问题。

（三）"作格化"理论

关于"作格化"理论，我们主要介绍 Lemmens（1988）的观点，主要认识语言的结构中存在这么一种变化。

Lemmens（1998：86-97）谈到了"作格化"（ergativization）的两个来源：一个是不及物动词的作格化，一个是及物动词的作格化。概括一下，就是及物的或不及物的动词逐渐进入到作格结构中，这样一个过程，称之为"作格化"（ergativization）。对于及物的动词来说，作格化的过程表现在"受影响者"（the affected）可以设想成过程是"自我发起"（self-instigating）的；而对于不及物动词来说，过程可以是在概念中设想成为"引发的"（instigatable）。

Lemmens 的理论，如果用实例来讲，starve 的发展就是不及物动词作格化的典型例子，这个词在古英语中相当于现在的 to die，从 17 世纪到现在，srarve 进一步强调 to die for, or suffer extremely from, lack of food。词汇的转移（shift）伴随着结构的变化，动词开始出现在有两个参与者的结构中，这就是一种作格化的典型例子，从 to die 的原始意义到动词的意义需要包括一个"引发者"（instigator）。作格化使一个不及物动词，经过时间的演变发展成为一个羽翼丰满的作格动词。在当代英语中，无效应（non-effective）的结构，像 In those days Poland was starving，综合了自我引发（self-instigated）和外部引发（externally instigated），是一种典型的作格。Starve 这一实例说明了不及物过程可以概念化为"引发的"(instigatable),因此巩固成一种作格模式。Lemmens 还以 SUFFOCATE 类的词为例说明及物式的作格化。在 15 世纪时,SUFFOCATE 类的词 smore 和 stifle 及物和不及物同时应用,后来 SUFFOCATE 类的词渐渐作格化,比如 strangle 就总是倾向于由内部原因(internal causes)引起,类似的词还有 suffocate、choke 和 drown。Lemmens 还探究这种作格模式也许是由于词汇的扩张(lexical extension)为作格化铺路了,但作者也拿不准词汇的意义和结构的意义谁先促发了这种变化。

Lemmens 认为作格化的出现,是语言学的创造性(creativity)的体现。作格化的过程验证了 Halliday(1985/1994)所宣称的现代英语中,作格模式的能产性(productivity)的观点。

注意 Lemmens(1988)的"作格化"理论,和邓思颖(2004)的"作格化"不同,邓思颖(2004)的作格化,是从生成语法的角度来讲的,是一种让动词由及物动词变为不及物动词的句法过程。经过作格化后,动词的主语不能是施事,而动词可以指派的一个受格(accusative case)被"吃掉",失去了本来可以给作为内部主目(internal argument)的宾语指派受格的能力。这里所讲的"不及物",严格来说,应该是指动词失去了指派受格的能力。

由 4.1 中的"V 死"可以引申到"作格化"这一问题。邓思颖假设汉语被动句由作格化(ergativization)而来,推导汉语长被动句和短被动句的机制都应该是一致的,间接长被动句的方式跟间接短被动句的推导方式基本上差不多。动词经过作格化后,受事宾语有两种策略继续生存。第一种策略是宾语进行移位。如:

(65) 张三被土匪杀了__。

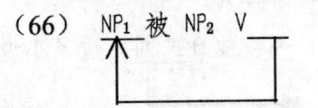

(66) NP₁ 被 NP₂ V

  第二种策略是宾语滞留在原来的位置,从作格化动词获得部分格。保留宾语即(68)的 NP₃ 和动词组成一个谓语,这个作格化的谓语拥有自己的主语(即"NP₁")。由于谓语经过作格化,这个主语不能拥有施事的题元角色。表示所谓"施事"的名词短语出现在 NP₁ 的前面,即"NP₂"。最后,NP₁ 进行移位,形成了间接长被动句。如:

(67) 张三被土匪__杀了父亲。

(68) … 被 NP₂ NP₁ V NP₃

  (67)是一个长被动句,长被动句中的"土匪"并不是真正的施事,而是属于使役者(causer)。在句法结构上,汉语长被动句有一个表示使役意义或处置意义的动词性成分,而使役者就是这个使役动词的主语。在长被动句(67)里,这个使役动词缺乏语音形态,是一个空语类。(68)的结构应该修正如(69),其中"Ø"表示缺乏语音形态的使役动词。简单来讲,这个结构表达了使役意义:"NP₂ 使 NP₁ 受到某个过程的影响。"推导汉语长被动句和短被动句的机制都应该是一致的:动词进行了作格化,"被"把动词可以指派的受格吃掉。长被动句"被"后面的名词短语并非真正的施事,而是使役动词的主语,语义上属于使役者;在句法上,它并非作格化动词的主语,而是使役动词的主语。

(69) … 被 NP₂ Ø NP₁ V

如果参照（69）的图解，这样一个间接长被动句"逸闻被他写进了小说"，就将解释为：

(70) …被他Ø逸闻写进了小说

如果按照邓思颖（69）句的理解，就是"他使逸闻写进了小说"，这种解释到底顺畅与否，还值得检验。

潘海华、韩景泉（2005：10）动词非使役化实际上就是从使役性及物动词派生出非宾格动词的操作，可称为动词的非宾格化（unaccusativization），也就是所谓的作格化（ergativization），潘海华、韩景泉一文将非使役动词归入派生非宾格动词一类。

上述关于作格化的论证，主要是为了帮助我们设想汉语的句子中的动词很多不是典型的作格动词，但是却可以做一种作格化的理解。

刘晓林（2008）综合这四项指数：a. 特殊句式与从句位置的相容性（compatiblity）；b. 谓语动词的脱及物化（detransitivization）；c. 受事的受影响程度（degree of affectedness）；d. 受事的主题化程度（degree of topicalization）。刘晓林得出了如下的各类特殊句式作格化程度的强弱图：与特殊句式相关的主题句作格化程度最高，其次是"把"字句和"被"字句，再其次是准倒装句和倒装句，最后是拷贝句。刘先生所设立的标准和结论都是围绕他所提出的概念而展开的，他所提出的"句法作格化"，是在谓语动词保持不变的情况下，施事和受事的相对位置发生变化，受事靠近句首直至取代原有的施事，这个过程就是句法作格化。这和我们在绪论部分所梳理的作格观念不一样，既不是类型学家从形态标记的角度看作格，也不是生成语法派从动词分类的角度看作格，也不是功能派侧重于及物关系和作格关系的探讨，也不是认知语言学从认知的角度谈作格，而是着重"施事和受事的相对位置"来谈作格,由此得出的结论当然是所谓的"与特殊句式相关的主题句"的作格化程度最强。另外,该文没有讨论存现句这种特殊的句式,不知道存现句如何按照这四项指数来讨论作格化。

从我们在第一章里讨论过的及物和作格角度的分析来看,有作格关系的句子就包含双论元句和单论元句。如果我们在考察单论元句中,出现的我们常说的受事主语句,天气句,存现句,还有绝大多数述补结构之类的句子,这类句子侧重于表示状态,而从语义上来说,有作格关系的句对中"中介句"侧重于表现一种"状态",大约相当于"$NP_2 + VP$"句。那么这类句子中的动词或动词短语在"$NP_1 + VP + NP_2$"结构式中是及物的,而在"$NP_2 + VP$"中却侧重于状态的自发,是否可以考虑为一种"作格化"的句子呢?邓思颖(2004)就认为如果及物动词进行作格化,受事宾语移位作为句子的主语,形成了所谓的受事主语句。

我们不是不赞成把受事主语句考虑为一种作格化的句子,在这里我们还要探究其原因,或者探究作格化的机制,来说明汉语的句子为何会特殊,因为受事主语句不需要一个"引发者",着眼于状态。受事主语句这个名称实际上也是从及物的角度来命名的,如果从作格的角度来考虑,也许会更合适,着眼于状态,而不顾及这个状态是由谁引起的。

三、从小句间关系看句法作格

再来看句法作格。词法作格是在一个单独的小句内,句法作格着重在小句的组合上,在小句的组合或嵌套中,同指成分(coreferertial constituents)的省略有类型学上的差异。试比较一下英语和澳门的 Dyirbal 语的例子:

(71) [MotherA saw fatherO] and [Øs returned]
(72) [(umaO   yabu-NguA   buran] [Øs banaganyu]
father+ABS mother-ERG   saw   returned
Mother saw father and he returned

这两例中的并列的第二小句的主语都被省略了。例(71)英语中省略的 return 的主语 S 是 A (mother),这种同指现象可以概括为 S/A 中枢(pivot),听者可以根据这条语法规则找回省略的 NP。如果说话人希望说"father returned",那么他至少得在 S 槽(slot)中加一个代词,如说成"Mary saw father and he returned"。例(72)中 Dyirbal 语中的同指根据的是 S/O 中枢(pivot),省略的 S 只能从前面小句中充当 O 功能的 NP 找回。例(71)是典型的宾格句法(S/A 中枢),例(72)是典型的作格句法(S/O 中枢)。

英语中,中枢词条件的操作在名词的省略上,共有 11 种可能性,可以用下面的例子来加以概括,注意这里的 S 仍然代表不及物小句的主语,A 和 O 分别代表及物小句的主语和宾语。

a. $S_1 = S_2$ Bill entered and sat down
b. $S_1 = O_2$ Bill entered and was seen by Fred
c. $S_1 = A_2$ Bill entered and saw Fred
d. $O_1 = S_2$ Bill was seen by Fred and laughed
e. $A_1 = S_2$ Fred saw Bill and laughed
f. $O_1 = O_2$ Bill was kicked by Tom and punched by Bob (or Tom kicked and Bob punched Bill)
g. $A_1 = A_2$ Bill kicked Jim and punched Bill
h. $O_1 = A_2$ Bob was kicked by Tom and punched Bill
i. $A_1 = O_2$ Bob punched Bill and was kicked by Tom
j. $O_1 = O_2$ $A1 = A2$ Fred punched and kicked Bill
k. $O_1 = A_2$ $A1 = O2$ Fred punched Bill and was kicked by

him (or Fred punched and was kicked by Bill)

在 a、c、e、g、j 中，省略共同的 NP 是直接的，没有句法上的变异要求；但是在 b、d、f、h、i、k 中，当 NP 省略时，充当 O 功能的共同的 NP 必须被动化。我们可以说，a、c、e、g、j 是默认了 S/A 选择，b、d、f、h、i、k 是用标记显示的 S/A。

下面我们来看看 Dyirbal 语的句法作格情况，首先列一个表出来列出名词和代词的格的屈折变化（Ngu 是作格标志）：

表 5-2　Dyirbal 语的名词和代词的格的屈折变化

ROOT	yabu 'mother'	Numa 'father'	Nama 'we all'	nyurra 'you all'
A function	yabu-Ngu	Numa-Ngu	Nama	nyurra
S function	yabu	N uma	Nama	nyurra
O function	yabu	N uma	Nama-na	nyurra-na

再来举例说明 Dyirbal 语中的句法作格是 S/O 中枢转换：

(73) Numa　jaja-Ngu　Namba-n
father + So child- ERG$_A$　hear-NONFUT
the child heared father

综合 (73) 和前面的 (71)，可以得出 (74)：

(74) *Numa　yabu -Ngu bura-n jaja-Ngu Namba-n*
mother saw father and the child heard him

Dyirbal 语对略去一个名词短语的并列结构也有两条限制，但是语义限制虽然跟英语一样（两个名词短语必须同指），句法限制却不同：Dyirbal 语里两个同指的名词短语必须是 S 或者 P。可见出于句法目的，Dyirbal 语对 S 和 P，而不是 S 和 A 作同样处理，因此 Dyirbal 语里适当的语法关系是把 S 和 P 归并在一起的语法关系，换句话说，Dyirbal 语的主语意味着"S"或"P"。

有一些语言混合了 S/A 和 S/O 的中枢转换，比如 Dixon 笔下的 Yidiny 语，那么汉语在小句间的句法操作中属于哪一种类型呢?

先看例句:

(75) 赵满喜ᵢ坐在喂牲口的大院里, Øᵢ咿咿呀呀地哼着小曲儿, Ø 正在筛草。(贾大山《取经》)

(76) [道静]ᵢ的心突然被这种崇高而真挚的友谊激动了, 以致Øᵢ不能自抑地流下了眼泪。(杨沫《坚强的战士》)

(77) 前天早上我ᵢ碰上个骑驴媳妇ⱼ, Øⱼ穿了一身孝……(赵树理《小二黑结婚》)

例(75)至例(77)的主语都承前省, 但是省略的第二或第三分句的主语承前省略的形式却各不相同, 例(75)是承主省, 例(76)是承定省, 例(77)是承宾省, 因此可以说, 汉语是没有典型的S/A和S/O的中枢转换的, 它的转换机制是根据语义来安排的, 看省略的第二分句的主语和动词的语义配合, 比如例(76)中就不能说"道静的心不能自抑地流下了眼泪", 这其实也反映了Lee(2002)所提出的"语义相符性", 即当某个新成分出现时, 应该考虑这个新成分和该成分后的谓语之间的语义相符性。如果这两者不相符合, 那么就在当前话题延续性之内寻找其延续性, 一个个地找, 直到找到这个所指对象的所指为止。但是, 例(77)的两个NP——"我"和"骑驴媳妇"在词汇意义上都可以和VP"穿了一身孝"搭配, 为什么第二分句的主语是"骑驴媳妇"呢? 这些实际上和"零形指代"有关。

所谓零形指代, 根据陈平(1987), 指"如果从意思上讲句子中有一个与上文中出现的某个事物指称相同的所指对象, 但从语法格局上看该所指对象没有实在的词语表现形式, 我们便认定此处用了零形指代"。陈平还对"零形指代"中的零形回指(zero anaphora)详加说明, 说明汉语话语结构特征对于零形回指的使用起着重要作用, 所指对象在话语中具有强烈的连续性, 是回指时以零形式出现的必要条件。连续性有微观和宏观之分,这里的例(77)涉及微观连续性,微观连续性取决于先形词和回指对象在各自句子的信息组织中的地位,体现在先行词的启后性和回指对象的承前性上。先行词在两种情况下启后性最强,一是做主语,二是作为新的信息成分出现在存现动词后面或者做普通动词的宾语。那么表现在例(77)中,"骑驴媳妇"是"前天早上我碰上个骑驴媳妇"这一分句的信息焦点,是新知信息,并且它做"碰上"的宾语,因而可以说"骑驴媳妇"的"启后性"强,所以做了后一分句的主语。

我们再来分析一下例(75)至例(77)的第二和第三分句的主语推进模式,先看例(75)的第一分句实际上是由"话题"(topic)+"评述"(comment)构成,它后面的分句评述的依然是上句的主题,我们把这种推进称之为"平行推进"——话语中的句子如果以上句的主题为本句的主题,类似例(75)的展开方式可以如图所示:

$$T_1 + (C_1 \to C_2 \to \cdots)$$

比如下面的例(78)、(79)也是这种"平行推进"的展开模式:

(78)雨村$_i$听了,$\emptyset_i$心下方信了昨日子兴之言,于是$\emptyset_i$又谢了林如海。

(79)那个人$_i$也意识到跑不脱,$\emptyset_i$只好扔掉麻袋,$\emptyset_i$原地站住,$\emptyset_i$同时战战兢兢地扭过脸来。

再来看一下类似例(77)的主语推进模式的例子,如:

(80)前面停了一辆没有熄火的拖拉机$_i$,$\emptyset_i$装满了西瓜$_j$,$\emptyset_j$在阳光下透出翠绿的颜色。

(81)他$_i$必定也看见了那些老弱的车夫$_j$,$\emptyset_j$穿着薄薄的破衣$_k$,$\emptyset_k$根本抵御不住冬日的风寒。

这种例(77)(80)(81)的展开方式图式如下,其中的括号表示该成分可出现也可不出现：

(82) $T_1 + C_1$
$\downarrow$
$(T_2) + C_2$
$\downarrow$
$(T_3) + C_3$

例（82）这种展开模式的特点是层继推进，即以上句评述部分中某个新的信息成分为主题，层层推进。例（82）的层继推进还是和这三个句子都是阐发状态有关，因此后一分句的主语都是承前面的宾语省略，这只是一种粗略的见解，和英语的重视动作的阐发相比，汉语似乎也比较注重动作造成的结果或者状态本身，汉语在动作和状态、结果之间的并重，造成汉语的主语在小句间的选择上，随着信息展开的需要而铺展，并不是以论元为中心。

从小句之上的层次来比较英语和汉语的主语系统，可以看出英语是典型的 S/A 中枢词转换机制，如果不符合这种转换，就要加上一些标记性成分（marker），比如"被动化"或者加上指别代词。汉语在句法作格中的表现，并不是典型的 S/A 或 S/O 中枢词转换，而是这二者的综合。汉语的主语经常可以缺失，汉语主语的"零性回指"不是根据句法规则，而是在话语分析中根据"连续性"加以推测出来的。

尽管作格性是根据小句内的结构界定的，有些研究还表明作格同篇章层面有着一些联系。

Du Bois（1987）调查了 Sacapultec Maya 语，考察实际的话语，而不是语言学家生造的孤立的例子，发现了一个有意义的倾向：那就是在每个小句中，最多只聚焦一个参与者，该参与者用完全的词汇的名词标注，其他则用代词等非名词标注。如和 The hunter saw a bear 相比，He saw a bear 或者 He saw it 是经常用的，因为在 The hunter saw a bear 中，聚焦了两个参与者，主语和宾语都是显著的，而且没有代词化，用的都是词汇名词。既然全称名词（a full nominal）或全称名词组（full NP）常常在话语中充当介绍新的参与者的功能，所以这个参与者在每个小句中就限制为一个。

并把这条原则归结为"一个词汇论元限制"（one lexical argument constraint），即"避免在一个小句中出现多个词汇论元"（lexical argument）。这是第一条限制。Du Bois 还在调查中发现 A、S、O 三者充当词汇论元的比例，A 充当词汇论元的情况最少，因此作者把这种情况归纳为"A 避免用词汇论元"（Non-lexical A constraint）。这是第二条限制。也就是说，在介绍一个新的话语的参与者时，绝大多数是及物宾语或不及物的主语来承担，几乎没有及物主语承担介绍新的话语的参与者的功能。这样 S 和 O 就构成了区别于 A 的一类，在话语中，{S, O} 成为一组自然的句法范畴，全称名词组在这里出现。表层的句法结构也经常在 {S, O} 角色中选择一个词汇论元，因而这种适合于小句核心（clause core）的优先表层结构可以表示为：

(83) V N {s, o}

这样，我们就可以看到在 Sacapultec 语的篇章中，介绍新参与者时，遵从作格/通格的一致性。

Langacker（1987：393）认为作格同篇章层面还有内在的联系，并讨论了这种相关性的两个方面：第一个是介绍篇章中的新的参与者，第二个是关于反被动（antipassive）结构。关于介绍新的参与者，Langacker（1987）也赞同 Du Bois（1987）的"A 避免用词汇论元"这条原则，并且认为这条原则具有跨语言（cross-linguistic）的趋势，即新的参与者进入话语时，是作为"客体"（themes）的身份，而不是及物的主语。比如在英语中，假如事先没有讨论到"熊"（bears），那么，这句话 Suddenly,

He saw a bear 就比 a bear saw him 自然得多。

汉语在介绍新的参与者时，有 A 充当词汇论元的，也有 S、O 充当词汇论元的，但是 O 的词汇论元的角色显然比 A 多，下面的例句中，用方扩号标明词汇论元，O、S、A 代表词汇论元的句法成分，试看：

(84) 雨村道："正是。方才说［这政公］o，已有［衔玉之儿］o，又有长子所遗［一个弱孙］o。这［赦老］s 竟无一个不成？"子兴道："政公既有玉儿之后，［其妾］A 又生了一个，倒不知其好歹。（《红楼梦》第 2 回）

(85) 子兴笑道："说着［别人家的闲话］o，正好下［酒］o，即多吃［几杯］o 何妨。"雨村向窗外看道："［天］s 也晚了，仔细关了［城］o。我们慢慢的进［城］o 再谈，未为不可。"

(86) 可是，［日子］s 一天天地过去，［她给他补的补丁］s 又磨烂了，［她给他缝的衣服］A 也有了［破洞］o，［她给他做的鞋］s 都快穿坏了，她还是没有回来。（张贤亮：《邢老汉和狗的故事》）

以上例子只是探索性的，寻找是否在有一种优先的论元结构 (Preffered Argument Structure)，显示语言内部基本的语法关系受限于篇章的力量。

综合 5.2 和 5.3 的讨论，从作格的角度来思考汉语的主语系统的选择，我们认为汉语的主语在小句内和小句间的选择都不是固定不变的一种单一的模式，而是呈现一种变动的局面。汉语在语言类型上有很多不同于属于宾格语言类型的英语的地方，比如汉语的很多及物小句的主语可以选择受事做主语而不带任何标记，而英语则不行，因此有些英语模式的语法分析并不适用于汉语，认识汉语的作格性是很重要的。

结　　语

　　作格问题在语言学界是一个非常热门的话题，作格在汉语学界提了也大约有 30 年，但究竟什么是作格，汉语是否作格语言？如果要把一种语言确定为要么属于宾格语言，要么不属于作格语言比较困难，那么我们是否可以从这个角度去探寻：这种语言在什么程度上和在哪些具体结构上属于作格语言，也就是它的句法在哪些地方根据主格－宾格系统起作用，又在哪些地方根据作格－通格系统起作用。我们研究现代汉语的作格现象，研究现代汉语的语言类型，也可以说是对语言共性研究的一份贡献。

　　我们认为汉语中的确存在着作格现象，最明显的是表现在一些动词上，如"感动、改变、孤立"等动词，可以进行双论元句和单论元句的交替，即存在着"$NP_1 + V + NP_2$"和"$NP_2 + V$"同义句式的转换。类似于这种句式的交替现象，吕叔湘（1987）、黄正德（1990）、徐杰（1999，2001）、杨素英（1999）、王晖辉（2002）都探讨了由"开、关、沉、灭、来、死、走、倒"所引发的作格现象。在汉语中，存在着很多类似于"你灭了灯"和"灯灭了"及"这件事感动了我"和"我感动了"这类语言现象。这里的"灯灭了"和"我感动了"动词前就没有必要一定加上"被"，尤其是前一例"灯灭了"变成"灯被灭了"，反而更加拗口。后一例"我感动了"，也可以不必加"被"，而且这些句对中的不及物句子都可以说是表示一种状态。针对这些具体存在的语言现象，我们认为应该有必要研究这些问题。因此，本书所说的作格不是指的形态作格，而是借鉴了 Halliday（1985/

1994）的看法，阐明一种作格观，作格是一种看问题的角度，观察事件的发生是来自于外部还是来自于内部，并且透视这种作格观是如何影响语言的词汇和句法的。

上面提到过的这些动词有着自己特殊的句法语义特征，那么就要思考汉语中有哪些动词有着上面所说的双论元句和单论元句的交替，哪些动词能够算作真正在词汇语义中有作格性的动词，于是就提出了我们所界定的作格动词的问题。

界定作格动词，必须给动词分类，动词分类的角度不同，分类的结果也就很不同。本书主要讨论作格动词，那么比如要围绕这一主题对动词的特征进行挖掘，阅读了大量的文献，并经过长期思考后，我们认为动词的分类的确与及物/不及物动词、动态/静态动词的分别有关。关于及物/不及物，只与用"单论元、双论元"的及物定义有关，也即只与传统定义的及物/不及物动词有关；与 Hopper and Thompson（1980）、王惠（1997）定义的"句子动态性的高低"没有直接关系，Hopper 发现的作格句的及物性最高，是句子动态性高低的问题，不是动词的问题，我们放在第四章中讨论。

传统的"及物/不及物"动词的区别，其实是"是否能够带双论元"的区别；而"是否能带双论元"没有考虑到双论元或单论元跟动词的关系，其实对这些关系的考察还涉及"主格还是作格"、"宾格还是通格"（对于双论元而言）或"主格还是通格"（对于单论元而言）的区别。林杏光、王玲玲、孙德金（1994）所说的他动词、自动词、外动词、内动词的划分，设立了四套术语，考虑到了"单/双论元"、"论元与动词的关系分为两种角度"，只是所用术语与国际通行的不同。我们采用的单论元动词/双论元动词，和国际通行的术语接轨，我们讨论的"作格句"和"中介句"，构建自己的体系，有自己的特色。

在第一章中，我们指出作格动词是一种跨类的动词，这种动词表现出双论元句和单论元句的交替,动态和静态的交替。如果考虑作格动词的论元结构的话,从论元的配置上看,作格动词有着单论元和双论元两种配位方式;从句式的情状类型上看,作格动词所出现的单论元句表达"中介"这个参与者静态的情状类型,双论元句则表达"外部引发者致使某物达成某状态"的动态义。

第一章确立了作格动词的存在,然后就要讨论作格动词的判定标准。汉语鉴别作格动词有着自己的特殊困难,不像英语那样,用"$NP_1 + V + NP_2$"和"$NP_2 + V$"句式的交替做诊断式就有很强的适用性,汉语鉴别作格动词的特殊困难在于,除了作格动词能出现在"$NP_1 + V + NP_2$"和"$NP_2 + V$"的句式的交替中外,及物动词如"洗、写"也能出现在这种双论元句和单论元句的交替中,但这些动词的双论元句是不能表现出"外部引发者致使某物达成某状态"的动态义的,所以,我们思索用"使 + NP + V"作为评判作格动词的第二条标准。第二条标准是针对作格动词在"$NP_1 + V + NP_2$"句式中的表现的,那么,针对作格动词在"$NP_2 + V$"句式中的静态表现,是否可以再提出一条标准,于是我们也尝试提出评判作格动词的第三条标准,即看动词能否出现于"$NP_2 + $自己$ + V$了"的格式中。第二条标准和第三条标准分别是针对作格动词在双论元句和单论元句的表现而设立的,即标准Ⅱ是针对作格动词在"$NP_1 + V + NP_2$"的句式中的表现而设立的,标准Ⅲ是针对作格动词在"$NP_2 + V$"的句式中的表现而设立的。作格动词的设立标准归根结底是针对作格动词特有的语义特征而定的。

需要说明的是,我们所提出的现代汉语的作格动词及其现代汉语的作格动词的划分标准,也并不一定很成熟,只是我们的一种创新。

根据我们所提出的作格动词的评判标准,我们在实践中对孟琼、郑怀德等编的《汉语动词用法词典》1223个动词进行了严格的筛选，滤出了160个作格动词。我们对这160个作格动词择其精要进行了仔细的描写，发现这160个作格动词除了符合作格动词的标准外，内部还可以分出一些次类进行了解，分了四个次类：表"状态变化"的作格动词，表心理状态变化的作格动词，兼属形容词的作格动词和表"自身变化"的作格动词。每一个次类都有着自己的句法语义属性，在论元结构的安排上、在时体特征上、与副词的搭配上都各有自己的特点。每一个次类都列出了详细的词表以便分析。

在对作格动词的释义描写中，我们发现对同一个动词的处理，《现代汉语词典》、《现代汉语规范词典》、《现代汉语动词大词典》、《汉语大词典》等都有不一致的地方。主要表现在对作格动词的"致使义"和"非致使义"到底是处理成一个义项，还是两个义项的问题上，很多词典都有体例不一致的地方，于是我们期望引进作格，希望我们对作格动词句法框架的研究，能够为语义分析提供支持，从而使人们在词典释义上更明确，也使得这些词的词典释义能更规范。

在第三章对作格动词的描写中，我们发现很多作格动词的结构是动结式，这种动结式的复合词实际上是动结式的句法结构凝固在词法中，这就为第四章埋下了伏笔。实际上汉语的动结式反映了作格的观念。动结式多数能出现在"$NP_1 + VP + NP_2$"和"$NP_2 + VP$"句式的交替中，并且动结式学术界基本认定它有致使义，所以动结式按照作格动词的评判标准，也可以基本认定它有作格性，只不过动结式是体现在句法结构上。所以，第四章着重考虑作格句式。本书以"破"为例，说明古代汉语的作格动词向现代汉语的动结式的演变，同时也阐明自己的看法，认为"破"并不是现代汉语的作格动词，因为它在现代汉语中并没有"$NP_1 + V + NP_2$"和"$NP_2 + V$"的交替。

存现句是目前学界提得较多的一种句式,对存现句的非宾格性也多有探讨。我们在吸取前贤经验的基础上,根据我们的作格的体系,提出存现句是一种专用的、作格角度的中介句,但存现句中的动词不是作格动词,而是有非宾格动词、及物动词、不及物动词等不同类型。这些不同类型的动词进入存现句后,受句式的制约,在句中统一表现为非宾格动词的特点:(1)只带"中介"单论元;(2)动词表达该论元有关的状态、现象而非有意识的动作。另外,还提到了存现句的篇章功能,正是由于存现句的语用的特征决定了存现句的特殊的表达。

讨论汉语的作格现象,最终目的也是为了思索汉语的语言类型,希望我们的研究能体现语言类型学的意义。我们知道英语是一种宾格语言,澳大利亚语的 Dyirbal 语是典型的作格语言,而有很多语言是宾格-作格模式的分裂,分裂的类型按照动词的语义性质可以分为两种:一种是分裂的主语系;一种是变动的主语系统。分裂的主语系统是动词划分为两大阵营:活动动词和中性动词,活动动词中的 S 选择 A,中性动词的 S 选择 O。变动的主语系统则不是将动词划分为两大块,不是什么样的动词就选择什么样的主语,而是相同的动词既可以选择 A 做主语,也可以选择 O 做主语,主语的选择呈现一种变动的状态。汉语的主语系统的选择就呈现一种变动的状态,不光是在小句内如此,在小句间也是如此。那么汉语的主语系统属于一种变动的类型,属于"宾格-作格模式"混合这一类型下的变动的主语系统,这一点是从语言类型学的意义上加以归纳的。

我们前面的四章的讨论是在汉语是"变动的主语系统"这个语言类型的背景的讨论下展开的,作格动词的探讨也是,并不是说是在汉语是典型的作格语言的探讨下进行的。实际上汉语的作格动词的数量也不多,共 160 个,占 1223 个动词的 14.8%,比例也不大,这也许从一个侧面说明汉语还是属于一种"作格"

和"宾格"分裂的系统。

　　本书得出的主要结论有：（1）明确作格动词的含义。作格动词是这样一类动词：从论元的配置上看，它既能够出现在单论元句中，也能够出现在双论元句中；从句式的情状类型上看，作格动词所出现的单论元句表达静态的情状类型，双论元句则表达"外部原因致使某物达成某状态"的动态义。（2）确定作格动词的形式标准有三条：一条是这类动词有着"$NP_1 + V + NP_2$"和"$NP_2 + V$"的同义句式的转换；第二条标准是这类动词可以出现在使令句——"使 + NP + V"中；第三条是这类动词可以受"自己"的修饰，能出现在"$NP_2 + 自己 + V 了$"的格式中。第一条标准是必须满足的，第二条和第三条标准是相容性的析取关系。（3）通过对孟琮、郑怀德等编的《汉语动词用法词典》1223个动词的穷尽性考察，发现共有160个作格动词，对这些作格动词进行了详细的分析后，做了一个分类的工作。根据这些作格动词的句法语义属性特点，再细分为四个小类：表"状态变化"的作格动词，表心理状态变化的作格动词，兼属形容词的作格动词和表"自身变化"的作格动词，并讨论这些词在词典释义上的得失。（4）从作格的角度探讨汉语的语言类型，汉语是一种分裂的系统，这种分裂是随着动词的语义性质而分裂的，但这种分裂又不是作格/宾格动词各占一半的"动词分裂型语言"，而是属于"分裂的系统"中"变动的主语系统"这一类型。

#　参考文献

曹逢甫 1979《主题在汉语中的功能研究——迈向语段分析的第一步》(中译本), 谢天蔚译, 北京: 语文出版社, 1995。

陈昌来 2002《现代汉语动词的句法语义属性研究》上海: 学林出版社。

陈昌来、胡建锋 带受事成分的不及物动词考察《语言教学与研究》第 3 期。

陈承泽 1922《国文法草创》, 上海: 商务印书馆, 1957。

陈平 1987 汉语零形回指的话语分析《中国语文》第 5 期。

陈平 1994 试论汉语中三种句子成分与语义成分的配位原则,《中国语文》第 3 期。

大河内康宪 (编) 1993《日本近、现代汉语研究论文选》, 北京: 北京语言学院出版社。

大西克也 2004 施受同辞刍议:《史记》中的"中性动词"和"作格动词", 载《意义与形式——古汉语语法论文集》, 高嶋谦一、蒋绍愚编, Lincom Gmbh。

戴耀晶 1995 情状与动词分类《动词研究》胡裕树、范晓主编, 开封: 河南大学出版社。

邓守信 1986 汉语动词的时间结构,《第一届国际汉语教学讨论会论文选》, 北京: 北京语言学院出版社。

邓思颖 2004 作格化和汉语被动句,《中国语文》第 4 期。

董秀芳 1998 述补带宾句式中的韵律制约,《语言研究》第 1 期。

范继淹 1985 汉语句段结构,《中国语文》第 1 期。

范晓 2000 论"致使"结构,《语法研究和探索》(十),北京:商务印书馆。

冯胜利 1997 "管约"理论与汉语的被动句《中国语言学论丛》(第一辑) 黄正德主编 北京:北京语言文化大学出版社。

冯胜利 1997《汉语的韵律、词法与句法》,北京:北京大学出版社。

冯胜利 2002 汉语动补结构来源的句法分析,载《语言学论丛》26 辑,北京:商务印书馆。

冯胜利 2005 轻动词移位与古今汉语的动宾关系,载《汉语韵律语法研究》,北京:北京大学出版社。

符淮青 1982 表动作行为的词的意义分析,收入《词典学词汇学语义学文集》,2004,北京:商务印书馆。

符淮青 1996《词义的分析和描写》,北京:语文出版社。

高明乐 2004《题元角色的句法实现》,北京:中国社会科学出版社。

龚千炎 1995《汉语的时相时制时态》北京:商务印书馆。

顾阳 1996 生成语法及词库中动词的一些特性《国外语言学》第 3 期。

顾阳 1997 关于存现结构的理论探讨 载徐烈炯主编《共性与个性》,北京:北京语言文化大学出版社。

顾阳 2000 论元结构及论元结构变化,载沈阳主编,《配价理论与汉语语法研究》,北京:语文出版社。

郭继懋 1990 领主属宾句,《中国语文》第 6 期。

郭锐 1993 汉语动词的过程结构《中国语文》第 6 期。

郭锐 1997 论表述功能的类型及相关问题《语言学译丛》第 19 辑 北京:商务印书馆。

郭锐 2003 "把"字句的语义构造和论元结构,《语言学论丛》第28辑，北京：商务印书馆。

郭姝慧 2004 "使"字句的成句条件，《语文研究》2004年第2期。

韩景泉 2001 英汉存现句的生成语法研究《现代外语》第2期。

韩景泉 2001 英汉语存现句的生成语法研究，《现代外语》第2期。

何元建 2003 论现代汉语使役句《中文学刊》第3期。

何元建 2004 论使役句的类型学特征《语言科学》第1期。

何元建、王玲玲 2002《汉语动结结构》，杭州：浙江教育出版社。

何元建、王玲玲 2002 论汉语使役句，《汉语学习》第4期。

洪波 2003 使动形态的消亡与动结式的语法化，载吴福祥、洪波主编《语法化与语法研究》，北京：商务印书馆。

胡敕瑞 2005 动结式的早期形式及其判定标准，《中国语文》第3期。

胡裕树、范晓 1995《动词研究》开封：河南大学出版社。

黄正德 1990 中文的两种及物动词和两种不及物动词《第二届世界华语文教学研讨会论文集》台北：世界华文出版社。

靳光瑾 2001 现代汉语动词语义计算理论 北京：北京大学出版社。

黎锦熙 1924《新著国语文法》北京：商务印书馆（1992）。

黎锦熙 1955 主宾小集《语文学习》第9期。

李临定 1984 施事、受事和句法分析《语言研究》第4期。

李临定 1985a 主语的语法地位《中国语文》第1期。

李临定 1985b 动词的动态功能和静态功能《汉语学习》第1期。

李临定 1986a《现代汉语句型》北京：商务印书馆。

李临定 1986b 受事成分句类型比较《中国语文》第 5 期。

李临定 1988《汉语比较变换语法》北京：中国社会科学出版社。

李临定 1990a 动词分类研究说略，《中国语文》第 4 期。

李临定 1990b《现代汉语动词》北京：中国社会科学出版社。

李英哲、郑良伟等 1984《实用汉语参考语法》（编著），熊文华译，北京：北京语言学院出版社。

李钻娘 1987 出现式与消失式动词的存在句，《语言研究》第 3 期。

廖秋忠 1992《廖秋忠文集》北京：北京语言学院出版社。

林杏光 1995 以格关系划分汉语动词次类《汉语学习》第 4 期。

林杏光、王玲玲、孙德金 1994《现代汉语动词词典》，北京：北京语言学院出版社。

刘辰诞 1999《教学篇章语言学》，上海外语教育出版社。

刘丹青、徐烈炯 1998《话题的结构与功能》，上海教育出版社。

刘美君、许蕙丽 1999 中文动词的剖析——由词库系统及动词大词典看动词的研究方向，载《中国语言学论丛》第二辑，北京：北京语言文化大学出版社。

刘探宙 2009 一元非作格动词带宾语现象，《中国语文》第 2 期。

刘晓林 2008 特殊句式作格化的强弱及其类型学意义，《外国语》第 3 期。

刘勋宁 1988 现代汉语词尾"了"的语法意义，载刘勋宁著，《现代汉语研究》，北京：北京语言文化大学出版社。

陆俭明 1991 现代汉语不及物动词之管见《语法研究和探索》

（五），北京：语文出版社。

吕叔湘 1946《从主语和宾语的分别谈国语句子的分析》，《吕叔湘文集》（增订本），商务印书馆，1984。

吕叔湘 1956《中国文法要略》（修订本），见《吕叔湘文集》（第一卷），1983，北京：商务印书馆。

吕叔湘 1979《汉语语法分析问题》，北京：商务印书馆。

吕叔湘 1987 说"胜"和"败"，《中国语文》第 1 期。

吕云生 2005 有关"施事后置"及"非宾格假说"的几个问题，《语言科学》第 5 期。

马建忠 1898《马氏文通》，北京：商务印书馆 1983。

马庆株 1992《汉语动词和动词性结构》，北京：北京语言学院出版社。

梅祖麟 1991 从汉代的"动、杀"、"动、死"来看动补结构的发展——兼论中古时期起词的施受关系的中立化，《语言学论丛》16 辑。

孟琮、郑怀德、孟庆海、蔡文兰 1999《汉语动词用法词典》，北京：商务印书馆。

聂文龙 1989 存在与存在句的分类，《中国语文》第 2 期。

潘海华 1997 词汇映射理论在汉语句法研究中的应用《现代外语》第 4 期。

潘海华、韩景泉 2005 显性非宾格动词结构的句法研究，《语言研究》第 3 期。

任鹰 2001 主宾可换位动结式述语结构分析《中国语文》第 4 期。

容新 1997 普通话中助词"了"所表达的时间范围及时态《中国语言学论丛》（第一辑）黄正德主编 北京：北京语言文化大学出版社。

申小龙 1986 左传主题句研究《中国语文》第 2 期。

申小龙 1988《中国句型文化》, 吉林: 东北师大出版社。

沈阳 郑定欧 1995《现代汉语配价语法研究》(主编) 北京: 北京大学出版社。

沈阳、何元建、顾阳 2001《生成语法理论与汉语语法研究》, 哈尔滨: 黑龙江教育出版社。

施春宏 2003《动结式的论元结构和配位方式研究》, 北京大学中文系博士论文。

石定栩 2003 汉语动词前受事短语的句法地位《中国语文研究》第2期。

宋亚云 2005《汉语作格动词的历史演变及相关问题研究》, 北京大学中文系博士论文。

太田辰夫 1958《中国语历史文法》, 蒋绍愚、徐昌华译, 北京: 北京大学出版社, 1987。

谭景春 1995 使令动词和使令句,《语法研究和探索》(七), 北京: 商务印书馆。

谭景春 1997 致使动词及其相关句型,《语法研究和探索》(八), 北京: 商务印书馆。

谭景春 2000 词的意义、结构的意义与词典释义, 载沈家煊编《现代汉语语法的功能、语用、认知研究》, 2005, 北京: 商务印书馆。

汤廷池 1991 汉语述补式复合动词的结构、功能与起源 载《汉语词法句法四集》, 台湾: 学生书局。

汤廷池 2002 汉语派生动词"-化"的概念结构与语法功能《中国语文研究》第1期。

唐玉柱 2001 存现句中的 there《现代外语》第1期。

陶红印 1994 言谈分析、功能主义及其在汉语研究中的应用, 石锋编《海外中国语言学研究》, 1994, 北京: 语文出版社。

宛新政 2005《现代汉语致使句研究》, 杭州: 浙江大学出版社。

王葆华 2003 动词的语义及论元配置——句法语义接口研究,复旦大学博士学位论文。

王洪君 2000 汉语的韵律词与韵律短语,《中国语文》第6期。

王晖辉 2002 现代汉语 NP_1+V+NP_2 与 NP_2+V 同义句式中 V 及相关问题研究 北京大学中文系硕士论文。

王惠 1997 从及物性系统看现代汉语的句式《语言学论丛》第19辑,北京:商务印书馆。

王静、王洪君 1995 动词的配价与被字句,载沈阳、郑定欧主编(1995)。

王珏 2003 生命动词初论《中国语言学报》第十一期 北京:商务印书馆。

王俊毅 2004 及物动词与不及物动词分类考察,载胡明扬主编《词类问题考察续集》,北京:北京语言大学出版社。

王力 1943《中国现代语法》,北京:商务印书馆,1985。

王力 1980《汉语史稿》,北京:中华书局出版。

王全智、徐健 2004 作格概念的延伸及其解释力《外语与外语教学》第1期。

吴为章 1982 单向动词及其句型,《中国语文》第5期。

香坂顺一 1983《白话语汇研究》江蓝生 白维国译 北京:中华书局出版。

邢福义 2001《汉语复句研究》,北京:商务印书馆。

邢欣 1995 致使动词的配价,载沈阳、郑定欧主编(1995)。

邢志群 2004 汉语语序变换的语用功能,《中国语言学论丛》第三辑。北京:北京语言大学出版社。

熊仲儒 2004《现代汉语中的致使句式》,合肥:安徽大学出版社。

徐丹 2000 动补结构的上字与下字,《语法研究和探索》(十),北京:商务印书馆。

徐丹 2005 谈"破"——汉语某些动词的类型转变,《中国语文》第4期。

徐杰 1999 两种保留宾语句式及相关句法理论问题《当代语言学》第1期。

徐杰 2001 "及物性"特征与相关的四类动词《语言研究》第3期。

徐赳赳 2003《现代汉语篇章回指研究》北京:中国社会科学出版社。

徐烈炯 1995《语义学》(修订本)北京:语文出版社。

徐烈炯、刘丹青 2003 话题与焦点新论 上海:上海教育出版社。

徐烈炯、沈阳 1998 题元理论与汉语配价问题《当代语言学》第3期。

徐通锵 1998《语言论:语义型语言的结构原理和研究方法》长春:东北师范大学出版社。

徐通锵 1998 自动和使动:汉语语义句法的两种基本句式及其历史演变《世界汉语教学》第1期。

许余龙 2003 汉语主从句间的回指问题《当代语言学》第2期。

薛凤生 古汉语中的主语省略与所谓的被动句型《中国语言学论丛》(第一辑)黄正德主编 北京:北京语言文化大学出版社。

杨成凯 1986 Fillmore 的格语法理论,《国外语言学》第1、2、3期。

杨素英 1999 从非宾格动词现象看语义与句法结构之间的关系《当代语言学》第1期。

杨锡彭 1992 粘宾动词初探,《南京大学学报》第 4 期。

叶蜚声 1990 以认知为基础的汉语功能语法刍议,《国外语言学》第 4 期。

叶向阳 2004 "把"字句的致使性解释《世界汉语教学》第 2 期。

尹世超 1991 试论粘着动词,《中国语文》第 6 期。

影山太郎 2001 动词语义学 于康 张勤 王占华 译 北京:中国广播电视大学出版社。

袁毓林 1991 祈使句式和动词的类,载《袁毓林自选集》,1999,桂林:广西师范大学出版社。

袁毓林 1992 现代汉语二价名词研究,载《语言的认知研究和计算分析》,北京:北京大学出版社。

袁毓林 2000 述结式的结构和意义的不平衡性《现代中国语研究》第一期。

袁毓林 2002 汉语句子的文意不足和结构省略,《汉语学习》第 3 期。

袁毓林 1998《汉语动词的配价研究》,南昌:江西教育出版社。

袁毓林 1998 汉语动词的配价层级和配位方式研究,《现代汉语配价语法研究》第二辑,袁毓林,郭锐主编,北京大学出版社。

曾立英 2007 作格研究述评,《现代外语》第 4 期。

曾立英 杨小卫 2005 从"作格"角度谈主语系统的选择《汉语学报》第 4 期。

曾立英,2007,现代汉语作格动词的判定标准,《语言学论丛》第 35 辑。

张伯江 2002 施事角色的语用属性《中国语文》第 6 期。

张丽萍、黄居仁、陈克健 1990 中文"类及物"动词的现象，载世界华文教育协进会编《第二界世界华语文教学研讨会论文集》，台北：世界华文出版社。

赵彦春 2002 作格动词与存现结构症结《外语学刊》第 2 期。

赵元任 1968《汉语口语语法》，吕叔湘译，北京：商务印书馆，1979。

郑林曦《普通话三千常用词表》（增订本）北京：语文出版社。

郑庆君 2003《汉语话语研究新探》，长沙：湖南教育出版社。

志村良治 1993 汉语的使成复合动词形成过程之研究，载大河内康宪编《日本近、现代汉语研究论文选》，北京：北京语言学院出版社。

周小康 1999 现代汉语物质过程小句的及物性系统《当代语言学》第 3 期。

朱德熙 1982《语法讲义》北京：商务印书馆。

朱广兴 1990 从"意义被动句"看中文动词的自、他动性《第二届世界华语文教学研讨会论文集》台北：世界华文出版社。

朱晓农 2003 谈谈调查太平洋岛施格语的学习体会 戴昭铭主编《汉语方言语法研究和探索》哈尔滨：黑龙江人民出版社。

词典类参考文献：

汉语大词典编辑委员会 汉语大词典编纂处 1997《汉语大词典》，上海：汉语大词典出版社。

李临定 1999《现代汉语疑难词词典》（编著），北京：商务印书馆。

李行健 2004《现代汉语规范词典》，北京：外语教学与研究出版社，语文出版社。

林杏光、王玲玲、孙德金 1994 主编《现代汉语动词大词典》北京：北京语言学院出版社。

俞士汶、朱学锋、王惠、张化瑞、张芸芸、朱德熙、陆俭明、郭锐 2003《现代汉语语法信息词典详解》（第二版），北京：清华大学出版社。

中国社会科学院语言研究所词典编辑室编 1996《现代汉语词典》（修订第 3 版），北京：商务印书馆。

中国社会科学院语言研究所词典编辑室编 2005《现代汉语词典》（第 5 版），北京：商务印书馆。

网上资源：

北京大学汉语语言学研究中心 语义信息词典 http：//ccl. pku. edu. cn/

北京大学汉语语言学研究中心 现代汉语语料库 http：//ccl. pku. edu. cn/

Anderson, John. 1968. Ergative and nominative in English. *Journal of Linguistics* 4. 1-32.

Brainard, Sherri. Ergativity and grammatical relations in Karao. In Givón, T. ed. Grammatical Relations: A Functionalist Perspctive. Amsterdam and Philadelphia: John Benjamins Publishing Company.

Bresnan & Kanerva. 1989. Locative inversion in Chichewa: a case study of factorization in grammar. Lingusitic Inquiry 20. 1., 1-50.

Burzio, L. 1986. *Italian Syntax: A Government-Binding Approach*. Dordrecht: Reidel.

Bussmann, Hadumod. 1996. *Routledge Dictionary of Language and Linguistics*. Trauth, P. Gregory. & Kerstin, Kazzazi ed. Beijing:

Foreign Language Teaching and Research Press & Rortledge. 2000.

Kawai, Chui. (徐嘉慧) 2005. Structure of information flow in Mandarin Chinese. *Journal of Chinese Linguistics* 33: 34-67.

Chao, Yuen-Ren. (赵元任) 1968. A *Grammar of Spoken Chinese*. Berkeley and Los Angeles: University of California Press. 吕叔湘译《汉语口语语法》, 北京: 商务印书馆, 1979。

Cheng, Lisa Lai-Shen & Huang, C. -T. James. 1994 On the argument structure of resultative compounds. In Matthew Y. Chen & Ovid J. L. Tzeng (eds): *In honor of William S-Y. Wang: Interdisciplinary Studies on Language and Language Change*. Taipei: Pryamid Press.

Chomsky, Noam. 1957. *Syntactic Structure*. The Hague: Mouton.

Chomsky, Noam. 1981. *Lectures on Government and Binding*. Dordrecht: Foris Publications.

Chomsky, Noam. 1991. Some Notes on Economy of Derivation and Representation. In Robert Freidin. (eds.): *Principles and Parameters in Comparative Grammar*. Cambridge, Massachusetts: MIT Press.

Cikoski, John S. 1978a. Three essays on Classical Chinese grammar: (one) An outline sketch of word-classes and sentence structure in Classical Chinese. *Computational Analysis of Asian & African Languages* no. 8.

Cikoski, John S. 1978b. Three essays on Classical Chinese grammar: (three) An analysis of some idioms commonly called 'passive' in classical Chinese. *Computational Analysis of Asian & African Languages* no. 9.

Comrie, B. 1976 *Aspect* London: Cambridge University Press.

Comrie, B. 1985 *Tense* London: Cambridge University Press.

Comrie, B. 1981. Language Universals and Linguistic Typology. 沈家煊译《语言共性和语言类型》北京：华夏出版社，1989。

Croft, William. 1991. *Syntactic Categories and Grammatical Relations: The Cognitive Organization of Information*. Chicago: The University of Chicago Press.

Croft, William. 2002 *Typology and Universals* (second edition) Cambridge University Press.

Crystal, David. 1997 *A Dictionary of Linguistics and Phonetics*. Blackwell Publishers Ltd 1997 第四版，中译本：《现代语言学词典》沈家煊译 2000 北京：商务印书馆。

Davidse, Kristin. 1992 Transitivity/ergativity: the Janus-headed grammar of actions and events. In Martin, Davies & Louise, Ravelli, ed. *Advances in Systemic Linguistics*, 105-135. London: Printer Publishers.

Davison, Alice. 1999 Ergativity: Functional and formal issues. In M. Darnel, ed. *Functionalism and Formalism in Linguistics*, Vol. 1. Amsterdam and Philadelphia: John Benjamins Publishing Company.

DeLancey, Scott. 1981 An interpretation of split ergativity and related patterns, *Language* 57: 626-657.

Dik, Simon C. 1978 *Functional Grammar* (Third revised edition). Dordrecht: Foris Publication Holland.

Dixon, R. M. W. 1979 Ergativity. *Language*, 55: 59-138.

Dixon, R. M. W. 1994, *Ergativity*. New York: Cambridge University Press.

Dobrovie-Sorin, Carmen. 1998. Impersonal *se* Constructions in the Passivization of Unergatives. *Linguistic Inquiry* 29: 399-437.

Dowty, D. R. 1991. Thematic Proto-Roles and Argument Selections. *Language*: 67: 547-619.

Du Bois, John W. 1987. The discourse basis of ergativity. *Language*, 63: 805-855.

Fillmore, Charles. J. 1968 The case for case. 胡明扬译，见《语言学译丛》（第二辑），1979，国外语言学编辑部编，北京：中国社会科学出版社。

Fillmore, Charles. J, Ruppenhofer, Josef, Baker, F. Collin. 2004 FrameNet and Representing the Link between Semantic and Syntactic Relations, in Huang & Lenders, eds. *Computational Linguistics and Beyond*. 刘云、李晋霞译《框架网络与语义、句法联系的表征》，载俞士汶、黄居仁编《计算语言学前瞻》，北京：商务印书馆。

Garrett, Andrew. 1990 The origin of NP split ergativity. *Language*, 66: 261-296.

Givón, T. 2001 Syntax: *An introduction*. Vol. 1 Amsterdam: John Benjamins Publishing Company.

Grimshaw, Jane. 1990 *Argument structure*. Cambridge, Massachusetts: MIT presss.

Gu, Yang. 1992 The syntax of Resultative and Causative Compounds in Chinese. PhD Dissertation, Cornell University.

Halliday, M. A. K. 1967-8 Notes on transitivity and theme in English. Pts. 1-3, *Journal of Linguistics* 3. 1, p37-81, 3. 2, p199-244, 4. 2, p179-215.

Halliday, M. A. K. 1985/1994. *An Introduction to Functional Grammar*. London: Arnold.

Haspelmath, M. 1993 More on the typology of inchoative/causative verb alternationa. In B. Comrie & M. Polinsky, eds. *Causatives and Transitivity*. Amsterdam/Philadelphia: John Ben jamins Publishing Company. p87-111.

Hopper, Paul J and Thompson, Sandra A. 1980. Transitivity in Grammar and Discourse, *Language* 56. 251-299

Huang, C-T. James. 1982 *Logical Relations in Chinese and the theory of Grammar*. New York & London: Garland Publishing. 1998.

Huang, C-T. James. 1987 Existential Sentences in Chinese and (In) definiteness. In Eric J. Reuland & Alice G. B. ter Meulen (eds.). The representation of (In) definiteness. Cambridge, Massachusetts: MIT Press.

Jackendoff, R. 1972 Semantic Interpretation in Generative Grammar, MIT Press, Cambridge, Massachusetts.

Jackendoff, Ray. 1990 *Semantic Structures*. Cambridge, Massachusetts: MIT Press.

Johns, Alana. 1992. Deriving ergativity. *Linguistic Inquiry*, Vol. 23. 1: 57-87.

Jung-hsing Chang 2001 *The syntax of event structure in Chinese*. UMI \ 30-05198.

Keyser, S. Jay. & Roeper, T. 1984. On the middle and ergative construction in English. *Linguistic Inquiry*, Vol. 15. 3: 381-416.

Kuno, Susumu. 2004 Functional Constraints in Grammar: on the unergative-unaccusative distinction. Amsterdam/Philadelphia: John Benjamins Publishing Company.

Langacker, Ronald W. 1987. *Foundations of Cognitive Grammar* (Vol Ⅰ: Theoretic Prerequisites). Standford: Standford University Press.

Langacker, Ronald W. 1991. *Foundations of Cognitive Grammar* (Vol Ⅱ: Descriptive Application). Standford: Standford University

Press.

Lee, C-L. 2002. *Zero Anaphora in Chinese*. Taipei: Crane Publishing Co.

Lee. David. *Competing Discourses: Perspective and Ideology in Language* [M]. London: Longman, 1992.

Lemmens, Maarten. 1998. *Lexical Perspectives on Transitivity and Ergativity: Causative Constructions in English*. Amsterdam: John Benjamins Publishing Conpany.

Levin, Beth. 1993 English verb classes and alternations: a preliminary investigation. Chicago: the University of Chicago Press.

Levin, B. and M. Rappaport Hovav. 1995. *Unaccusativity: At the Syntax-Lexical Semantics Interface*. Cambridge, Mass: MIT press.

Li, Charles N. & Sandra A. Thompson. 1979. Third-person pronouns and zero-anaphora in Chinese discourse. In T. Givon, ed. *Syntax and Semantics*, Vol. 12. New York: Academic Press.

Li, Charles N. & Sandra A. Thompson. 1981. *Mandarin Chinese: A Functional Reference Grammar*. Berkeley and Los Angeles: University of California Press.

Li, Y-H. A. 1991 *Order and Constituency in Mandarin Chinese*. Dordrecht: Kluwer Academic Publishers.

Lumsden, Michael. 1988 *Existential Sentences*: Their Structure and Meaning. London & New York: Routledge.

Lyons, J. 1968. *Introduction to theoretical linguistics*. Cambridge: Cambridge University Press.

Manning, C. D. 1996 *Ergativity: Argument Structure and Grammatica l Relations*. Stanford: CSLI Publications.

Marantz, Alec. 1984 On the Nature of Grammatical Relations. Cambridge, Massachusetts: MIT Press.

McKoon, Gall. & Macfarland, Talke. 2000 Externally and internally caused change of stative verbs. *Language*, 76: 833-858.

Ming-Ming, Pu 1997 Zero anaphora and grammatical relations in Mandarin. In Givón, T. ed. Grammatical Relations. Amsterdam: John Benjamins Publishing Company.

Nowak, Elike. 1996 *Transforming the Images: Ergativity and Transitivity in Inuktitut (Eskimo)* Berlin; New York: Mouton de Gruyter.

Pan, Haihua. 1996. Imperfective aspect zhe, agent deletion, and locative inversion in Mandarin Chinese. Natural Language and Linguistic Theory 14: 409-432.

Perlmutter, D.. M. 1978, Impersonal passives and unaccusative hypothesis. *Proceedings of the Fourth Annual Meeting of the Berkeley Linguistic Society*. Berkeley: University of California.

Pinker, Steven. 1989 Learnability and Cognition: the acquisition of argument structure. Cambridge, Massachusetts: MIT Press.

Rappaport M. & B. Levin. 1988 What to do with θ-roles. In W. Wilkins, ed. *Syntax and Semantics* 21: *Thematic Relations*. New York: Academic Press.

Robins, R. H. 1970. *A Short History of Linguistics*. 许德宝等译《简明语言学史》，北京：中国社会科学出版社，1997。

Smith, C. S. 1970 Jesperson's 'Move and Change' Class and Causative Verbs in English. In Linguistic and literary studies in honor of Archibald A. Hill. Vol. 2: Descriptive Linguistics, ed. M. A. Jazayery, E. C. Polomé, and W. Winter, 101-9. The Hague: Monton.

Smith, Carlota. S. 1997 *The Parameter of Aspect*. Dordrecht: Kluwer Publishers.

Tsao, Fengfu. （曹逢甫）1990. Sentence and Clause Structure in Chinese: A Functional Perspective. 王静译《汉语的句子与子句结构》，北京：北京语言大学出版社，2005。

Teng, Shou-hsin. （邓守信）1975. A Semantic Study of Transitivity Relations in Chinese. Berkely & Los Angeles: University of California press. 候方、邹韶华、侯敏译《汉语及物性系统的语义研究》，黑龙江大学科研处，1983。

Thompson, Sandra A. & Hopper, Paul J. 2001 Transitivity, clause structure, and argument structure: Evidence from conversation. In Bybee, Joan. & Hopper, Paul（eds.）: Frequency and the Emergence of Linguistic structure. Amsterdam/Philadelphia: John Benjiamins Publishing Company.

Van Valin, R. D., JR. 1990 Semantic parameters of split intransitivity. *Language* 66: 221-260.

Van Valin, R. D., JR. & Lapolla, Randy J. 1997. Syntax: structure, meaning, and function. Peking & Cambridge: Peking University Press & Cambridge University Press.

Vendler, Zeno. 1967 *Linguistics in Philosophy*. Ithaca: Cornell University Press. 陈嘉映译 2002 北京：华夏出版社。

Y. C. Li（李英哲）& M. Yip 1979 The Bǎ-construction and ergativity in Chinese. In Plank, Frans, ed. *Ergativity: Towards A Theory of Grammatical Relations*. London: Academic Press.

Yan Huang 1994 *The Syntax and Pragmatics of Anaphor* Cambridge: Cambridge University Press.

Yang Xianyi & Gladys Yang. 1994. A Dream of Red Mansions. Beijing: Foreign Language Press.

Zhou, xinping 1990 Aspects of *Chinese syntax*: *Ergativity and phrase structure*, PhD Dissertation, University of Illinois, Urbana.

附　录

作格动词词表：

安定　败坏　爆发　暴露　变　便利　出动　出版　成立　澄清　充实　纯洁　纯净　打开　淡化　动摇　端正　断绝　饿　恶化　恶心　发挥　发展　繁荣　方便　肥　分裂　分散　丰富　腐化　改变　改进　改善　感动　贯彻　贯穿　公开　巩固　孤立　固定　关　规范　寒碜　化　坏（4）　和缓　轰动　毁灭　活跃　缓和　缓解　涣散　荒　荒废　荒疏　恢复　活动　集合　集中　激荡　激化　加大　加固　加快　加强　加深　加速　加重　坚定　减轻　减少　健全　降低　结束　解放　解决　解散　惊动　惊醒　聚集　开　开动　开阔　开通　开展　亏　夸大　扩大　扩充　累　满足　麻痹　迷惑　密切　灭　灭亡　明确　模糊　暖和　平息　平定　平整　泼　普及　启动　清醒　溶解　溶化　软化　实现　湿润　缩小　疏散　松　疏松　提高　透露　统一　通过　突出　退　瓦解　完成　为难　委屈　温暖　稳定　稳固　熄灭　消　消除　消灭　泄漏　辛苦　形成　削弱　延长　严格　严肃　引爆　摇晃　摇动　转　转动　转变　增产　增加　增强　增长　展开　着zháo（3）　折（zhé）　振奋　振作　震动　震惊　镇定　整饬　滋润　转变　壮大

后　记

　　本书是根据我在 2006 年的北京大学博士论文的基础上改进的。在北京大学苦读了四年，阅读了广泛的中英文文献，深入地分析汉语，才有了这么一本拙著。这本小书，浸透了我的心血，我一字一句地写，一遍一遍地跑图书馆，一篇一篇地阅读文献，还是很费了一些功夫的。希望读者能从这本书中看出当今一些语言学流派对汉语研究的影响，以及汉语的一些特点。

　　本书要出版了，我非常高兴，也非常感谢，感谢北京大学的老师。直到今天，我还常常把老师们的建设性意见拿来研读。

　　首先，我感谢敬爱的导师——王洪君老师，王老师的指点、爱护，我永远铭记在心，老师那一字一句的修改，让多少同学羡慕不已。她们更不知道，是王老师一步一步的指点，使我开始懂得如何做文章，体会到了做学问的艰辛。我硕士是在外校读的，博士期间考进北京大学。面对北大中文系语言学的厚重，我感到自己的不足。我很困惑该如何选题，才能反映博士论文的风貌，否定了一个又一个的题目，最后还是选了这个老师思索了很久的题。这个课题，课题目比较新，也比较难，如果没有王老师的指点，我真的无法完成博士论文。这篇论文，大的方向还是王老师把关的，文章大到结构的安排，小到字句的斟酌，都有王老师的智慧在闪光。

　　我写这篇文章比较费劲，从理解文献上说就费劲，因为大部分是英文文献，理解时未免有囫囵吞枣之嫌，恨不得马上把西方的理论套过来用，开题时在郭锐、陈保亚、董秀芳、李娟的帮助下,才避免走弯路。可开题之后,我很痛苦,我不知道该怎么写,又经常和同学讨论,参加各种讲座、会议,后来着手开始从"作格和致使"开始写。开始文章没有什么新意,慢慢地,写了给导师看,文章一点一点地丰满起来,再加上老师提出的一些新的思路,文章开始有些模样了。在讨论班上讲,其实也很能启迪人。预答辩时,袁毓林、郭锐、陈保亚、李娟等老师的意见,也让我受益匪浅。答辩时,中国社会科学院语言所的沈家煊老师、方梅老师、谭景春老师的意见都很中肯,在此也深表感谢。

在读博期间,感谢王健、张和友、徐晶凝、赵果、田赟宗、周韧、帅志嵩、张富海、宋亚云等给我的帮助,还有同窗好友邵丹、应晨锦、马云霞、黄敬愚我们之间的情谊,都让人难以忘怀。

最后,深切地感谢我的母亲和父亲,他们的慈爱,支撑着我度过了这段艰难岁月,无论是学业上的,还是情感上的。